T0294968

Joseph Campbell

En busca de la felicidad

Mitología y transformación personal

Edición y prólogo de David Kudler

Traducción de David González Raga
y Fernando Mora

Título original: PATHWAY TO BLISS
　　　　Collected Works of Joseph Campbell / Robert Walter.
　　　　Executive Editor / David Kudler, Managing Editor.

© 2004, Joseph Campbell Foundation (jcf.org)
© de la edición en castellano:
　　2014 by Editorial Kairós, S.A
　　www.editorialkairos.com
© de la traducción del inglés al castellano:
　　David González Raga y Fernando Mora

Fotocomposición: Beluga & Mleka. 08008 Barcelona
Diseño cubierta: Katrien Van Steen
Impresión y encuadernación: Romanyà-Valls. 8786 Capellades

Primera edición: Noviembre 2014
Novena edición: Febrero 2024

ISBN: 978-84-9988-404-2
Depósito legal: D B 11.437-2014

Este libro ha sido impreso con papel que proviene de fuentes
respetuosas con la sociedad y el medio ambiente y cuenta con los
requisitos necesarios para ser considerado un «libro amigo de los bosques».

Conocer a los otros es sabiduría;
conocerse a sí mismo es iluminación.
Volverse maestro de otros requiere Fuerza;
volverse maestro de sí mismo
requiere la verdadera Fortaleza.

LAO-TZU, *Tao te King*,
capítulo 33

Sumario

Sobre las obras completas de Joseph Campbell

En el momento de su muerte, acaecida en 1987, Joseph Campbell dejó publicada una extensa obra dedicada a explorar la pasión de toda su vida, el complejo de mitos y símbolos universales al que llamaba «gran historia de la humanidad». Pero también nos legó mucha obra inédita que incluye artículos sueltos, notas, cartas, diarios y conferencias grabadas en audio y en vídeo.

La Fundación Joseph Campbell se creó en 1991, con la intención de conservar, proteger y perpetuar la obra de Campbell. También ha empezado a digitalizar sus escritos y grabaciones y a publicar, en la colección *The Collected Works of Joseph Campbell*, material anteriormente descatalogado o inaccesible.

The Collected Works of Joseph Campbell
Robert Walter, presidente y director ejecutivo
David Kudler, editor

Prólogo del editor

En 1972, mientras estaba preparando su libro *Los mitos*, en el que recogió información dispersa en conferencias pronunciadas a lo largo de más de dos décadas, Joseph Campbell dijo haber experimentado una revelación:

> Yo creía que, durante todo ese tiempo, había crecido, que mis ideas habían cambiado y que había avanzado. Pero cuando recopilé los artículos escritos en ese periodo, me di cuenta de que todos ellos hablaban esencialmente de lo mismo. Entonces descubrí lo que me estaba moviendo. No me hice una idea muy clara de ello hasta darme cuenta de que ese era el hilo conductor que atravesaba todo el libro. Veinticuatro años son muchos años y fueron también muchas las cosas que, durante ese tiempo, ocurrieron [...], pero ahí estaba yo, dando vueltas a los mismos temas de siempre.[1]

La misma impresión tuve yo mientras compilaba el material que compone este libro, extracto de más de una decena de seminarios, conferencias y entrevistas concedidas por Campbell entre 1962 y 1983.

Elegí estas conferencias porque ponen de relieve el modo en que Campbell toma la idea de la mitología como herramienta para facilitar la comprensión del desarrollo psicológico del individuo, es decir, de lo que él denomina la cuarta función del mito, la función psicológica.

Mi primera idea fue la de esbozar una suerte de cronología general del pensamiento de Campbell al respecto. Pero pronto me di cuenta de que las ideas postuladas por Campbell en la época en que finalizó las conferencias de la Cooper Union y las recogidas en su colosal *Las máscaras de Dios* no eran muy distintas, en realidad, de lo que seguía diciendo (de un modo ciertamente más informal) en los seminarios intensivos que impartió cerca ya del final de su vida, como los talleres que, para celebrar su cumpleaños, se organizaban cada año en el Instituto Esalen. Y es que, aunque algunas de sus ideas seguían desarrollándose (como la noción de las promesas y de los peligros que acompañaban al empleo del LSD como puerta de acceso a la comprensión de las imágenes míticas del inconsciente colectivo), la tesis general seguía siendo la misma. El mito, en su opinión, establece el marco de referencia del desarrollo y la transformación personal y la comprensión del modo en que mitos y símbolos afectan a la mente individual proporciona la clave para vivir en armonía con la propia naturaleza o, dicho en otras palabras, señala el camino que conduce a la felicidad.

La lenta elaboración de su pensamiento ha permitido que la edición de este volumen fuese infinitamente más sencilla e infinitamente más compleja que la de los volúmenes anteriores de *The Collected Works of Joseph Campbell* en los que he trabajado. *Sake & Satori: Asian Journals. Japan* parte de una sola fuente secuencial, lo que me permitió concentrar todos mis esfuerzos en asegurarme de que el libro contase bien su historia. *Mitos de la luz: metáforas orientales de lo eterno* se basaba en gran cantidad de conferencias y escritos inéditos, que abarcaban cerca de treinta años del pensamiento de Campbell sobre las religiones de la India y el Lejano Oriente, pero, una vez que articulé el libro como una indagación acerca de la idea de lo divino trascendente, los distintos temas abordados en las diferentes charlas fueron ocupando naturalmente el lugar que les correspondía.

La primera parte del presente volumen, titulada «El hombre y el mito», se ocupa del desarrollo histórico del mito como herramienta para el crecimiento, no de las sociedades, sino de los individuos. Esta sección resume un conjunto bastante diverso de conferencias. Y mi principal interés a la hora de incluirla ha sido asegurarme de eliminar la redundancia que hubiese supuesto la inclusión de una serie de ensayos diferentes sobre las cuatro funciones de la mitología, con el consiguiente aburrimiento del lector.

La segunda parte, titulada «El mito vivo», se centra en la psicología fundamental del mito y se deriva de una serie de conferencias pronunciadas, a lo largo de casi una década, bajo el título genérico «Living Your Personal Myth» (un título con el que Campbell, por cierto, nunca estuvo muy de acuerdo). A veces se trataba de una conferencia de una hora y, otras, de un seminario de una semana de duración. Y, aunque los temas abordados compartían un enfoque muy similar, se presentaban en orden diferente y con un énfasis distinto dependiendo de la audiencia, los acontecimientos de la actualidad y el pensamiento de Campbell en ese momento. Esto es lo que probablemente dificulte más la presentación de una visión inteligible y completa de sus ideas.

En la tercera parte, «El viaje del héroe», Campbell explora la premisa básica, esbozada en su obra pionera *El héroe de las mil caras*, de la mitología como herramienta para observar la propia vida. Esta tercera parte ha supuesto también un reto muy importante. La mayor parte del material que la compone ha sido extraída de un fragmento de tres días de un seminario de un mes de duración celebrado en 1983. Como se trataba de una exposición muy larga y libre, su presentación resultaba demasiado difusa. Descubrir un hilo narrativo que no impusiera una tesis o redujese la exploración hasta diluirla y hacerla incomprensible ha resultado, por decirlo en pocas palabras, un auténtico reto. Posiblemente ese haya sido el más difícil de los problemas con el que he tropezado en la elaboración de este libro.

Una de las satisfacciones que conlleva la lectura –y no digamos ya la edición– de la obra de Joseph Campbell es que, como sucede con las resplandecientes joyas de la red de Indra, las distintas perlas que componen su pensamiento se reflejan en todas las demás, poniendo de relieve los vínculos y el hilo conector que las une. Reitero aquí, a modo de advertencia para el lector, lo mismo que señalé en la introducción a *Mitos de la luz*: atribúyase a Campbell el considerable salto conceptual presentado en este volumen y a mí cualquier lapsus en su estructura lógica.

Quiero señalar que mi contribución a que este volumen viese la luz no es más que una entre otras muchas. Me gustaría reconocer el infatigable esfuerzo realizado por Robert Walter, presidente y director ejecutivo de la Fundación Joseph Campbell, que no solo se ha ocupado de la dirección de la pequeña organización sin ánimo de lucro que, diecisiete años después de su fallecimiento, sigue manteniendo vivo el legado de Campbell, sino que me ha ayudado también a transcribir cajones enteros de cintas de audio y a seleccionar, partiendo de su propia experiencia como editor y amigo de Campbell, el material más adecuado para este libro.

Quisiera reconocer asimismo el continuo esfuerzo realizado por Jason Gardner, de New World Library, que ha sido nuestro colaborador a la hora de dar vida a esta maravillosa y creciente colección, y a Mike Ashby, por su considerable esfuerzo al enfrentarse al sánscrito, al japonés y a *Finnegans Wake*.

Doy las gracias asimismo a las contribuciones de Sierra Millman y Shauna Shames, brillantes jóvenes de las que estoy seguro de que, en los próximos años, se escuchará hablar, por su transcripción de las distintas secciones que han acabado componiendo el presente libro. Hay que decir que Millman trabajó también como editora de la primera parte de «El hombre y el mito».

Finalmente, quiero dar las gracias a mi esposa, Maura Vaughn, con la que recorro el camino y hace que este merezca la pena.

DAVID KUDLER
16 de julio de 2004

Introducción[1]

Recientemente estaba hablando, en el Instituto Esalen de California, a un grupo, fundamentalmente femenino, que mostraba mucho interés en saber si las mujeres que deciden dedicarse al mundo militar, empresarial o similar pueden encontrar, en un mundo despojado de mitos como el nuestro, modelos de rol en los mitos clásicos. Y de ahí pasamos a la cuestión de si las figuras míticas podían servir también como adecuados modelos de rol.

Tuve que responder que, tengan o no esa utilidad, los mitos de una sociedad solo proporcionan modelos de rol aptos para la sociedad en la que nacen. Las imágenes míticas evidencian el modo en el que la energía cósmica se manifiesta en el tiempo y, cuando cambian los tiempos, también lo hacen, en consecuencia, las formas en que esa energía se manifiesta.

Los dioses –les dije– representan los patrones de poder que nos sirven de apoyo en nuestro campo de acción. Contando con las deidades nos es dada un tipo de fuerza que afirma y nos pone en el rol representado por esa divinidad. Nuestra tradición clásica incluye dioses tutelares de la agricultura, la guerra, etcétera, pero no de la mujer en el ámbito de los negocios, la acción o la guerra, por ejemplo. Y es que, aunque Atenea sea patrona de los guerreros, no es, en sí misma, una guerrera. Y Artemisa, por más cazadora que sea, no representa la acción en la esfera social, sino el poder transformador de la naturaleza. ¿Qué podría enseñar Artemisa, pues, a una mujer de negocios?

Las imágenes mitológicas nos proporcionan modelos porque se han visto acrisoladas por la experiencia de décadas, siglos y hasta milenios. No es fácil, en ausencia de modelos, construir una vida. Ignoro cuáles son, en este mismo instante, los modelos cuando, ante nosotros, se abren tantas posibilidades nuevas. El modelo siempre ha sido, a mi entender, el que nos indica el camino a seguir y la forma de enfrentarnos a los problemas y oportunidades que la vida nos depara.

Mito e historia son dos cosas diferentes. Los mitos no son relatos ejemplares de personas que vivieron vidas inspiradoras. No, los mitos son lo trascendente en relación al presente. Por más que, en algún momento, el héroe popular haya sido alguna vez una persona real (como John Henry o George Washington), no es el sujeto de una biografía. El héroe popular representa un rasgo transformador en el mito. Las tradiciones míticas orales están actualizadas. En los relatos populares de los indios americanos aparecen bicicletas, que tienen la forma de la cúpula del Capitolio de Washington. Todo se ve, en ese tipo de mitologías, incorporado de inmediato. En una sociedad, como la nuestra, de textos y palabras escritas, corresponde al poeta señalar el valor vital que tienen los hechos que nos rodean y divinizarlos, proporcionándonos así imágenes que vinculan lo cotidiano a lo eterno.

No es imprescindible, para relacionarnos con la trascendencia, que nos apoyemos en imágenes. Siempre podemos olvidarnos de los mitos y seguir el camino del zen. Pero, como aquí estamos hablando del camino mítico, debemos decir que el mito nos proporciona un campo en el que podemos ubicarnos. Este es el sentido del mandala, del círculo sagrado, ya se trate de un monje zen o de un paciente de un analista junguiano. Los símbolos yacen alrededor del círculo y uno tiene que ubicarse en el centro.* El laberinto, por su parte, es un mandala en el que ignoramos dónde estamos. Así es, precisamente, como viven quienes se hallan despojados de mitología, perdidos en un laberinto y esforzándose como si nadie hubiese hollado antes el camino por el que transitan.

Últimamente he conocido la obra de un extraordinario psiquiatra alemán llamado Karlfried Graf Dürkheim (a quien no hay que confundir con el sociólogo francés Émile Durkheim). Siguiendo a Carl Gustav Jung y Erich Neumann, este psiquiatra nos ha ofrecido una visión mítica de la salud tanto física como psicológica.[2] Según Dürkheim, los mitos activan en nosotros la sabiduría de la vida. Todos somos manifestaciones de un poder místico, el poder que ha configurado toda vida y que, en el útero de nuestra madre, también nos ha configurado a

---

* "Campo" hace alusión al campo de fuerza, el marco de referencia es un proceso intelectual. (*N. del T.*)

nosotros. Ese tipo de sabiduría vive en nosotros y refleja la fuerza de ese poder, de esa energía derramándose en el mundo del tiempo y del espacio. Pero se trata de una energía trascendente, de una energía que procede de un dominio ubicado más allá de nuestro entendimiento. Y esa energía está vinculada, en cada uno de nosotros –en cada cuerpo concreto– a cierto compromiso. Ahora bien, la mente que piensa y el ojo que ve pueden estar tan identificados con conceptos y empeños propios de un tiempo y de un lugar concretos que se estancan y acaban obstaculizando el libre flujo de la energía. Y, cuando la energía se bloquea y nos vemos alejados de nuestro centro, acabamos enfermando, una idea muy semejante a los principios de las medicinas tradicionales china e india. La forma, pues, de impedir este bloqueo y resolver los problemas psicológicos, consiste en hacernos –tengamos muy en cuenta esta frase– transparentes a lo trascendente. Es tan sencillo como eso.

El mito apunta, más allá del campo de lo fenoménico, a lo trascendente. Como el compás que utilizamos en la escuela para trazar arcos y círculos, la figura mitológica tiene un brazo en el dominio del tiempo y el otro en la eternidad. Independientemente, pues, de que la imagen del dios tenga forma humana o animal, siempre se refiere a algo que trasciende todo eso.

Por ello, cuando apoyamos la pata móvil y metafórica del compás en una referencia concreta (en un hecho), lo que obtenemos no es un mito, sino una mera alegoría. Y, mientras que el mito apunta más allá de sí mismo hacia algo indescriptible, la alegoría no es más que una historia o una imagen que nos enseña una lección práctica a la que Joyce se refería como arte impropio.[3] Cuando la referencia de la imagen mítica es un hecho o un concepto, tenemos una figura alegórica. La figura mítica, por su parte, siempre tiene uno de sus brazos apoyado en lo trascendente. Y uno de los problemas que acarrea la popularización de las ideas religiosas es que, cuando lo divino se convierte en un hecho último, deja de ser transparente a lo trascendente. A ello, precisamente, se refería Lao-tzu cuando, en el primer aforismo del *Tao te King*, afirma: «El *tao* que puede ser nombrado no es el verdadero *tao*».[4]

Haz que tu dios, con independencia del modo en que le llames, sea transparente a lo trascendente.

Cuando se tiene una deidad como modelo y somos conscientes de su influjo, nuestra vida se torna transparente a lo trascendente. Y ello significa que no debemos vivir en función del éxito o los logros mundanos, sino en nombre de lo trascendente, dejando que la energía fluya libremente.

Obviamente, solo podemos llegar a lo transpersonal a través de lo personal y debemos poseer, en este sentido, ambas cualidades. El etnólogo alemán del siglo xix Adolf Bastian afirmaba la existencia, en cada mito, de dos aspectos diferentes, el elemental y el local. Para llegar al nivel trascendente (o elemental), debemos ir más allá de nuestra tradición (local) y establecer desde ahí, con Dios, una relación personal y transpersonal.

En las sociedades primordiales, el chamán es el encargado de establecer la conexión entre las dimensiones local y trascendente. El chamán es la persona que ha experimentado una crisis psicológica y se ha recuperado de ella. El joven (hombre o mujer) tiene, al aproximarse a la adolescencia, una visión o escucha una canción que, de algún modo, es una llamada. La persona experimenta entonces un colapso, una enfermedad neurótica. En realidad, se trata de un episodio psicótico y la familia, inmersa en una tradición que sabe de estas cosas, lo envía al chamán para que le enseñe lo que tiene que hacer para superar el problema. Esa tarea consiste en cantar su propia canción y realizar ciertos ritos psicológicos que restablecen su contacto con la sociedad.

Obviamente, cuando el individuo se zambulle en su inconsciente, es el inconsciente de su sociedad. Esas personas están inmersas en un horizonte muy pequeño y comparten un abanico muy limitado de problemas psicológicos. Pero la misma situación que convierte al chamán en un maestro y un protector de la tradición mitológica le convierte también en la incómoda posición de personaje aislado y temido.

La persona de más edad que, en ciertas sociedades, quiere convertirse en chamán, debe enfrentarse a pruebas para lograr el mismo poder que el chamán primordial posee naturalmente. En el noreste de Siberia y en muchas regiones de Norteamérica y Sudamérica, la vocación de chamán implica un travestismo que obliga a la persona a llevar la vida del sexo opuesto. Y esto significa que, trascendiendo los poderes de su género original, la mujer debe vivir como hombre y el hombre como mujer. Estos chamanes travestidos desempeñan un papel fundamental en la mitología india del sudeste de los Estados Unidos (los hopis, los pueblos, los navajos, los apaches) y también entre los sioux y muchos otros.

Vladímir Bogoraz y Vladímir Jochelson fueron quienes primero advirtieron esta inversión de género entre los chukchi de la península siberiana de Kamchatka.[5] Y fueron muy distintas las reacciones que, ante este fenómeno, testimoniaron esos dos antropólogos. Algunos de los jóvenes que escuchaban esa llamada para convertirse en lo que ellos denominaban un «hombre blando» se sentían tan avergonzados y consideraban tan negativamente lo que estaba ocurriéndoles que acababan suicidándose. Esa llamada es tan profunda que, si el chamán la desoye, acaba naufragando y disgregándose psicológicamente.

Recientemente he escuchado la historia de una mujer que creció en un pueblo minero del oeste de Virginia. Cuando era joven, paseaba por los bosques y escuchaba una música maravillosa, pero no sabía qué hacer con ella. Los años pasaron y, cuando cumplió los sesenta, fue al psiquiatra con la sensación de haber desperdiciado su vida. Fue entonces cuando, en medio de un trance hipnótico, recordó su canción,[6] que, como el lector habrá ya adivinado, se trataba de la canción del chamán.

Escuchando esta canción y prestando atención a su visión, el chamán recupera su centro. Solo logra la paz cantando su canción y realizando sus rituales. En el extremo más distante de Sudamérica, en Tierra del Fuego, vivían los onas y los yaganes, las tribus más primitivas del continente americano. A comienzos del siglo xx, el padre Alberto de Agostini, un sacerdote que también era científico, vivió un tiempo con ellos y nos transmitió prácticamente todo lo que sabemos de su mitología. Según nos cuenta, a veces despertaba en mitad de la noche y escuchaba al chamán tocando el tambor y cantando a solas su canción, lo que le conectaba con su poder.[7]

La idea de conectar con el poder a través del mito ilustra un funcionamiento habitual. Si se trata de una mitología viva, de una mitología orgánicamente relevante para la vida de la gente de cada época, repetir los mitos y ejecutar los rituales nos ayuda a centrarnos. Como el ritual no es más que una representación del mito, la ejecución del rito nos permite participar directamente del mito.

En el mundo navajo actual, un mundo aquejado de grave neurosis porque sus guerreros se hallan confinados en una reserva y han dejado de vivir de acuerdo con los dictados de su tradición, los rituales de pinturas de arena cumplen, repitiendo una y otra vez el mito, con un propósito curativo. Así es como funciona el mito y nos torna transparentes a lo trascendente.

Mis mejores enseñanzas sobre estas cuestiones siempre han venido de la India. Recuerdo que, cuando cumplí los cincuenta y llevaba casi media vida estudiando y enseñando mitología, me pregunté: «¿Cómo podría resumir todo esto?». Hay un lugar, pensé entonces, en donde el mito no solo ha dominado durante años, sino que se ha visto traducido también a ideas. Son muchos los comentarios y debates que, a lo largo de milenios, se han acumulado al respecto. De ese modo, no nos vemos limitados a lo que nos permita ver la valoración estética inmediata.

Pero, cuando finalmente fui a la India, todo cobró súbitamente sentido.[8] De la India proceden fundamentalmente mis mejores ideas sobre estas cuestiones.

Hay, en la tradición vedántica, una doctrina que me ayudó a entender la naturaleza de la energía que fluye a través de los mitos. La *Taittirīya-upaniṣad* afirma que *ātman*, el fundamento o germen espiritual del individuo, está cubierto por cinco capas diferentes.

La primera capa es *annamaya-kośa*, la envoltura del alimento. Ese es el cuerpo, que está hecho de comida y que, al morir, se convertirá en comida y se verá consumido por los gusanos, los buitres, las hienas o el fuego. Esa es la capa del cuerpo físico, la capa del alimento.

La segunda capa es *prānamaya-kośa*, la envoltura de la respiración. La respiración oxida el alimento y lo convierte en vida. Por ello este cuerpo se considera alimento en combustión.

La siguiente capa es *manomaya-kośa*, la envoltura de la mente. Esta es la conciencia del cuerpo que se ocupa de coordinar los sentidos con el yo que creemos ser.

Luego, en *vijñānamaya-kośa*, la capa de la sabiduría trascendente derramándose en nosotros, se produce un gran salto. Es la sabiduría que nos formó en el útero de nuestra madre, la que digiere nuestra comida y sabe cómo hacerlo. Es la sabiduría que, cuando nos cortamos, sabe curar la herida. La herida sangra, luego aparece una costra y, finalmente, se forma una cicatriz. Así es como funciona la capa de la sabiduría.

Habremos visto, en algún que otro paseo por el bosque, el modo en que un árbol acaba incorporando, en su crecimiento,

una verja de alambre de púas que se halla en sus inmediaciones. Eso indica que el árbol posee también una envoltura de
sabiduría. Ese es el nivel de nuestra sabiduría natural, un nivel
que compartimos con las montañas, los árboles, los peces y
los animales. El mito tiene el poder de conectar la capa de la
mente con la capa de la sabiduría, que es la que nos habla de
lo trascendente.

Y la más profunda de las capas de la sabiduría es *ānandamaya-
kośa*, la capa de la beatitud, el núcleo de lo trascendente en sí
mismo. La vida es una manifestación de la beatitud. Pero
manomaya-kośa, la capa mental, está atada a los sufrimientos y
placeres de la capa del alimento. Por ello se pregunta: «¿Merece
la pena vivir?» o, como dice Joyce en *Finnegans Wake*, «¿Qué
vida merece la pena vivir?».[9]

Pensemos en lo siguiente: la hierba crece. De la capa de
la beatitud se deriva la capa de la sabiduría y la hierba crece.
Luego, cada quince días, llega alguien con un cortacésped y la
corta. Si la hierba pensase, podría decir algo así como: «¡Vaya!
¿Qué está pasando ahora? ¿Voy a morir?».

Así es la capa mental. Ya conocemos ese impulso: la vida
es sufrimiento. ¿Cómo puede un buen dios crear un mundo con
tanto dolor? Eso es pensar en términos de bien y mal, de luz
y oscuridad, es decir, de pares de opuestos. Pero la capa de la
sabiduría no sabe de pares de opuestos. La capa de la beatitud
incluye todos los opuestos. La capa de la sabiduría se halla
por encima de todo eso, mientras que los pares de opuestos
aparecen después.

Cuando estuve en Egipto, fui a ver la modesta tumba de Tutankamón. Comparada con la de Seti I, que está justo a su lado, parece un simple cuarto de baño. Mientras que la tumba de Seti es del tamaño de un gran gimnasio, la de Tutankamón son dos habitacioncillas no más grandes que un estudio. Por eso nadie se había interesado en saquearla y por ello también hemos descubierto en ella tantas cosas extraordinarias.

Consideremos el féretro de Tutankamón en términos de la imagen india de las envolturas. Yo no sé muy bien lo que pretendían los escultores de Egipto, pero veamos cómo lo entiendo yo. Consta de tres cajas cuadrangulares, una dentro de otra: la capa del alimento, la capa de la respiración y la capa de la mente. Eso en lo que concierne al exterior. Luego tenemos un gran féretro de piedra que separa las dos capas internas de las externas. ¿Y qué hay en su interior? Un sarcófago hecho de madera, con incrustaciones de oro y lapislázuli, con la forma del joven rey y, cruzados sobre el pecho, los atributos de su realeza. Esa, diría yo, es la capa de la sabiduría, el nivel de la forma orgánica viva.

Y dentro de ella, se encuentra la capa de la beatitud: un sarcófago de oro sólido, de varias toneladas, en forma de Tutankamón. Cuando sabemos el modo en que el oro se extraía en esa época, nos damos cuenta de la cantidad de vidas y sufrimiento que costó conseguir el oro necesario para construir ese sarcófago. Esa era la capa de la beatitud.

Y dentro de todo, por supuesto, se hallaba *ātman*, el cuerpo en sí. Pero los egipcios cometieron el lamentable error de equiparar la vida eterna a la vida concretizada en el cuerpo.

¿Y qué es lo que encontramos cuando vamos a visitar el Museo Egipcio? Pagamos un dólar extra para ver la sala de las momias, en la que llegamos a una habitación con tres filas de sarcófagos de madera. Y dentro de cada uno de ellos yace un faraón, cuyos nombres se asemejan a los de una colección de mariposas: Amenofis I, Amenofis II, Amenofis III, etcétera.

Yo no podía dejar de pensar, durante esa visita, en la incubadora de una maternidad, la sala en la que tienen a los bebés recién nacidos. Los egipcios basaron todo eso –desde la construcción de las pirámides hasta esas grandes tumbas– en el error básico de confundir la vida eterna con la vida de *annamaya-kośa*, la envoltura del alimento. Pero las cosas no son así. La eternidad no tiene nada que ver con el tiempo. El tiempo es lo que nos desconecta de la eternidad. La eternidad es ahora. Y es a esa dimensión trascendente del ahora a la que se refiere precisamente el mito.

Todas estas cosas nos ayudan a entender en qué consiste el mito. Cuando la gente dice: «Ya que estas cosas no pueden haber sucedido, haríamos bien en desembarazarnos de los mitos», lo que están haciendo es desembarazarse del vocabulario que conecta *manomaya-kośa* con *vijñānamaya-kośa*, es decir, la sabiduría mental y orgánica con la sabiduría de la vida corporal.

Los dioses de los mitos son modelos que, siempre y cuando no olvidemos que se refieren al aspecto de lo trascendente, nos proporcionan modelos de vida. ¿Acaso la noción cristiana de *imitatio Christi* (imitación de Cristo) significa que todos debamos morir crucificados? ¡En modo alguno! Lo único que significa es que debemos hacerlo, como Cristo, con un pie en lo trascendente.

Como dice Pablo: «Ya no soy yo, sino Cristo, el que vive en mí»,[10] lo que significa que lo eterno vive en mí. Y ese es también el significado de la conciencia búdica, de una conciencia que es simultáneamente el universo entero y uno mismo.

Los mitos afirman que, si nos comprometemos con el mundo de un determinado modo, contaremos con la protección de Atenea, con la protección de Artemisa, con la protección de este, de ese o de aquel otro dios. Ese es el modelo del que carecemos en la actualidad. La vida se mueve tan deprisa que incluso formas de pensar que eran normales en mi infancia se han tornado obsoletas y no contamos con nada para reemplazarlas. Todo cambia hoy en día muy rápidamente y carecemos del equilibrio necesario para el establecimiento de una tradición mítica.

Hay un refrán que dice «Canto rodado no amontona musgo», y el mito es, siguiendo con esa analogía, el musgo. Eso es algo que debemos hacer ahora improvisando. El nuestro es, en mi opinión, un tiempo de caída libre en el futuro y sin guía. Solo tenemos que saber caer, algo que también podemos aprender. Esa es la situación en la que, con respecto al mito, nos encontramos… y sin guía a quien podamos apelar.

Pero, aun así, contamos con un par de posibles referencias. La primera es algún personaje que, en nuestra infancia, nos pareciese noble y grande y nos sirva de modelo. La otra consiste en buscar nuestra felicidad. De este modo, la búsqueda de la felicidad se convierte en nuestra vida. Hay un dicho sánscrito que afirma que los tres aspectos del pensamiento que apuntan hacia el borde del abismo de lo trascendente son *sat*, *chit* y *ānanda* (es decir, el ser, la conciencia y la beatitud o, lo que en inglés denominan *bliss*).[11] Poco importa que llamemos trascendencia a la nada o a la totalidad, porque ambas se encuentran más allá de las palabras. Todo lo que podemos decir al respecto se halla de este lado de la trascendencia. La cuestión consiste en emplear palabras e imágenes que apunten más allá de sí mismas. La opacidad de las palabras tiende a desconectarnos de la experiencia. Pero esos tres conceptos, *sat*, *chit* y *ānanda* (es decir, ser, conciencia y beatitud), son los que más nos acercan a este vacío.

Pensé mucho en estas cosas mientras crecía. No sé lo que es el ser y tampoco sé lo que es la conciencia, pero sí sé lo que es la felicidad. La felicidad (o *bliss*) es esa sensación profunda de estar presente, de hacer lo que tenemos que hacer para ser nosotros mismos. Y eso es algo que podemos hacer en cualquier momento porque, en cualquier momento, ahora mismo, nos hallamos ya al borde de lo trascendente. Poco importa, para ello, tener o no dinero. Volví de mis años de estudiante en Alemania y París tres semanas antes de la crisis de 1929 de la bolsa de Wall Street y luego pasé cinco años sin trabajo. Afortunadamente para mí, no disfruté de bienestar económico, de modo que, sin tener mucho más que hacer, pude sentarme en Woodstock y dedicarme a leer y buscar la felicidad. Ahí estaba yo, continuamente al borde de la exaltación.

Y eso es, precisamente, lo que les he dicho siempre a mis

alumnos: buscad vuestra felicidad. Habrá momentos en que experimentaremos la felicidad. Pero ¿qué ocurre cuando desaparece? Simplemente debemos permanecer ahí para descubrir que eso nos proporciona más seguridad que saber de dónde sacaremos el dinero para vivir los próximos años. Me he pasado años observando el modo en que los jóvenes toman decisiones con respecto a sus carreras. Solo hay, en este sentido, dos posibles actitudes: la primera consiste en seguir a tu *bliss*, a tu felicidad, y la otra en perderse en proyecciones sobre de dónde sacará uno el dinero cuando se gradúe. Pero las cosas, en este sentido, cambian muy deprisa y, por más que el joven decida que este año es el año del ordenador, el año que viene será el año del dentista, etcétera, las cosas, cuando llegue el momento, habrán cambiado. Pero, si hemos descubierto dónde se halla el centro de nuestro real *bliss*, tendremos eso. Quizás no tengamos dinero, pero tendremos nuestro bliss.

Nuestra felicidad, nuestro *bliss*, puede guiarnos hasta ese misterio trascendente, porque la felicidad es el manantial de la energía de la sabiduría trascendente que reside en nuestro interior. De modo que, cuando la felicidad concluya, sabremos que nos hemos desconectado de ese manantial y volveremos de nuevo a buscarlo. Y ese será Hermes, nuestro guía, el perro que nos señalará el rastro invisible. Ese es el camino. Así es como uno elabora su propio mito.

Las tradiciones nos proporcionan algunas pistas, pero solo debemos tomarlas como tales. Como ha dicho un sabio: «Nadie puede llevar el sombrero de otra persona». La gente que se entusiasma con Oriente y se viste con saris y turbantes está dejándose atrapar por el aspecto folclórico de la sabiduría. Lo que importa no es la indumentaria, sino la sabiduría. Los ropajes y mitos de otras culturas nos permiten conectar con una sabiduría que deberemos traducir a nuestros propios términos. La cuestión consiste en hacer nuestras esas mitologías.

A mis cursos de mitología del Sarah Lawrence College asistían personas de casi todas las confesiones religiosas. Y he descubierto que, aunque haya unos que tengan más problemas que otros con los mitos, todo el mundo, en última instancia, ha sido educado en algún tipo de mito. Cualquier tradición mitológica puede, vertida en nosotros, convertirse en nuestra vida. Y es bueno aferrarse al mito en el que uno fue educado, porque es ahí donde, lo quiera o no, uno se encuentra. Pero lo que hay que hacer no es quedarse con la letra de ese mito, sino con su espíritu o, dicho en otras palabras, tenemos que aprender a cantar su canción.

Tengo un amigo, un tipo muy interesante, que empezó siendo presbiteriano, luego se interesó por el hinduismo, después sirvió como acólito de un monje hindú en Nueva York durante unos veinte años y más tarde viajó a la India, donde se convirtió en monje hindú. No hace mucho recibí una llamada telefónica suya diciéndome «Joe, estoy a punto de convertirme al catolicismo».[12]

La Iglesia está interesándose en la convergencia ecuménica o eso es, al menos, lo que dice. Obviamente, cuando te sientas con ellos en torno a la misma mesa, resulta que no están tan interesados en eso. Su intención es la misma de siempre y siguen empeñados en tratar de desmontar los otros sistemas. Mi amigo, que está dando ahora el paso que le conducirá de ser monje hindú a católico romano, ha escrito un artículo para una revista jesuita americana en el que dice: «No, no podemos tratar de ese modo a otras religiones. Si queremos saber lo que los hindúes o los budistas piensan, debemos dejar de despreciarlos y empezar a escucharlos».

Luego mi amigo fue enviado a un gran encuentro de las órdenes monásticas de la tradición católica que tuvo lugar en Bangkok, el mismo encuentro en que Thomas Merton encontró la muerte debido a una descarga eléctrica en una habitación de hotel.

Mi amigo me contó una cosa muy interesante, y es que los monjes católicos romanos y los monjes budistas no tenían ningún problema en entenderse. Ambos buscaban la misma experiencia y sabían que se trata de una experiencia inefable. En este sentido, la comunicación (que es una señal, pero no la cosa misma) consiste en el esfuerzo de llevar al otro al borde del abismo. El problema aparece cuando el clero secular escucha el mensaje, pero solo se queda con la letra.

Mi antiguo mentor, Heinrich Zimmer, solía afirmar que las cosas más interesantes son verdades trascendentes e inefables que no pueden, en consecuencia, ser mencionadas. Las segundas verdades más interesantes son malentendidos, es decir, mitos o intentos de apuntar al primer tipo de verdades con metáforas. Y las terceras, por último, tienen que ver con la historia, la ciencia, la biografía, etcétera. Estas últimas son las únicas que pueden ser entendidas. Cuando queremos hablar del primer tipo de verdades o de lo que no puede ser dicho, debemos comunicarnos empleando el tercer tipo de lenguaje. Pero la gente suele entender entonces que estamos refiriéndonos directamente a las verdades del tercer tipo, con lo que la imagen deja de ser transparente a lo trascendente.

Hay una historia que refleja, en mi opinión, la imagen esencial de tener el coraje de buscar, descubrir y vivir la propia vida. Procede del romance artúrico titulado *La búsqueda del Santo Grial*, escrito por un monje anónimo del siglo XIII.

Hay un momento en el que todos los caballeros están congregados en la sala del banquete en torno a la Tabla Redonda. Pero Arturo no quiere que nadie empiece a comer hasta que haya ocurrido una aventura. Eran tiempos, al parecer, en que las aventuras eran más que normales, de modo que la gente no pasaba mucha hambre.

Y ahí se quedaron esperando hasta que la aventura se presentó: el Santo Grial se mostró a la asamblea de caballeros, pero no en todo su esplendor, sino oculto tras un paño resplandeciente, para desparecer luego y dejar estupefactos y en silencio a los presentes.

Poniéndose entonces en pie, Gawain, el sobrino de Arturo, dijo: «Propongo que vayamos todos en busca de este Grial para desvelarlo».

Y así llegamos el momento que más nos interesa. El texto dice: «Y, pensando que sería una desgracia ir en grupo, cada uno se adentró en el bosque por el lugar elegido, donde más oscuro estaba y no había camino ni sendero».

Es decir, uno se adentra en el bosque por su punto más oscuro, por donde no hay camino. Porque, si hay camino o sendero, se trata del camino o del sendero de otro.

Pero, como cada ser humano es un fenómeno único, la idea consiste en encontrar nuestro propio camino a la felicidad.

Parte I: El hombre y el mito

1. La necesidad de los ritos[1]

Las funciones de la mitología

La primera función de una mitología viva ha consistido tradicionalmente en reconciliar la conciencia con los requisitos de su propia existencia, es decir, con la naturaleza de la vida.

Ahora bien, la vida vive de la vida. Su primera ley es «Ahora te comeré yo y luego serás tú el que me coma a mí», algo bastante difícil de asimilar para la conciencia. Esta cuestión de la vida alimentándose de la vida (es decir, de la muerte) lleva en marcha desde mucho antes de que los ojos se abrieran y cobrasen conciencia de lo que estaba ocurriendo; miles de millones de años antes de la aparición, en el universo, del *Homo sapiens*. Los órganos de la vida habían evolucionado hasta llegar a depender, para su existencia, de la muerte de otros. Estos órganos tienen impulsos de los cuales la conciencia ni siquiera es consciente y, cuando cobra conciencia de ello, se asusta del espanto que acompaña a este asunto de comer o ser comido.

Es muy profundo el impacto que provoca, en una conciencia sensible, el horror de ese monstruo que es la vida. La vida es una presencia espantosa, pero, de no ser por ella, no estaríamos aquí. La primera de las funciones de cualquier orden mitológico consiste, pues, en reconciliar a la conciencia con este hecho.

El primer orden de la mitología es afirmativo y abraza la vida en sus propios términos. No creo que ningún antropólogo haya documentado la existencia de una mitología primitiva negadora del mundo. Es sorprendente ver cómo se enfrentaban los primitivos a los dolores, agonías y problemas de la existencia. He estudiado muchos mitos de las culturas de todo el mundo y no recuerdo, en el pensamiento primitivo, una sola palabra negativa sobre la existencia o el universo. El hastío del mundo solo afecta a quienes viven en la opulencia.

El único modo de afirmar la vida consiste en hacerlo desde su misma raíz, desde su fundamento más espantoso y putrefacto. Ese es, precisamente, el tipo de afirmación del que nos hablan los ritos primitivos. Y, aunque algunos sean tan brutales que apenas si podemos leerlos, y menos todavía contemplarlos, lo cierto es que dejan bien patente a la mente del adolescente que la vida es una cosa monstruosa y que, si queremos vivir, debemos hacerlo de tal o de cual modo, es decir, sin salirnos del surco establecido por las tradiciones de la tribu.

Esta es la primera función de la mitología. Pero no solo se trata de una simple reconciliación de la conciencia con los requisitos de su existencia, sino de una reconciliación amorosa y agradecida por su dulzura. Porque, más allá de toda su amargura y dolor, la experiencia primordial del núcleo de la vida es extraordinariamente dulce. Ese es el mensaje afirmativo que nos transmiten mitos y ritos tan terribles.

Luego tuvo lugar, en torno al siglo VIII a.c., lo que yo denomino la Gran Inversión. Personas de cierta sensibilidad descubrieron que no podían seguir afirmando los horrores cotidianos de la vida. Su visión del mundo se refleja en las siguientes palabras de Schopenhauer: «La vida es algo que no debería haber existido».[2] La vida es un error fundamental, un error metafísico y cósmico, algo que a muchos les resulta tan espantoso que no dudan en alejarse de ella.

¿Y cuál es la mitología que aparece entonces para reemplazarla? En ese momento es cuando aparecen las mitologías del retiro, del rechazo, de la renuncia y de la negación de la vida. Ahí nos encontramos con el orden mitológico de la huida. Y me refiero a la huida real, a escapar del mundo. Pero ¿cómo podemos dar voz al resentimiento derivado de ese horror, de que la vida no nos da lo que creemos que debería darnos y poner fin, en nosotros mismos, al impulso de vivir? ¿Cómo podemos hacer caso al desencanto de la vida y apagar el impulso de vivir? Los casos del jainismo y del budismo primitivo ilustran perfectamente las mitologías negadoras del mundo y del cosmos que cumplen con esa función.

El jainismo quizás sea la religión más antigua del mundo. Un pequeño número de jainistas vive todavía principalmente en Bombay y sus alrededores. Y su primera ley es *ahiṃsā* (no violencia), que consiste en no dañar ninguna forma de vida.

Paradójicamente se trata, en la India, de un grupo extraordinariamente rico porque, si quieres seguir una carrera que no dañe la vida –al menos físicamente–, la banca es una de las mejores opciones. Así es como han acabado convirtiéndose en una elite pequeña, pero extraordinariamente exitosa.

Como sucede con la mayoría de las sectas negativas, los jainistas están divididos en dos comunidades. Una es la comunidad de seglares, es decir, los miembros que viven todavía en el mundo, y la otra está compuesta por los monjes y monjas, que se ven sustentados por la comunidad. Pero esta última, a decir verdad, no necesita mucho apoyo, porque se retiran al bosque y ponen todo su empeño en escapar.

¿Y cómo lo consiguen? Empiezan renunciando a comer todo lo que parece estar dotado de vida. Obviamente, no comen carne, porque ese es el primero de los tabúes. Pero tampoco comen nada que parezca un vegetal vivo. Dejan de recolectar naranjas y piñas y esperan a que los frutos caigan solos del árbol (¡imaginen lo apetitosa que acaba siendo la dieta de un asceta jaín!) y finalmente solo ingieren hojas muertas y cosas parecidas. Sin embargo, gracias a la respiración yóguica, aprenden a asimilar cada pequeña partícula de alimento.

El segundo objetivo de este tipo de vida es sofocar todo deseo por la vida. La idea consiste en no morir sin antes haber perdido todo deseo por la vida, haciendo que el fin del deseo y el final de la vida coincidan. En los últimos estadios, se comprometen a no dar, cada día, más que un determinado número de pasos y así van caminando cada vez menos, especialmente en el bosque, para no dañar a los hongos, las hormigas y quizá hasta al mismo suelo.

La idea fundamental de esta tradición –y debo decir que se trata de una imagen fantástica del universo– es que todas las cosas son almas o mónadas vivas, como también podemos llamarlas, que se hallan en camino de ascenso. Todo lo que pisamos está vivo, de modo que, después de un gran número de encarnaciones, todo habrá alcanzado una vida humana que pisa algo que está vivo. Creo que esta es una de las imágenes más imponentes del universo en su totalidad, es decir, el creciente número de *jīvas* o mónadas vivas, algo que siempre me ha hecho pensar en las burbujas que aparecen cuando abrimos una botella de refresco carbonatado. ¿De dónde vienen y a dónde van todas esas burbujas? Vienen de más allá de todas las categorías y van más allá de todas las categorías. Entretanto, sin embargo, mientras viven, están en camino de ascenso.

Así que existen, ante el gran misterio, dos actitudes diferentes. Una es la afirmación completa, que consiste en decir «sí» a todo. Podemos controlar nuestra existencia, nuestro sistema de valores, nuestro rol social, etcétera, pero, en lo más profundo de nuestro corazón, no decimos «no» a nada. La otra consiste en decir «no» a todo y dejar de participar, en la medida de lo posible, en el horror que ello entraña, poniendo todo nuestro empeño en salir de esta situación.

Un tercer sistema emergió, según cuentan los documentos, durante la época del advenimiento del zoroastrismo, es decir, entre los siglos XI y quizás VII a.C. Entonces fue cuando apareció la noción de una divinidad en forma de Ahura Mazda, el señor de la luz y de la verdad, que creó un mundo perfecto, enfrentado a Angra Mainyu, el señor del engaño, que destruye y niega este mundo. Según Zaratustra (o Zoroastro), la restauración de este mundo perfecto está en marcha y podemos participar de ella. Poniendo nuestra vida y acciones a favor del bien y en contra del mal, recuperaremos poco a poco el buen mundo perdido.

Este tipo de creencia perdura en el legado transmitido por la tradición bíblica y la tradición cristiana de la Caída y la Resurrección.

Esta tercera alternativa refleja una mitología correctora según la cual podemos, mediante cierto tipo de acciones, cambiar las cosas. Según esta visión, la plegaria, las buenas acciones y otras actividades pueden ayudarnos a cambiar los principios fundamentales, los requisitos básicos de la existencia. En tal caso, afirmamos el mundo siempre y cuando se atenga a nuestra idea de cómo deben ser las cosas. Pero esta actitud se asemeja a casarse con alguien con la intención de mejorarlo, lo que poco tiene que ver con el matrimonio.

Estas son, en mi opinión, las tres grandes visiones mitológicas de las culturas superiores: una completamente afirmativa, la otra completamente negativa y una tercera que dice: «Aceptaremos el mundo en la medida en que se atenga al modo en que creemos que debe ser». En la actitud progresiva y reformadora que vemos en el mundo que nos rodea pueden advertirse ecos de esta última perspectiva.

Un orden mitológico es un conjunto de imágenes que proporcionan a la conciencia un atisbo del significado de la existencia..., pero la existencia, queridos amigos, simplemente es y carece de todo significado. Sin embargo, en su ansia de significado, la mente no puede jugar a menos que conozca (o establezca) una serie de reglas.

Las mitologías nos presentan juegos a los que jugar: por ejemplo, creer que estamos haciendo esto o haciendo aquello. Gracias al juego, experimentamos, en última instancia, esa cosa positiva que es la experiencia de ser en el ser y de vivir significativamente. Esta es la primera función de la mitología, es decir, despertar en el individuo una sensación de agradecimiento y afirmación respetuosa ante el terrible misterio de la existencia.

Su segunda función es la llamada función cosmológica, que consiste en ofrecernos una imagen del cosmos, una imagen del mundo que nos rodea que evoque y mantenga la experiencia del asombro.

Poco importa en este caso la cuestión de la verdad. Nietzsche decía que lo peor que podemos ofrecer a un hombre de fe es la verdad. ¿Es eso cierto? ¿A quién le importa? En la esfera de las imágenes mitológicas, el punto es que a la persona de fe le gusta de ese modo, porque toda vida está basada en ello. Cuestionemos la autenticidad cosmológica de la imagen arcaica del universo o de la noción de la historia del mundo que sustenta un sacerdote y nos responderá: «¿Quién eres tú, orgulloso intelectual, para dudar de esta cosa extraordinaria sobre la que he erigido mi vida?».

Las personas viven jugando sus juegos y, si asumimos el papel del Señor Perfecto y les decimos «¿Y todo esto para qué sirve?», podemos arruinar su juego. Las imágenes cosmológicas proporcionan el campo en que poder desarrollar el juego que nos ayuda a reconciliar la vida y la existencia con nuestra conciencia o expectativa de significado. Esas son las cosas que pueden ofrecernos una mitología o una religión.

Obviamente, el sistema en cuestión debe tener sentido. Una de las experiencias más sorprendentes de mi vida tuvo lugar durante el vuelo a la Luna del *Apolo 10*. Justo antes del alunizaje, esos tres hombres extraordinarios estaban orbitando la Luna el día de Navidad. Hablaban de lo árida y estéril que les parecía y, como forma de celebrar la festividad, empezaron a leer el primer libro del Génesis. Ahí estaban esos astronautas, leyendo un antiguo texto que ofrece una visión chata del mundo dividido en tres planos y creado en siete días por un Dios que supuestamente mora en algún lugar por debajo de la esfera que, en ese momento, estaban surcando. El texto habla de separar las aguas superiores de las aguas inferiores en un entorno que, como acababan de comentar, era cualquier cosa menos húmedo. La notable disparidad existente entre la situación física real y la tradición religiosa me impactó esa noche muy profundamente. ¡Me parece lamentable que nuestro mundo siga sin tener nada que despierte, como esos versículos, el corazón de los seres humanos y concuerde, no obstante, con el universo real observable!

Uno de los problemas de la tradición bíblica es que nos

habla de un universo postulado, hace 5.000 años, por los sumerios y que, desde entonces, se ha visto reemplazado por dos modelos más. Después de esa visión, hemos pasado por la visión ptolemaica y, desde hace 400 o 500 años, por la visión copernicana, que nos habla del sistema solar y las galaxias. Mitológicamente, sin embargo, seguimos atrapados en esta divertida historieta del primer capítulo del Génesis, que poco tiene que ver con el resto…, ni siquiera con el segundo capítulo del Génesis

La segunda función de la mitología consiste, pues, en ofrecernos una imagen del cosmos que aliente la sensación de respeto místico y explique todo aquello con lo que, en el universo que nos rodea, entramos en contacto.

La tercera función de cualquier orden mitológico consiste, por otra parte, en validar y mantener un cierto sistema sociológico: un sistema de correctos e incorrectos, apropiados e inapropiados, del cual depende la particular unidad social a la que se pertenece para su existencia.

En las sociedades tradicionales, las nociones de ley y orden se ven sostenidas por el marco de referencia del orden cosmológico. Por ello las leyes que rigen el orden social son tan válidas e incuestionables como las que determinan el universo cosmológico. La tradición bíblica, por ejemplo, nos habla de un Dios que creó el universo y entregó a Moisés las tablas de la ley en el monte Sinaí, los Diez Mandamientos, etcétera. La autenticidad, pues, de las leyes sociales de esta sociedad santa es la misma que la de las leyes del universo. No podemos decir «¡No me gusta que el sol salga tan temprano en primavera y en verano! ¡Quisiera que saliese más tarde!», como tampoco podemos decir «No me gusta que, en la misma comida, no pueda ingerir carne y leche». Ambos órdenes de reglas se derivan de la misma fuente y son apodícticas, lo que significa que son incondicionalmente ciertas y es imposible negarlas. Los órdenes sociales de una sociedad tradicional basada en el mito son inamovibles y tan verdaderos y ajenos a la crítica como las leyes del universo. No podemos ir contra ellos a menos que vayamos contra nosotros y nos arriesguemos a nuestra propia destrucción.

Este es el rasgo que caracteriza a las viejas nociones mitológicas de la moral tradicional, una moral que nos viene dada y ante la que no hay convención humana alguna que pueda decir «Esto está anticuado, es absurdo y acabará destruyéndonos. Seamos racionales y cambiémoslo». Ni la Iglesia ni las sociedades tradicionales pueden cambiar ese estado de cosas. Esa es la ley y las cosas son así. A ese problema se enfrenta actualmente el Papa con el tema de la contracepción, que le coloca en la absurda posición de afirmar que sabe lo que Dios piensa al respecto.

Me gustaría transmitirle al Papa un pequeño mensaje que todavía no he tenido ocasión de comunicarle. Cuando Dante, en *La divina comedia*, entra en el ámbito de la rosa celestial, Beatriz le señala a la multitud allí congregada contemplando esta rosa blanca y gloriosa en cuyo centro se halla la Trinidad (podemos imaginarnos, por ejemplo, un gran estadio de fútbol). Allí se hallan todas las almas creadas para ocupar el lugar de los ángeles caídos. Beatriz le dice entonces a Dante que el lugar está casi lleno. Esto ocurría en 1300 y, desde entonces, han pasado muchas cosas. El Papa no puede haber leído bien ese libro. Es el momento de abandonar todas esas cosas. El mensaje ya ha sido entregado. No es posible seguir manteniendo esa imagen. Ya no debe quedar ninguna plaza libre. Estos son algunos de los problemas a los que nos aboca la tradición bíblica.

Y algo semejante podemos descubrir también en la India, donde existe la idea, no de un Dios creador, sino de *brahman*, un poder impersonal que trae el universo a la existencia y lo destruye de nuevo. Una parte esencial de ese orden universal son las leyes que gobiernan las diferentes especies de animales y plantas, así como las leyes del orden social indio, el sistema de castas. Esto es algo que no puede ser cambiado, porque se trata de una expresión del orden universal.

En la India actual existe un conflicto entre la tradición de las castas y los tabúes establecidos por la tradición, por una parte, y las leyes laicas del estado indio, por la otra. Hace unos años, el sumo sacerdote de uno de los templos hindúes más importantes dijo: «Si quieres ser británico, abandona el sistema de castas, pero si quieres ser hindú, debes obedecer las escrituras». Y las escrituras afirman que cada casta ocupa un lugar y cumple con una función concreta. En la sociedad tradicional, el orden social forma parte del orden natural y lo mismo es aplicable a los códigos morales. Pero lo que ayer era moralmente aceptado puede haberse convertido hoy en un vicio. No sería la primera vez que, en mi vida, he sido testigo de esta situación.

La cuarta y última función de la mitología es la psicológica. El mito también cumple con la función de acompañar al individuo a través de los distintos estadios de su vida, desde el nacimiento y la madurez hasta la vejez y la muerte. Y esto es algo que la mitología hace ateniéndose al orden social de su grupo, de su visión del cosmos y del espantoso misterio de la existencia.

Las funciones segunda y tercera han acabado viéndose asumidas, en nuestro mundo, por órdenes más seculares. Nuestra cosmología está en manos de la ciencia. La primera ley de la ciencia es que la verdad no puede ser descubierta. Las leyes de la ciencia son meras hipótesis de trabajo. Los científicos saben bien que, en cualquier momento, pueden descubrirse nuevos datos que tornen obsoleta la teoría actual. Eso es algo que sucede de continuo. Es algo muy curioso.

En las tradiciones religiosas, se supone que una doctrina es más verdadera cuanto más vieja, pero en la tradición científica sucede lo contrario, porque un artículo escrito hace diez años ha quedado hoy obsoleto. Existe un continuo progreso. No hay ley ni roca eterna, pues, en la que podamos apoyarnos para descansar. No hay nada parecido. Todo fluye muy deprisa. Y sabemos que las rocas también fluyen, aunque lo hagan mucho más lentamente. Nada perdura. Todo cambia.

En el orden social ya no creemos que nuestras leyes estén dictadas por Dios. Este es un argumento que aún escuchamos ocasionalmente cuando, entre las opiniones en contra del aborto, oímos que Dios ha hablado con el senador Fulano o con el reverendo Zutano. Pero eso ya no tiene mucho sentido. Ya no podemos justificar las leyes de los hombres apelando a la ley de Dios. Compete al Congreso establecer los objetivos a los que debe apuntar el orden social y la institución a la que compete. En nuestra sociedad secular no podemos seguir considerando las funciones cosmológicas y sociológicas como un problema.

En nuestra vida, sin embargo, las funciones primera y cuarta siguen desempeñando un papel que debe, en consecuencia, ser corregido. Tenemos que ir mucho más allá de las viejas tradiciones. En primer lugar, tenemos la cuestión del temor reverencial y, como ya hemos dicho, son tres las actitudes que, al respecto, podemos asumir.

La cuarta función es la pedagógica. Básicamente, la función del orden pedagógico consiste en acompañar al niño hasta la madurez y ayudar luego al anciano a desidentificarse. La infancia es un periodo de obediencia y dependencia. El niño depende de los padres y en ellos busca consejo y aprobación. Pero llega un momento en el que la autoridad del individuo depende de sí. Veamos ahora la diferente actitud con que la tradición y el Occidente contemporáneo se enfrentan a este problema. La idea tradicional es que el adulto que ha pasado de la dependencia a la responsabilidad debe representar y asumir sin criticarlas las leyes de la sociedad. En nuestro mundo, necesitamos desarrollar las facultades críticas del individuo para evaluar el orden social y a nosotros mismos y hacer luego

nuestra contribución crítica. Pero esto no significa que debamos tirarlo todo por la borda y mucho menos antes de haber
visto de qué se trata.

Veamos esta última función más detenidamente.

El mito y el desarrollo del individuo

La función psicológica es, de las cuatro funciones del mito, la
más constante a través de las culturas. Independientemente de
que seamos sioux de las grandes praderas norteamericanas del
siglo XVIII, congoleños de una antigua jungla africana o urbanitas
contemporáneos sumidos en el entorno mecanizado en el que
actualmente vivimos los occidentales, todos seguimos, desde
la cuna hasta la tumba, un proceso de desarrollo psicológico
muy parecido.

El primer rasgo distintivo de la especie humana es el nacimiento prematuro. El ser humano no puede cuidar de sí mismo
hasta prácticamente los 15 años. La pubertad llega en torno a
los 12, pero la madurez física no lo hace hasta los 20. Durante
la mayor parte de este largo arco de vida, el individuo se encuentra en una situación de dependencia psicológica. Se nos
enseña de pequeños a reaccionar a cada estímulo y a cada experiencia con un «¿Quién me ayudará?». Y, como dependemos
de nuestros padres, cada situación evoca imágenes parentales:
«¿Qué querrían, papá y mamá, que hiciese?». Fueron muchas
las cosas que Freud dijo en este sentido.

Si queremos obtener un doctorado, por ejemplo, tenemos que permanecer sometidos a la autoridad hasta cumplidos los 45 años. Y ese proceso puede ser interminable. El número de notas a pie de página con que un autor adorna sus textos es un claro índice de su grado de dependencia. Uno debe tener el valor de asumir sus propias creencias y dejar que sean los demás quienes determinen, por sí mismos, nuestra autoridad.

Si comparamos, por ejemplo, los casos del profesor y del atleta que son entrevistados por televisión, veremos que el académico carraspea y vacila innumerables veces, hasta que empezamos a preguntarnos: «Pero ¿qué le pasa a este tipo? ¿Sabrá de verdad algo?». El jugador de béisbol, por el contrario, responde sin ningún problema. Habla con autoridad. Habla con facilidad. Esto es algo que siempre me ha impresionado. El atleta abandonó el nido cuando, a los 17 o 18 años, empezó a destacar, mientras que el pobre profesor permaneció sometido a la autoridad hasta encanecer y ahora es demasiado tarde y casi está a punto de abandonar la escena.

Llega un momento en la vida en que la sociedad pide a esta criatura dependiente que, dejando de refugiarse en el nido, emprenda el vuelo y acabe convirtiéndose en papá o mamá.

Los ritos de pubertad de las culturas antiguas cumplían con la función de propiciar una transformación psicológica sin importar que el individuo supiese sumar 2 + 2 o 962.000 + x. Lo importante era que asumiera, en un instante y sin vacilar, su responsabilidad. La persona que se halla a mitad de camino entre la dependencia y la responsabilidad, la persona que, cuando se encuentra en una encrucijada, no sabe decidir el camino que debe seguir, es el ambivalente, el neurótico.

Los neuróticos son personas que aún no han alcanzado ese umbral psicológico. Su primera respuesta, cuando tienen una experiencia, es: «¿Dónde está papá?», hasta que súbitamente se dan cuenta de que: «¡Oh, pero si yo ya soy papá!». Esos niños de 40 años, llorando en el diván freudiano, son personas cuya primera reacción es la dependencia y que solo después se dicen: «¡Oh, espera un segundo, pero si ya he crecido!».

Son personas atrapadas en una actitud de sumisión a la autoridad y miedo al castigo, mirando siempre hacia arriba en busca de la aprobación o el reproche de los mayores. Luego, súbitamente, en la pubertad, se supone que nos convertimos en adultos y asumimos la responsabilidad de nuestra vida. Se suone que todas las respuestas automáticas que en alguien de 20 años revelan la sumisión a la autoridad acaban conduciendo a asumir la propia autoridad. El rito de iniciación a la pubertad representado por el cachete que, en el momento de la confirmación, da el obispo al niño significa: «Despierta, deja atrás a tu niño y despierta a la madurez».

Entre los aborígenes arandas australianos, por ejemplo, cuando una madre tiene dificultades para controlar a un hijo, las mujeres se reúnen y le propinan una buena azotaina en las piernas con palos. A las pocas semanas, ocurre algo muy interesante, porque todos los hombres, ataviados con ropajes extraños de un aspecto similar al que se les enseña a todos los niños que llevan las divinidades, llegan con bramaderas [zumbadores] y todo tipo de instrumentos ruidosos y aterradores. Los niños corren entonces a refugiarse en sus madres, que simulan protegerlos hasta que llegan los hombres y se los llevan.

Así es como la madre deja de ser buena y el niño debe enfrentarse solo a esa situación. Y debo advertir que la situación no es nada divertida. Llega un momento, por ejemplo, en el que los hombres colocan a los niños tras una fila de arbustos, con la orden explícita de no mirar. A mitad de la noche parece estar ocurriendo, al otro lado, algo muy interesante (danzas y similares). ¿Y qué les ocurre a quienes, pese a esa prohibición, se atreven a mirar? ¡Son asesinados y devorados!

Eliminar a quienes no cooperen con la sociedad que les está apoyando es una forma drástica de acabar con la delincuencia juvenil. Lo malo de este método, obviamente, es que solo sobreviven los buenos chicos y priva a comunidad de talentos originales.

Al cabo de un rato, se permite que esos niños asustados de 12 o 13 años vean la llegada, desde más allá de los arbustos, de un hombre extraño, ejecutando el mito del Canguro Cósmico, y luego aparece el Perro Cósmico y ataca al canguro. Toda esta representación forma parte de la mitología del ancestro totémico. Y, cuando más tranquilo parece estar contemplando el niño el espectáculo, los dos personajes empiezan a abalanzarse una y otra vez sobre él.

Ahora ya no olvidará nunca más al Canguro y al Perro Cósmico. Es cierto que no es un asunto muy sofisticado, pero una vez que el niño entiende esto, no quedan muchas cosas más por entender. Todas las imágenes tempranas depositadas en el padre y la madre se ven así transferidas a las imágenes ancestrales de la tribu.

Hay otros ritos que también son muy interesantes. Cuando el niño es circuncidado, por ejemplo, se le entrega un objeto especial llamado churinga, una especie de amuleto personal que se supone que le protegerá y curará sus heridas. Los hombres alimentan al niño con su propia sangre, le hacen cortes en los brazos y en otras partes y vive sumido en la sangre (come pasteles de sangre, sopa de sangre y acaba cubierto también de sangre).

El niño que atraviesa este ritual ya no es el mismo que quien lo comenzó. Son muchas las cosas que han pasado. Su cuerpo ha cambiado, su psique ha cambiado y se le envía donde están las chicas. Entonces se le asigna una esposa, la hija del hombre que le circuncidó. No tiene otra alternativa. No tiene posibilidad alguna de elegir. No puede decir: «Esta no me gusta. Prefiero aquella». Ahora es un pequeño hombre y se comportará como debe hacerlo un hombre de su tribu.[3]

Estas sociedades se enfrentan a un problema de supervivencia y el individuo que accede al orden social debe ser iniciado para que sus respuestas espontáneas sirvan a las necesidades de esa sociedad. Es la sociedad la que impone el orden y le obliga a convertirse en un órgano de cierto organismo. Y no cabe, fuera de ese orden, independencia alguna.

La madurez, en las sociedades tradicionales, consiste en aprender a vivir dentro del marco establecido por la tradición cultural. Así es como uno acaba convirtiéndose en un eslabón más de la cadena de transmisión del orden moral. Nos lo imponen, creemos en ello y acabamos imponiéndolo.

En nuestra cultura, tenemos exigencias diferentes. Nosotros esperamos que nuestros alumnos y nuestros hijos sean críticos, utilicen su cabeza, se conviertan en individuos y asuman la responsabilidad de sus vidas. Y aunque haya quienes, en mi opinión, empiezan demasiado pronto, se trata de una situación que alienta una gran potencia creativa. Pero eso también genera, con respecto a nuestras mitologías, un problema nuevo. Y es que, a diferencia de lo que sucede en las culturas tradicionales, nosotros no pretendemos estampar, en la persona, la tradición con tal fuerza que el individuo se convierta en un mero estereotipo. La idea, muy al contrario, consiste en desarrollar la personalidad individual, una cuestión que, por más sorprendente que pueda parecer, constituye un rasgo contemporáneo característico de Occidente.

En la India, por ejemplo, se espera que el individuo haga lo que la tradición espera de una persona de su casta. El rito de *satī*, tan terrorífico para nuestra sensibilidad, que obliga a la viuda a arrojarse a la pira funeraria en que arde el cuerpo de su esposo fallecido, se deriva de la palabra sánscrita *sat*, la forma femenina del verbo «ser». La mujer, pues, que cumple con su obligación como esposa es algo precisamente por ser esposa. Y quien desobedece este *dharma*, este *sat*, es *asat*, es decir, «no ser».

Esta es una visión diametralmente opuesta a la de Occidente, porque para nosotros la persona que vive sometida a la autoridad, se identifica con su rol social y no se sale del marco establecido por la tradición es considerada anticuada y retrógrada, es decir, «sin personalidad».

Más tarde, tiene lugar una transformación psicológica a la que todo el mundo debe enfrentarse: el paso de la madurez a la senilidad y el declive de las capacidades. Debido a la sofisticación de la ciencia médica, esta es una transición que, en nuestro caso, ocurre más tarde que en las sociedades primitivas y en las culturas arcaicas superiores. Resulta sorprendente lo temprano que se presenta, en la mayoría de las sociedades, la crisis de la vejez. En cualquiera de los casos, se trata de una crisis que, más pronto o más tarde, siempre llega.

Cuando hemos aprendido lo que nuestros instructores nos han enseñado y erradicamos todos los movimientos del espíritu incompatibles con el orden de nuestra sociedad particular, cuando ya sabemos cómo funcionan las cosas, cómo movernos y cómo dirigir, empezamos a perder el control. Es entonces cuando comienzan a presentarse los problemas de memoria, las cosas se nos caen de las manos, nos sentimos mucho más cansados al finalizar el día, y el sueño empieza a parecernos mucho más atractivo que la acción o, dicho en otras palabras, comenzamos a pensar en la jubilación. Además, uno ve llegar una nueva generación muy vigorosa con un aspecto diferente y piensa: «Bueno, habrá que dejarles paso». De esta situación de desamparo se hacen cargo las mitologías.

Cuando descubrimos que los objetivos a los que un determinado orden social nos había pedido que dedicásemos nuestra energía han cambiado o han dejado de responder a nuestras acciones, entramos en una suerte de picado psicológico. Las energías de la psique vuelven entonces a una profundidad para las que la sociedad no nos ha preparado, la misma profundidad que se cerró cuando accedimos a la madurez.

Y entonces es cuando aflora lo que Freud denominaba «libido disponible» y cobran súbitamente interés las cosas que antes no se nos permitía hacer. Esa es la historia, por ejemplo, del hombre de mediana edad que ha aprendido a hacer todo lo que le dijeron y él creía que debía hacer. Y, como no tiene dificultad alguna para hacer las cosas, dispone de mucho tiempo libre.

¿Qué hace ahora con el tiempo libre? Súbitamente piensa: «¡De cuántas cosas me he privado para conseguir esto!». Los logros, además, le parecen cada vez menos interesantes. No me gusta decir esto a mis alumnos universitarios, pero en realidad no merece la pena. Entonces es cuando uno piensa: «¡A cuántas cosas he renunciado!».

Sea como fuere, papá empieza a ver entonces cosas en las que antes ni siquiera había reparado. Las jóvenes le parecen más hermosas de lo que le parecían en su juventud y la familia empieza a preguntarse: «Pero ¿qué diablos le está pasando a papá?».

O quizás había planeado ahorrar algo de dinero y retirarse. ¿Qué hará cuando se retire? Se dedicará a algo que le había gustado en su juventud como, por ejemplo, pescar. Entonces se pertrecha de todo el instrumental necesario para llevar a cabo el ritual, como el sombrero, la caña («¡No le llames hilo, llámale sedal!»), los anzuelos y todos los tipos de mosca que caben en su sombrero. Ahora lo tiene todo. Dejémosle que tenga lo que le gusta y haga lo que quiera. Dejémosle que tenga incluso su propio pabellón de caza.

¿Qué está haciendo? Pesca, que es lo que hacía la última vez que le gustó algo, cuando tenía 12 años. ¿Lo que ahora le motiva es pescar? ¿Y qué es lo que es que inconscientemente espera pescar? ¡Sirenas!

Pero entonces experimenta una crisis nerviosa…, y no estoy hablando en broma, porque este es un fenómeno que se reproduce millones de veces en los Estados Unidos. El hombre que creía saber para qué estaba trabajando, lo hacía para poder ir a pescar. Luego se da súbitamente cuenta de que está casado, de que tiene hijos, de que tiene que trabajar muy duro y de que hacía todo eso con la esperanza de que un buen día se retiraría y podría dedicarse a lo que quisiera. Entretanto, en su interior ha ido creciendo algo que antes no había. No está preparado para pescar, todavía quiere chicas, pero ya no están a su alcance. Así es como acaba recluido en un manicomio, en donde asistirá a la emergencia, de su propio inconsciente, de sirenas con formas muy poco atractivas.

Tal es el poder de la libido disponible.

Y qué decir de la madre. Todos conocemos a la madre. Ella nos lo ha dado todo, nos ha dado la vida. Quizás haya tenido también algún amante además de ese viejo bastardo al que llamamos papá. Pero llega un momento en que los chicos se van.

Y, cuando el nido queda vacío, se agarra a la vida con toda su fuerza. Todo aquello a lo que se había entregado, todo aquello a lo que había dedicado la vida y en lo que había depositado su libido se desvanece.

Entonces enloquece y se convierte en lo que se conoce como «suegra». Cría a nuestro hijo, nos dice cuándo tenemos que cerrar la ventana, cuándo tenemos que abrir la ventana, cómo tenemos que freír los huevos…; nos lo dice todo. Se trata de una terrible crisis en la que irrumpen –de manera habitualmente compulsiva– los poderes internos de la psique, sin que uno pueda hacer nada por impedirlo. A veces casi podemos ver a la persona pensando: «No debería hacer esto», cuando, sin darse cuenta, ya está volviendo a hacerlo.

De este problema se ocupaban también las viejas mitologías. Tenían que acompañar a las personas desde ser el sostén del mundo hasta convertirse en alguien con el que ya no se cuenta. Y esto era algo que las sociedades antiguas resolvían con una elegancia extraordinaria: los viejos son sabios. De este modo, la gente se les acercaba y les pedía consejo y aprobación, algo que ellos no tenían ningún problema en conceder. Así era como las sociedades tradicionales mantenían activos a los viejos mediante el senado o consejo de ancianos.

Desde hace unos años he estado ligado, de un modo u otro, al Departamento de Estado [equivalente estadounidense al Ministerio de Asuntos Exteriores]. Uno de sus grandes problemas, según me dice gente que trabaja allí, consiste en conseguir no hacer lo que los embajadores, el presidente y el Consejo de

Ministros les piden. El Departamento de Estado es un grupo de personas muy cultas que saben lo que tienen que hacer. Pero no son más que funcionarios, porque las directrices provienen de los donantes de dinero a los partidos demócrata o republicano para la elección de las personas que acabarán convirtiéndose en embajadores en uno u otro destino. Estos son, pues, los ancianos, los que dicen a los profesionales de la diplomacia lo que tienen que hacer. Y debo añadir que son muchas las personas del Departamento de Estado a las que he escuchado decir que el principal problema al que se enfrentan es el de trabajar lo suficientemente despacio para hacer el menor daño posible.

Las autoridades son personas mayores. Nosotros no hemos descubierto cómo manejarlas, pero las viejas sociedades tradicionales sabían cómo hacerlo porque, de una generación a la siguiente, las cosas no cambiaban mucho en esos tiempos. Las cosas pasaban entonces al igual que ahora, de manera que se podía preguntar a los ancianos cómo había que hacer tal o cual cosa, y su respuesta se aplicaba también a la nueva generación. Pero eso ha dejado ya de ser así.

Hay una última transición para la que el orden mitológico debe también prepararnos: el viaje que conduce a la puerta más oscura.

Una vez escuché una historia sobre Barnum y el Circo Bailey, que solía dedicar una carpa especial a su conocida «galería de horrores». Bastaba con pagar cincuenta centavos para poder ver todos los monstruos ahí congregados, desde «la mujer barbuda» hasta «el hombre más alto del mundo», «el esqueleto viviente», etcétera. Había tantas cosas que ver que la gente nunca salía y la carpa siempre estaba abarrotada. ¿Y cómo resolvieron ese problema? Alguien tuvo la maravillosa idea de reemplazar el cartel de «salida» por otro que decía «la gran salida». ¿Quién iba a perderse ese espectáculo?

Nosotros también tenemos, para ayudar a la gente a morir, una historia parecida a esa. ¿Acaso no nos resuena la idea de que, cuando atravesemos esa puerta, escucharemos sonar las arpas, volveremos a encontrarnos con la gente que habíamos perdido, etcétera, etcétera, etcétera?

¿Qué podemos hacer cuando la sociedad empieza a decirnos «No, aquí no te necesitamos y tampoco te necesitamos ahí»? ¿Qué podemos hacer cuando las energías regresan de nuevo a la psique?

Recientemente estuve en Los Ángeles y, en una esquina, vi a muchas personas reunidas haciendo cola. «Están esperando el autobús para ir a Disneylandia», me dijeron, cuando pregunté qué estaba ocurriendo.

Bueno. Esa es una forma de cuidar a la gente. Disneylandia es una proyección externa de la fenomenología de la imaginación. Y es que siempre podemos, si hemos perdido el acceso a nuestra propia imaginación, recurrir a la de Walt Disney para que nos ayude.

Esta ha sido una tarea de la que siempre se han ocupado las religiones, proporcionar algo que pensar sobre seres divinos, ángeles y el modo de evadirnos de aquí. Proporciona mucho entretenimiento e impide molestar a nuestra nuera o a quienquiera que se ocupe de nosotros. Esa función la cumple hoy la televisión.

Ahora bien, existe un principio mitológico básico conocido, en el ámbito de la mitología, como «otro mundo», pero que, en términos psicológicos, se refiere realmente al «mundo interior». Y lo que, en tal caso, se dice sobre el «futuro», hay que entenderlo, en realidad, como referido al «ahora».

Una vez escuché a un sacerdote decir a la pareja, en una boda anglicana, algo así como: «Vivid vuestra vida como quisierais que fuese en el futuro vuestra vida eterna». Pero esa frase no me pareció correcta porque lo que, en mi opinión, debió haber dicho era: «Vivid vuestra vida y vuestro matrimonio como si en este mismo instante experimentarais la vida eterna».

Porque la eternidad no es un tiempo muy largo. La eternidad no es el futuro ni el pasado. La eternidad es una dimensión del ahora, una dimensión del espíritu humano, que es eterno. Cuando descubrimos en nosotros mismos esa dimensión eterna, cabalgamos todos nuestros días a lomos del tiempo. Y lo que nos ayuda a reflexionar en el conocimiento de esta dimensión transpersonal y transhistórica de nuestro ser y de nuestra experiencia son los arquetipos mitológicos, los símbolos eternos que viven en las mitologías de todo el mundo y siempre han servido de modelos a la vida humana.

Mitos para el futuro

Me parece evidente, por todo lo que llevamos visto hasta ahora, que la mitología cumple con la función de cuidar a una criatura que ha nacido demasiado pronto. La mitología nos ayuda a transitar desde la infancia hasta la madurez, desde la madurez hasta la segunda infancia y finalmente nos acompaña hasta la puerta oscura. Como ya sabemos, la mayoría de las mitologías nos dicen que ahí nos encontraremos con papá y mamá, con los viejos ancestros, con Dios Padre y con la Diosa Madre, que disfrutaremos de todos nuestros amigos y que, en consecuencia, no debemos tenerle miedo. ¡La muerte es, desde esa perspectiva, una suerte de guardería psicológica!

Otros animales que nacen prematuramente son los marsupiales (como el canguro, el ualabí y la zarigüeya) o animales no placentarios, los cuales no permanecen en el útero de su madre el tiempo suficiente para crecer. Nacen unos 18 días después de la gestación y trepan hasta una pequeña bolsa ubicada en el vientre de su madre. Y, aferrándose a un pezón, no salen de esa especie de segundo útero, un «útero con vistas», hasta ser capaces de caminar por su cuenta.

Hace ya mucho tiempo se me ocurrió la idea de que la mitología desempeña en el ser humano una función semejante a la de la bolsa marsupial. Necesitamos mitología como los marsupiales precisan de una bolsa que les permita pasar del estadio de cría indefensa a otro en el que puedan salir de ahí y decir: «¡*Et voilà*, aquí estoy!».

Pero para contribuir al desarrollo personal la mitología no tiene que ser razonable. Lo que importa, en este sentido, no es que sea verdadera, sino que sea cómoda como una bolsa. Nuestras emociones crecen hasta que nos sentimos lo bastante seguros para salir. Pero la ruptura de esa bolsa que tuvo lugar en nuestro mundo cuando la razón dijo que esos viejos mitos eran absurdos, nos dejó sin este segundo útero.

A ello se debe que haya, hoy en día, tantos nacidos despojados de este segundo útero que se han visto arrojados al mundo demasiado pronto y obligados a sacarse solos las castañas del fuego.

¿Y qué sucede cuando un pequeño feto se ve arrojado prematuramente al mundo? Basta con pensar en un bebé en una incubadora, pero sin la bolsa marsupial proporcionada por la pedagogía mitológica, para entender cómo la psique acaba deformada.

La ciencia, en nuestra tradición moderna, ha desatendido las demandas de nuestras principales religiones. Las afirmaciones cosmológicas de la Biblia se han visto refutadas, porque nos ofrecen una imagen del universo que nada tiene que ver con la que nos brinda el telescopio del observatorio del monte Wilson. Y su visión de la historia es, comparada con la que nos ofrece la mirada de los arqueólogos y paleontólogos, igualmente inadmisible.

El conocimiento proporcionado por la ciencia ha barrido la creencia de que Dios no está en nosotros, sino en esta sociedad sagrada. Nadie puede seguir creyendo sinceramente, hoy en día, en esas cosas, sino que solo lo finge: «Muy bien, pero a mí me gusta ser cristiano».

A mí también me gusta jugar al tenis. Pero como no es ese el modo en que se nos enseña a abordar la cuestión, acabamos desorientados. Y a eso hay que añadir la llegada de ideas orientales, congoleñas y esquimales. Estamos en una época a la que Nietzsche llamaba «la época de las comparaciones». Ya no existe un único horizonte cultural en el que todos crean. Cada uno, dicho en otras palabras, se ve arrojado a un bosque sin ley y no hay verdad que pueda ser presentada de un modo que todos puedan aceptar.

En la ciencia no hay hechos, solo teorías. Y no podemos creer en ellas porque son hipótesis de trabajo provisionales que, apenas aparezca nueva información, pueden verse transformadas. La ciencia nos enseña a permanecer abiertos y no depender de nada.

Pero ¿puede la psique asumir esto?

En la historia de la civilización occidental, hubo una época en la que, como en esta, coexistían mitos culturales contrapuestos. En los últimos años del Imperio romano, el cristianismo de Oriente Próximo se había impuesto al individualismo europeo. Donde la tradición bíblica subrayaba la necesidad de subordinar el yo a la sociedad santa, la tradición europea insistía en la necesidad de valorar la inspiración y el logro individual. En el siglo XII d.C. se abrió en Europa una gran brecha entre estas tradiciones enfrentadas, una brecha perfectamente representada, como sabrán quienes tengan una inclinación literaria, por los romances artúricos en los que los caballeros que desfilan como héroes cristianos son, en realidad, dioses celtas, los dioses del romance de Tristán, en donde Tristán e Isolda, como antes Eloísa, dicen: «Mi amor es mi verdad y, por él, arderé en el infierno».

Este conflicto abocó finalmente, durante el Renacimiento y la Reforma, a la Edad de la Razón y todo lo demás.

Creo que ahora debemos buscar respuestas en los mismos lugares en donde las halló la gente de los siglos XII y XIII, cuando su civilización se estaba hundiendo, es decir, en los poetas y los artistas. Ellos pueden ver más allá de las ruinas de los símbolos del presente y forjar nuevas imágenes transparentes a la trascendencia. Obviamente, esto es algo que no se halla al alcance de todos los poetas y de todos los artistas, porque no hay muchos interesados en las cuestiones mitológicas, los que sí lo están no saben gran cosa y los que saben algo incurren en el error de considerar su vida personal como si se tratara de la vida de la humanidad y su ira, en consecuencia, como si fuese la ira de todos los hombres. Pero ha habido, entre nosotros, grandes artistas que, conscientes del escenario contemporáneo, han ilustrado las grandes ideas elementales, permitiendo que resplandezcan de nuevo, reflejando e inspirando el viaje individual.

Dos grandes artistas que me han guiado en este sentido han sido Thomas Mann y James Joyce en *La montaña mágica* y *Ulises*, respectivamente. Los dos han interpretado mitológicamente el escenario contemporáneo, al menos el escenario previo a la I Guerra Mundial. Es más probable que resonemos con las experiencias de Stephen Dedalus y Hans Castorp que con las de san Pablo. Algo parecido –y otras muchas cosas más– hizo san Pablo, pero lo hizo hace ya casi un par de milenios. Ahora no llevamos sandalias ni vamos a caballo –al menos, la mayoría no lo hace– y Stephen y Hans se mueven en un escenario mucho más parecido al nuestro. Ambos forman parte de culturas modernas y tienen experiencias relevantes sobre conflictos y problemas que nos afectan, razón por la cual se convierten en modelos apropiados para reconocer nuestra propia experiencia.

2. El mito a través del tiempo[1]

Superficie y sustancia del mito[2]

Bien podríamos decir, de manera bastante razonable, que la mitología es la religión de los demás. Pero, del mismo modo, podríamos afirmar que la religión es mitología mal entendida. Este malentendido se deriva fundamentalmente de considerar los símbolos mitológicos como meras referencias a hechos históricos. Y este es un problema especialmente importante en el caso de Occidente, donde se ha puesto más énfasis en la historicidad de los eventos que supuestamente han dado origen a las iglesias.

Todas las religiones del mundo, desde las más primitivas hasta las más sofisticadas, desde las grandes praderas de Norteamérica hasta los bosques europeos y los atolones polinesios, se refieren a los mismos temas mitológicos. La imaginería del mito es un lenguaje, una *lingua franca* que expresa algo básico sobre nuestra humanidad más profunda y se expresa, en cada caso, de manera diferente.

Adolf Bastian fue un gran médico, viajero y antropólogo alemán del siglo XIX. En los años sesenta de ese siglo, la

Universidad de Berlín creó una cátedra de antropología con su nombre. Bastian viajó mucho, prestando una considerable atención a las costumbres de los pueblos con los que se encontraba, hallando muy estimulantes las dimensiones universales y locales de los símbolos que descubrió. Para describir el aspecto universal acuñó el término *Elementargedanke*, lo que significa algo así como «idea elemental». Obviamente, no existe nada que se nos presente de ese modo, porque las ideas siempre llegan ataviadas con la indumentaria propia de la cultura en la que nace, un concepto para el que acuñó el término *Völkergedanke*, lo que significa «idea étnica». Las ideas elementales brotan siempre de un determinado contexto cultural, el contexto étnico.

Cuando uno estudia, por ejemplo, los mitos y el folclore del norte y el este de Europa, siempre tropieza con las profundidades del bosque oscuro y, en su interior, la continua amenaza del lobo. Cuando, por el contrario, nos dedicamos a estudiar el caso de Polinesia, el peligro procede de las profundidades oscuras del océano y del terrible tiburón.

Ahora bien los antropólogos y los sociólogos nos dirán que no debemos comparar ambos motivos, que los noreuropeos se vieron influidos por el bosque y los lobos, y que los polinesios se vieron afectados por el océano y los tiburones, y que eso es todo. Pero cualquiera que, como yo, haya presenciado la misma obra en dos escenarios diferentes, se dará cuenta de la falacia implícita en ese pensamiento. Es cierto que el joven chino que representa a Hamlet en Hong Kong es diferente del joven judío que lo representa en Broadway, pero nos equivocaríamos si concluyésemos que la primera es un producto de la cultura china y que la segunda es una obra judía. El argumento esencial y las relaciones entre los personajes son, en ambos casos, los mismos.

El misterio oculto en las profundidades ubicadas más allá del horizonte de la conciencia se ve representado, en Europa y Polinesia, por el distinto escenario proporcionado, respectivamente, por bosques oscuros y océanos profundos. Por ello, aunque el peligro que aflore en ambos misterios asuma aspectos diferentes, el lobo y el tiburón no son más que disfraces del mismo miedo primordial.

Volviendo a la metáfora del teatro es posible ver, más allá del mito, no si la persona que representa a Hamlet es china o judía, sino el papel que, en ese momento, representa el actor. Existe una continuidad de roles, un espectro limitado de facetas que deben ser representadas. Y cuando uno de esos aspectos nos habla, sabemos de qué se trata –independientemente de que vaya disfrazado de lobo o de tiburón–, y no hace falta que venga ningún profesor a decirnos que ha llegado ya el momento de asustarnos.

Este hecho nos lleva a concluir que la referencia primordial de estos símbolos –como el nacimiento virginal, por ejemplo– probablemente no dependa de ningún acontecimiento histórico. El acontecimiento histórico, en el caso de que lo haya, debe tener un significado espiritual como mera manifestación física de un símbolo que ya poseía su significado antes de la ocurrencia de ese acontecimiento concreto.

No resulta fácil, por ejemplo, en la tradición cristiana, distinguir el significado de los términos «Jesús» y «Cristo». «Jesús» es un personaje histórico, mientras que «Cristo» es un principio eterno, el Hijo de Dios, la segunda persona de la Santísima Trinidad, que existió antes y después de todos los tiempos y no tiene, por tanto, nada de histórico. Nuestra tradición afirma que el personaje histórico de Jesús fue la encarnación en la tierra de la segunda persona de la Santísima Trinidad.

A diferencia de otras tradiciones como el hinduismo o el budismo, por ejemplo, la nuestra afirma que esta encarnación fue única. Esto es algo que, en nuestro caso, ha tenido una fuerza muy especial. Pero el hecho fundamental de la religión cristiana no consiste, ciertamente, en que la encarnación fuese única en el caso de Jesucristo, sino en que este milagro –el principio eterno del nacimiento, vida y muerte de Cristo– debe tener un efecto en el espíritu humano individual. Existe una frase maravillosa del místico alemán Angelus Silesius que dice: «¿De qué me sirve, Gabriel, que saludes a María si no me traes a mí ningún mensaje?».[3] Y, en el mismo sentido se expresa el gran místico Meister Eckhart cuando afirma: «Es más meritorio para Dios que Cristo nazca en un alma virgen que el hecho de que Jesús haya nacido en Belén».[4]

Este es un punto extraordinariamente importante. Es muy difícil interpretar en términos históricos muchas de las imágenes que nuestra religión se empeña dogmáticamente en afirmar que poseen realidad histórica. La asunción de la Virgen o la ascensión de Jesús a los cielos suponen un auténtico problema.

¿De qué cielo está hablando? ¿Se refiere acaso a algún lugar del firmamento? La moderna cosmología no nos permite tomarnos muy en serio esos artículos de fe, puesto que chocan frontalmente con las ciencias históricas y físicas que gobiernan nuestra vida y nos dan todo aquello por lo que vivimos día a día. Esta colisión ha acabado con la creencia de la gente en esas formas simbólicas, que se ven ahora rechazadas como falsas.[5]

Pero como la verdad sustancial de esos símbolos no descansa en su referencia histórica, sino en su referencia espiritual, el hecho de que la evidencia histórica refute la realidad objetiva de esos mitos no debe llevarnos a desembarazarnos completamente de los símbolos. Esos símbolos brotan de la psique, hablan desde el espíritu y se dirigen al espíritu. Son, de hecho, vehículos de comunicación entre las dimensiones más profundas de nuestra vida espiritual y esa capa de conciencia relativamente delgada que gobierna nuestra existencia cotidiana.

Pero cuando nos despojamos de esos símbolos –es decir, cuando perdemos los vínculos que comunican nuestro yo mayor con nuestro yo menor–, nos quedamos sin voz para hablar con nosotros. Esta división nos escinde y nos obliga a recluirnos en un universo ubicado en la cabeza y completamente ajeno al mundo inferior. Hablamos de esquizofrenia cuando las personas, escindidas así por la mitad, se rompen y zambullen en el mar oscuro de las realidades inferiores, del que nada saben porque no se les ha enseñado, y se ven asediadas por los demonios.

Existe una formulación teológica básica, según la cual una divinidad es la personificación de un poder espiritual. Y las divinidades no reconocidas se tornan peligrosas y se convierten en demonios. Cuando perdemos el contacto con ellas, es decir, cuando no escuchamos ni seguimos su mensaje, acaban irrumpiendo, más pronto o más tarde, y nuestra vida consciente se desarticula, porque ese es un pecado que se paga con el infierno.

Los mitos se derivan de las visiones de quienes se han zambullido en su propio mundo interior. Ellos son los cimientos sobre los que se erigen las formas culturales. Consideremos, por ejemplo, la gran imagen mítica sobre la que se erigió la civilización medieval, a saber, el mito (y quiero subrayar que se trata de un mito, de un gran mito, cuyo atractivo es más mitológico que histórico) de la caída y redención del ser humano. La civilización medieval se erigió para transmitir al mundo el mensaje y la gracia de la redención. Y, cuando cuestionamos la historicidad de los hechos sobre los que ese mito descansa (o, mejor dicho, que descansan sobre el mito) y rechazamos los rituales a través de los cuales el mito se actualiza, la civilización acaba disgregándose. La civilización medieval se colapsó bajo el peso del redescubrimiento de las ideas griegas y romanas (el espíritu europeo del individualismo) que condujeron al Renacimiento. Entonces emergió una nueva civilización que adaptó los descubrimientos de la conciencia a las verdades internas de la psique, inspirada ahora por nuevos sueños, visiones, creencias y expectativas. Eso supone la aparición de una nueva estructura social que vincula las necesidades psicológicas inmutables del individuo a la cosmología recién descubierta.

Y es que los mitos, como los sueños, brotan de la imaginación. Pero existen dos tipos de sueños. Por una parte, existe el sueño simple y personal en el que uno se halla atrapado en sus giros y resistencias a la vida, el conflicto entre deseo y prohibición, los contenidos del análisis freudiano, etcétera, de los que más adelante hablaremos. Pero también existe otro nivel del sueño, al que podemos llamar visión, en el que uno trasciende su horizonte personal y se enfrenta a los grandes problemas universales a los que se refieren los grandes mitos. ¿Qué es, por ejemplo, lo que nos sostiene y ayuda a superar grandes adversidades? ¿Hay algo en lo que nos apoyemos o en lo que, para seguir adelante, creamos apoyarnos? Esa es la prueba de los mitos subyacentes por los que vivimos.

Recordemos que, en las culturas mitológicas tradicionales, la mitología cumple fundamentalmente con cuatro funciones diferentes: mística, cosmológica, sociológica y psicológica.

El mundo en que vivimos nos ha despojado de las funciones cosmológica y sociológica. Nuestra imagen del cosmos es completamente diferente a la expresada por las tradiciones religiosas en las que fuimos educados.

De la misma manera, el orden social actual es completamente diferente al de la época en que se compusieron los mandamientos de Moisés. Hoy no concebimos la moral como una verdad inmutable que haya bajado de lo alto de una montaña, sino como algo que los seres humanos podemos juzgar. Cuando cambian las circunstancias, también lo hacen las leyes morales. En mi época, cambiaron mucho. Las leyes sociales de ayer ya no son las leyes de hoy. Después de haber enseñado en el Sarah Lawrence College durante más de 38 años, puedo asegurar que he sido testigo de ese cambio en la transformación de la moral erótica de las jóvenes. Las cosas son diferentes, eso es todo. Si tratamos de juzgar las acciones de hoy con los criterios de mis alumnos de hace treinta años, vamos a tener problemas.

Nos guste o no, estos procesos prácticos, científicos y sociológicos cambian y evolucionan a su aire. Pero los problemas psicológicos básicos de la juventud, la madurez, la vejez y la muerte –como el problema místico de la existencia del universo–, estos siguen siendo esencialmente inmutables. Desde el punto de vista psicológico, uno puede reinterpretar, reexperimentar y reutilizar las grandes tradiciones mitológicas que, desconectadas de sus referentes cosmológicos y sociológicos, la ciencia y las condiciones de la vida moderna han tornado obsoletas.

El nacimiento del mito: sociedades primitivas y tempranas

Empezaremos echando un breve vistazo a la dimensión histórica básica de nuestro tema. La historia de la especie humana abarca tres grandes periodos.

El primero de ellos, el periodo primitivo, va desde la aurora de la conciencia hasta el desarrollo de la escritura. En algunas partes del mundo, existen todavía sociedades preliterarias. En

ellas, las personas viven muy cerca de la naturaleza. Su horizonte, tanto espacial como temporal, es muy limitado. Carecen
de registros y su noción del tiempo y el pasado es, en consecuencia, muy corta. Viven, por así decirlo, muy próximos al
momento atemporal de los orígenes. El día de nuestros abuelos
ya pertenece a la era mitológica.

El gran periodo intermedio comienza, en el 3500 a.C., en
Mesopotamia, en Oriente Próximo. Súbitamente encontramos
ciudades y, con ellas, la invención de la escritura, las matemáticas, la rueda, la monarquía y el estado. Todo eso se fraguó en
torno a mediados del cuarto milenio antes de Cristo y se ex-
pandió desde Mesopotamia hasta Egipto (donde llega en torno
a 2850 a.C.), pasando por Creta e India (en torno a 2500 a.C.),
China (alrededor de 1500 a.C.) y América, con los olmecas
(en torno a 1200 a.C.).[6] Se trata de una tradición muy sofisticada y difundida por todo el globo que pertenece a un orden
completamente distinto al del mundo primitivo y sin escritura.

Por último encontramos el tercer periodo, el periodo moderno, que comienza en el Renacimiento europeo. En él, tiene
lugar el desarrollo de la observación y experimentación científica y la interpretación empírica de la naturaleza. Y también
asistimos al descubrimiento de la máquina de vapor, que pre-
paró el terreno para la mecanización e industrialización sobre
el que se ha erigido una cultura mundial sin precedentes.

Dos son las grandes actitudes que encontramos en el primer
gran periodo, el periodo preliterario. Una de ellas es la asumida por los pueblos cazadores de las grandes llanuras del norte

en Canadá, los Estados Unidos, Siberia y el norte de Europa, entre otros lugares.

Aquí, la vida gira en torno a la caza y los hombres son los encargados de alimentar al grupo. En este amplio entorno geográfico advertimos la presencia de una psicología y una sociología de orientación básicamente masculina. Por ello es muy importante, para la tribu, que un determinado hombre sea un buen cazador o no. Y como los cazadores siempre están enfrentándose a otros cazadores, también es muy importante que sea un buen luchador. Estas sociedades subrayan y exaltan mucho las proezas masculinas. Y prestan también, en consecuencia, una gran atención a las habilidades masculinas: el cultivo y la exaltación del valor, la habilidad y el éxito.

La cultura vive de la muerte. Sus integrantes no solo están matando animales de continuo, sino que también visten sus pieles, viven en chozas de piel de animal, etcétera. Viven, dicho de otro modo, en un mundo sanguinario. La separación existente entre seres humanos y animales no es, en estos pueblos tan primitivos, tan acusada como en nuestro caso. No existe, para ellos, gran diferencia entre matar a un animal o matar a un ser humano. Por ello la psique tiene que protegerse ante tanta muerte y tanta sangre. Y la idea que entonces pasa a ser dominante y salva la situación es la de que la muerte no existe. Si llevamos a cabo ciertos ritos, volverá el animal que acabamos de matar. Si devolvemos la sangre al suelo, la vida se derramará sobre ella y el animal regresará. Algo de este principio perdura en las leyes *kosher* de la tradición hebrea, en donde hay que vaciar de sangre al animal sacrificado,[7] porque los judíos eran originalmente un pueblo cazador y ganadero. Según esa mitología, que se encuentra también entre los esquimales caribús del centro de Canadá, el animal es una víctima dispuesta a entregarse a las armas del cazador con la comprensión tácita de que este llevará a cabo cierto rito que le permitirá recuperar su vida y entregar de nuevo su cuerpo.

Esas sociedades son tan respetuosas con la naturaleza que no matan más animales de los que pueden comer. Están convencidos de que, en el caso de no cumplir ese pacto, el animal no regresaría al año siguiente. Por ello solo matan lo que necesitan y ejecutan luego un ritual dando las gracias a los animales muertos para que la comida pueda regresar. Los pueblos que respetan la tierra no la explotan.

La tradición occidental, por el contrario, considera que el ser humano puede utilizar a los animales, explotar la tierra y cosas parecidas con total desconsideración. «Díjose entonces Dios: "Hagamos al hombre a nuestra imagen y semejanza, para que domine sobre los peces del mar, sobre los ganados y las bestias de la tierra y sobre cuantos animales se mueven en ella".»[8] Desde una perspectiva tan desconsiderada, la tierra es lo que todavía no ha sido conquistado, algo que debe ser utilizado.

Creo que ha llegado el momento de contar una pequeña leyenda. Se trata de un mito muy interesante que ilustra la visión de los pueblos cazadores. Esta versión procede de las tribus de los pies negros de Montana. Una forma habitual de conseguir comida (como muchos saben) consistía en llevar a una manada de búfalos hasta un acantilado para que, desde ahí, se despeñasen –en lo que se conoce como «la caída del búfalo»– y, una vez abajo, fuese fácil matarlos. Esa tribu en concreto había sido incapaz de que un búfalo cayese por el acantilado, de modo que todo parecía indicar que ese invierno iban a pasar hambre.

Una mañana, una joven se levantó temprano y fue a buscar agua para su familia. Al llegar al lugar, miró hacia arriba y, al ver a la manada de búfalos al borde del acantilado, dijo:

–Si os arrojaseis, me casaría con uno de vosotros.

Para su sorpresa, muchos búfalos se lanzaron y cayeron dando tumbos sobre las piedras.

Fue una experiencia extraordinaria, pero cuando todo terminó, uno de los viejos búfalos se le acercó y le dijo:

–Muy bien. ¡Vamos!

–¡Oh no! –respondió ella.

–¡Oh, sí! –replicó él–. Tú has dicho que, si nos arrojábamos al acantilado, te casarías con uno de nosotros, y nos hemos tirado. Te toca a ti cumplir ahora tu parte del trato.

Entonces ella se fue con él y el resto de la manada, subieron por el acantilado y se alejaron por la pradera.

Poco después, la familia se despertó, miró alrededor y no encontró a la pequeña Minnehaha.[9] Bueno, ya sabemos que, observando las huellas, los indios pueden adivinar lo que ha sucedido, de modo que el padre no tardó en enterarse de que el búfalo se había llevado a su hija. Y entonces pensó: «¡Vaya por Dios!».

Así pues, se calzó sus mocasines, tomó su arco y su carcaj y, siguiendo las huellas del búfalo, partió en busca de su hija. Y cuando llegó a un revolcadero, un humedal en el que a los búfalos les gusta retozar para refrescarse y quitarse las garrapatas, se sentó a pensar en lo que debía hacer.

Mientras estaba ahí, llegó volando una urraca en busca de comida. Era una urraca muy inteligente, una especie de pájaro chamán.

–¡Hola, hermoso pájaro! ¿Has visto a mi hija? Ha huido con un búfalo.

–A decir verdad –respondió la urraca–, no hace mucho he visto a una chica muy hermosa con la manada de búfalos.

–¿Y podrías decirle –insistió– que su padre está aquí?

La urraca se fue entonces volando y empezó a picotear por aquí y por allí. Luego se acercó a la chica y se posó al lado de ella, que estaba junto a su esposo, mientras todos los búfalos dormían.

–Tu padre está esperándote en el abrevadero –le dijo la urraca.

–Es muy peligroso. Estos búfalos le matarán. Dile que espere y yo le alcanzaré.

Entonces el búfalo que estaba detrás de ella se despertó, se sacó un cuerno y, entregándoselo, le dijo:

–¡Ve al abrevadero y tráeme agua!

La chica tomó el cuerno y se dirigió al abrevadero, donde se encontraba con su padre:

–¡Papá! ¡Papá!

–No quiero que sigas con esos búfalos –dijo su padre.

–¡Calla, papá! ¡Es muy peligroso! –respondió ella–. Ahora no podemos escapar. Espera. Los búfalos no tardarán en volverse a dormir. Entonces escaparemos.

Luego la muchacha volvió junto al búfalo, que tomando el cuerno, lo olisqueó y dijo:

–Huelo a sangre de indio.

Y, soltando un bufido y un bramido, despertó a todos los búfalos, que se levantaron, irguieron la cola, patearon el suelo y empezaron a bailar la danza del búfalo, dirigiéndose al abrevadero, donde descubrieron al pobre padre, que pisotearon hasta acabar con él. Y no contentos con eso, siguieron pisoteándolo hasta no dejar, de él, el menor rastro.

–¡Papá, papá! –lloraba la chica.

–Sí, sí. Tú estás llorando porque hemos matado a tu padre –dijo el búfalo–. Pero piensa en nosotros. Piensa en todas nuestras viudas, hijos, padres y madres que, por ti y por tu gente, han muerto en el acantilado.

–Sí –contestó ella–, pero era mi padre.

El gran búfalo, que no dejaba de ser, después de todo, un búfalo compasivo, dijo:

–Muy bien. Si puedes devolverle la vida a tu padre, os dejaré marchar.

Entonces ella, dirigiéndose a la urraca, le dijo:

–¿Por qué no echas un vistazo y ves si puedes encontrar algún resto de papá?

La urraca lo hizo y volvió con una vértebra. La chica colocó entonces ese huesecillo en el suelo y, cubriéndolo con su manta, entonó un canto mágico revivificador y, de pronto, pareció que había algo inmóvil debajo de la manta. Y, cuando la levantó, vio que se trataba de su padre, aunque todavía no respiraba. Así que cantó un poco más, hasta que finalmente consiguió que se pusiera en pie.

–¿Y por qué no hacéis lo mismo por nosotros cuando nos matáis? –preguntaron entonces los búfalos, sorprendidos.

Así fue como la comunidad de búfalos –la comunidad animal– y la comunidad humana acabaron llegando a un pacto. El acuerdo consistió en que los búfalos enseñarían a los humanos la danza de los búfalos, que acabó convirtiéndose en el ritual básico de la cultura cazadora de búfalos de las grandes llanuras norteamericanas.

Esta es la versión de los pies negros de un mito que hemos descubierto en formas muy diversas en todas las tribus cazadoras. Llega un momento en el que la mujer de la tribu y la criatura chamán de la especie animal establecen un pacto, una especie de matrimonio entre ambos mundos. De ahí en adelante, los animales se ofrecen voluntariamente como víctimas propiciatorias para la tribu, dando por sentado que su sangre volverá a la Madre Tierra para renacer. Este es un mito fundamental de los pueblos cazadores de todo el mundo.

Cuando pasamos, sin embargo, al mundo tropical, nos encontramos con una situación y una mitología paideumática completamente diferente para adaptarse a esa situación. El término *paideuma* es un término acuñado por el gran estudioso de las culturas primitivas africanas Leo Frobenius, para describir la tendencia de una determinada cultura a verse configurada por su entorno físico, es decir, por su clima, su suelo y su geografía.[10] El alimento básico, en este tipo de culturas, es vegetal y, como cualquiera puede conseguir una banana, no supone ningún prestigio especial ser un buen recolector de bananas.

En estas sociedades, la mujer es el sexo mitológicamente más importante. Al ser madre, la mujer se convierte en correlato simbólico y personificación de los poderes de la tierra. Como la tierra, ella da la vida y proporciona también alimento. Por ello, en esas culturas, predomina la magia femenina.

También debemos subrayar la existencia, en este caso, de un tema terrible, al menos para nuestras mentes. Me refiero a un extraño misterio que resulta evidente en la ley de la jungla de la vida vegetal. Cuando caminamos por un bosque tropical, nos damos cuenta de que la vegetación muere y de que, de toda esa masa verde descompuesta, emerge nueva vida. La lección de ese paseo es evidente: la vida procede de la muerte y su corolario evidente es que, ¡si queremos aumentar la vida, debemos aumentar la muerte! Este es el silogismo que justifica el sistema de asesinatos rituales que tiene lugar en las zonas tropicales, un sistema brutal basado en la idea de que el asesinato (el sacrificio) da lugar a nueva vida.

Los ritos culturales representan el mito subyacente a esa sociedad. Bien podríamos, como hago yo, definir el ritual como la oportunidad de participar directamente en un mito. El ritual es la representación de una situación mítica de modo que, involucrándote en él, participas del mito. Son muchos los mitos en las culturas tropicales primitivas y muchos también los terribles ritos a través de los cuales se representan literalmente esos mitos, en la creencia de que la repetición sirve para renovar la fuerza del acontecimiento primordial.

El mito básico de estos pueblos es que, en el comienzo, no había paso del tiempo ni diferencia entre hombres y mujeres, entre animales y seres humanos. Súbitamente, uno de ellos se vio asesinado, su cuerpo despedazado y sus trozos sembrados. De sus partes desmembradas crecieron las plantas de las que vive la gente, de modo que, cuando comemos, estamos nutriéndonos de un regalo divino, del regalo de un cuerpo divino cuya carne y sangre es, en realidad, alimento…, un motivo que creo que nadie tendrá dificultades en reconocer.

En ese mismo instante, hombres y mujeres se diferenciaron y ese fue también el origen de la procreación y del asesinato. Así llegan al mundo la vida, el nacimiento y la muerte con el alimento que sostiene la vida. Por ello los ritos que renuevan la fuerza de la vida –la gracia, si lo prefieren– de esa época mitológica son siempre tan intensos… y, en muchos casos, tan inquietantes.

El antropólogo suizo Paul Wirz observó, entre los marind-anim del oeste de Nueva Guinea, un espantoso ritual que refleja perfectamente este mito arquetípico. Cumplidos los ritos de iniciación de los chicos a la edad adulta, hay un periodo de tres días de libertad sexual generalizada, después del cual tiene lugar la ceremonia final. Toda la aldea canta y danza al ritmo de unos grandes tambores de lengua, cuyo sonido se considera la voz de los ancestros. Entonces llega una hermosa joven, ataviada ceremonialmente como uno de los seres anónimos de la era mítica, que se acuesta bajo un gran chamizo hecho de troncos y sostenido por un par de gruesos pilares de madera. Entonces los recién iniciados –chicos de poco más de 10 años– desfilan uno tras otro manteniendo con ella su primera relación sexual. Cuando el último todavía está abrazándola, se retiran los soportes que sostienen el techo y toda la estructura se desploma, sepultando a la pareja y acabando así con su vida. Luego los sacan de debajo de los troncos, los despedazan, los asan y se los comen.

Aquí tenemos la representación de lo masculino y lo femenino, de la procreación y la muerte. Y también se refleja la idea de que toda comida es una comunión eucarística. Este rito proporciona una representación extraordinariamente vívida de la esencia de la vida. Ahora queda claro lo que quiero decir cuando hablo de los ritos que afirman la vida tal cual es. Esta ceremonia es una representación del momento mitológico de una afirmación consciente, no solo de la vida, sino del espantoso hecho de que la vida se nutre de la muerte.

En esa pareja extraída de los restos de la estructura, despedazada, cocinada y ceremonialmente devorada en un banquete comunitario se advierte con toda claridad la referencia primordial a todos los rituales de matar y consumir a la divinidad. Esos jóvenes representan el poder divino.

Obviamente, los varones no desempeñan un gran papel en

la mitología femenina de los pueblos campesinos. Algunas de esas culturas ni siquiera entienden que exista relación alguna entre el acto sexual y el nacimiento. Las mujeres construyen las casas, las mujeres crían a los hijos y las mujeres se ocupan de las labores del campo. ¿Y qué hacen entretanto los hombres? Esa es una buena condición para alentar un complejo de inferioridad masculino.

A falta de actividad, los hombres hacen, para compensar esa situación, lo que siempre han hecho, crear un club, una sociedad secreta de hombres cuyo acceso está vetado a las mujeres. Y, dentro de esa sociedad, existen logros espirituales y cosas que hacer.

El modelo de esta pauta lo encontramos en Melanesia. El problema es cómo alejarse de la madre. No hay ningún lugar al que ir. Las mujeres lo gobiernan todo. Y no solo, eso sino que, además, son criaturas atractivas. Eso es lo peor. Se trata de una situación de la que no hay escape posible.

Y lo que entonces hacen es dedicarse a criar cerdos. Hay dos estadios en esto, uno para los niños y otro para los mayores. El padre regala al más pequeño, a modo de mascota, un cerdo. Así es como, dedicándose a cuidar al cerdo, el niño se ve destetado y alejado de su madre. Así aprende a ser responsable y deja de ser dependiente. Y, apenas está completamente comprometido con este cerdo, el padre le ayuda a sacrificarlo, enseñándole a renunciar a lo que ama. Y luego, una vez sacrificado y comido, le da otro lechón.

Más tarde, entra en otra fase en la vida masculina, la fase de la competición. Y esa competitividad se ve también transferida al cerdo. Esto se realiza arrancando el canino superior de modo que el inferior pueda crecer sin problemas. El diente crece y se arquea curiosamente hacia fuera y hacia atrás, hasta atravesar la mandíbula del animal, que ahora empieza a sufrir. No puede comer nada. Es un cerdo delgado, un cerdo espiritual. Y ya saben cómo pueden ser las personas espirituales y delgadas.

Sea como fuere, los colmillos siguen creciendo y, con suerte y mucho cuidado, pueden llegar a dar hasta tres vueltas. En cada uno de los diferentes estadios de desarrollo de los colmillos, el hombre debe sacrificar centenares de los cerdos que están a su cargo, de modo que, cuando el colmillo alcanza los tres círculos, son innumerables los cerdos que se han sacrificado. Y, en cada sacrificio, el cuidador cambia su nombre al tiempo que asciende, como sucede en el caso de los masones, su rango espiritual.

Esta es la simple mitología escultista y masculina de los pueblos cazadores. Ya hemos visto la mitología femenina del mundo agrícola. Ahora tenemos una mitología masculina de rango espiritual, cada uno de cuyos estadios nos enseña algo sobre el misterio del mundo subterráneo. El tema del laberinto está asociado a esta mitología. Veamos lo que sucede ahora. La vida espiritual del hombre depende de la longitud de los colmillos de su cerdo, que se convierte así en emblema de la estatura de su desarrollo interior. Así es como el cerdo se convierte en un cerdo espiritual.

Antes de que el hombre muera, debe sacrificar al gran cochino con todos sus anillos porque, de ese modo, absorbe todo el poder del animal. Ahora bien, si muere antes de haberlo sacrificado, nadie más podrá hacerlo, a menos que tenga también un cerdo con el mismo número de anillos, porque su poder espiritual no podría soportar la energía que ese cerdo le conferiría.

Cuando, finalmente, el hombre muere, se dirige al mundo subterráneo con el poder espiritual de ese cerdo. Y ahí se encuentra con la guardiana del mundo subterráneo, que, cuando se acerca, esboza el laberinto del camino del mundo subterráneo y borra luego la mitad. El hombre tiene que saber cómo regresar, algo que ha aprendido en su sociedad secreta. Y presenta el espíritu del cerdo sacrificado para que el espíritu lo devore y luego se adentra danzando en las llamas del volcán del inframundo.

Quizás esto parezca muy primitivo y lejano, pero ¿saben cómo murió el Buddha? Esto resulta, para algunas personas, un tanto extraño. Murió de una intoxicación provocada por comer cerdo. Un herrero llamado Cunda invitó al Buddha a comer cuando este tenía 82 años. Y el Buddha acudió, con un pequeño grupo de discípulos, a la comida del herrero, que les ofreció un suculento cerdo, acompañado de numerosas verduras. Después de echar un vistazo a la comida, el Buddha dijo: «Quien ha alcanzado el nirvāna tiene el poder de comer este cerdo. Yo lo comeré, pero no mis discípulos. Y las sobras deberán ser enterradas».

Son muchas las cuestiones mitológicas asociadas al tema del cerdo. Muchos de los grandes dioses murieron debido a los cerdos o a personas asociadas a ellos. Set estaba cazando un cerdo cuando se encontró con su hermano Osiris y este lo mató. A Adonis lo mató un jabalí. El héroe celta irlandés Diarmid también perdió la vida a causa de un jabalí, al que simultáneamente él también mató. Una de las principales divinidades de la Polinesia es Kamapua, el joven señor cerdo, amante de Madame Pele, la diosa del volcán. Existe una mitología, extendida desde Irlanda hasta todo el mundo tropical, que es la primera que nos habla de rango espiritual y de muerte subrogada. En todas y cada una de estas culturas hay rasgos, reales o simbólicos, de canibalismo y el mayor de los poderes consiste en matar a un hombre y absorber su energía. *Hic est corpus meum* [«Este es mi cuerpo»].

Estos rituales –la danza del búfalo, por una parte, y el aplastamiento de la pareja acoplada y la sociedad que gira en torno al cerdo, por la otra– reflejan dos visiones contrapuestas del mundo. La más profunda, la más trágica, es la del mundo tropical, marcada por la imagen de que la vida se deriva de la muerte. La visión de los cazadores es, comparativamente hablando, más infantil, sencilla y despreocupada porque, en ella, no ocurre nada nuevo y volvemos y repetimos una y otra vez las mismas cosas de siempre.

Ahora bien, como la primera gran civilización basada en la agricultura surgió del fértil y cálido sudoeste asiático, lleva consigo la impronta de la imagen de que la vida sale de la muerte. Y podemos advertir aspectos de ese mismo mito en la imagen cristiana de que nuestra vida eterna se deriva de la muerte de

Jesús. Ese es todo el trasfondo de la imagen de la Crucifixión, que también encontramos antes en la imagen de los mitos de Osiris, Attis, Adonis y Dionisos.[11] Ese es el mito que reflejan los ritos de Eleusis. Y esa continuidad nos permite entender algo sobre la vida. No se trata de una verdad absoluta sobre la vida, sino de una comprensión, de un juego al que uno puede jugar. Y la visión del mundo de quien vive en el seno de tales sociedades –que se pasan la vida representando el juego de que la vida sale de la muerte– difiere mucho de la de quienes viven el juego mítico del cazador.

Sea como fuere, es en esa zona donde surge el Neolítico con los primeros asentamientos permanentes. Ese fue el comienzo de nuestras civilizaciones superiores y donde los ritos de sacrificio, que representan de manera más cruda y directa el mito, acabaron sublimándose. Con el paso de los siglos, se han tornado espirituales y simbólicos, de modo que la comida ya no es mero alimento para el cuerpo, sino alimento para el espíritu. Restos de ese simbolismo resultan evidentes también en los rituales budistas, hindúes y cristianos, sublimados a partir de un fundamento común a toda la humanidad.

En torno al noveno milenio antes de Cristo, estas sociedades se asentaron y empezaron a desarrollarse en base a la agricultura y la ganadería. Súbitamente, la tribu no solo recolectó alimento, sino que empezó a cultivarlo.

En las sociedades recolectoras anteriores, todos los adultos eran equivalentes y poseían un estatus parecido y juntos controlaban la cultura.

Como ya he dicho, las culturas superiores empezaron a aparecer, en torno al año 4000 a.c., en lo que hoy se conoce como el Oriente Próximo «nuclear». Fue entonces cuando las aldeas comenzaron a convertirse en pueblos, ciudades y ciudades-estado. Y, con la civilización, florecieron el comercio y aparecieron muchas artes y oficios nuevos. El individuo ya no controlaba la herencia de toda la comunidad, se diversificaron las funciones y aparecieron los especialistas. Había especialistas en el ámbito del gobierno, del sacerdocio, del comercio, del cultivo del campo, etcétera. Y estas personas tenían que convivir armónicamente con personas de un tipo completamente diferente, una estructura hierática que generó nuevos problemas psicológicos, sociológicos y de otros tipos.

Los sacerdotes fueron, durante ese tiempo, los especialistas más importantes. Ellos eran los que observaban los cielos en busca de indicios que les señalasen el momento adecuado para plantar y cosechar. Son los sacerdotes –especialmente en Sumeria– quienes emplean por vez primera las artes de la observación matemática y de la escritura. Y son también sacerdotes los primeros en desarrollar, para describir el mundo, las matemáticas sexagesimales (basadas en 6, 12 y 60) con las que todavía medimos el tiempo y el espacio.

También fueron ellos los primeros en descubrir el movimiento de los planetas a través de las constelaciones fijas y reconocieron que se mueven en una progresión matemática predecible. Estas pautas de movimiento les llevaron a concebir la idea de un orden cósmico, es decir, de un ciclo universal

escrito, por así decirlo, en los cielos. La Luna sale, alcanza
su plenitud y se desvanece. El sol sale y se oculta a diario.
El invierno da lugar a la primavera, el verano, etcétera. Esta
idea de un gran ciclo, de un continuo retorno, sorprendió a los
observadores de los cielos como una revelación mucho más
extraordinaria que las proporcionadas por las plantas o los
reinos animales, superior a ellas y a cuyas leyes se hallaban
sometidas todas las cosas. Fue la revelación, por así decirlo,
de un proceso universal, de un poder impersonal implacable.
No podemos pedir al Sol que detenga su camino, no podemos
rezar para que nada se detenga. Se trata de un proceso absolutamente impersonal y matemáticamente mensurable al que
deben adaptarse las leyes de la civilización. Este es el concepto
mítico básico de las primeras grandes civilizaciones.

El nacimiento de Oriente y Occidente: las culturas superiores

Revisemos ahora brevemente, sin olvidarnos de ese fundamento, el rango entero abarcado por las culturas superiores, que yo
divido en dos grandes dominios –Oriente y Occidente– y cuya
la línea divisoria pasa por Persia.

Al este de Persia hubo, en Oriente, dos grandes centros
creativos, la India y el Lejano Oriente (del que forman parte
Japón, China y el Sudeste Asiático). Ambas zonas están aisladas. Al norte de la India se yerguen los imponentes Himalayas

y el resto linda con los océanos. El este de Asia está separado del oeste por grandes desiertos y limitado, por el sur y el este, por el océano.

Las nuevas influencias van siendo gradualmente absorbidas por los poderes y tradiciones existentes y, en las culturas orientales, hay que reconocer la conservación –esencialmente hasta la actualidad– de la antigua visión del mundo de la Edad de Bronce, la imagen del gran ciclo impersonal que fue descubierta en Mesopotamia entre los años 2500 y 1500 a.C.

Al oeste de Persia hubo también dos grandes centros culturales creativos. Uno es Oriente Próximo o Levante, donde aparecieron las primeras culturas superiores, en donde lo fundamental no es el individuo sino la sociedad, el grupo, la participación del individuo en lo colectivo. Y el otro gran centro cultural es Europa, la zona arquetípica de los cazadores paleolíticos que, como las culturas cazadoras primitivas, subrayan lo individual.

A diferencia de lo que ocurría en las dos zonas orientales –que permanecieron continuamente aisladas–, estas dos regiones siempre han estado muy comunicadas. Ambas se hallaban expuestas también a los ataques de uno de los dos pueblos guerreros violentos y crueles que, desde el norte y el sur, respectivamente, habían estado empujando a los granjeros y comerciantes asentados en la zona intermedia. Estos grupos invasores fueron los arios (pueblos pastores y ganaderos procedentes del norte de Europa) y los semitas (procedentes de las tribus del desierto sirio-arábico y sus sociedades dedicadas al pastoreo de cabras y ovejas). Cada vez que conseguían el control, se convertían en la casta gobernante de un mundo de agricultores, artesanos y mercaderes civilizados, cuya tradición mítica y estilo de vida se hallaban bajo el control de los descubrimientos realizados por los sacerdotes consagrados a la observación del firmamento. Esos dos grupos guerreros honraban a una divinidad masculina, el Señor del Trueno, cuya mitología es diametralmente opuesta a la de los grupos basados en la tierra, que reverencian la tierra, que entrega a sus hijos sus riquezas y cuya principal divinidad es la gran diosa, la Madre Tierra.

El conflicto entre las sociedades que adoran a la diosa y los pueblos guerreros que la desdeñan es uno de los principales temas de las mitologías de Occidente. El Antiguo Testamento es la historia del conflicto iniciado por el dios guerrero, cuando afirma: «Y os di la tierra por la cual nada trabajasteis y las ciudades que no edificasteis, en las cuales moráis».[12] En el Libro de Josué puede leerse la historia de una pequeña población, de la aparición de una nube de polvo en el horizonte y, al día siguiente, ya no queda nadie vivo. Llegó una tribu de beduinos y los aniquiló. La misma idea tenían los griegos, los celtas y los germanos. Los arios y los semitas eran guerreros, gente fiera y dura, bárbaros que llegaban y se convertían en el pueblo dominante en culturas basadas en la idea de un ciclo cósmico girando de continuo.

En la mitología del orden cósmico, la esfera del universo es el útero de la Diosa Madre, cuyos hijos somos nosotros. Y las divinidades que la fertilizan se representan habitualmente en forma animal. Pero, en cualquiera de los casos, esos no son más que dioses consortes. La divinidad primordial es Ella. El primer objeto que todo el mundo experimenta es la Madre. Luego viene el Padre, que no puede presentar reclamaciones. ¿Quién quiere morar en el seno de Abraham [lugar al que, según el Antiguo Testamento, van las almas cuando el cuerpo muere]?

El centro de la mitología de los pueblos guerreros, sin embargo, lo ocupa un dios masculino. Nadie reza ahí a la diosa para que le dé los frutos de la tierra, sino que simplemente llega y los toma por la fuerza. Su voz es el trueno y se le conoce como Zeus, Yavé, Indra o Thor.

La principal divinidad de los pueblos semíticos (con independencia de que se trate de amoritas, babilonios, hebreos, árabes o fenicios), procedentes de un desierto en el que la Madre Tierra no parece hacer mucho y la vida depende del orden social, es la divinidad tribal. Esto es único en la historia.

Así pues, si nuestros principales dioses son las divinidades de la naturaleza, podemos ir desde Grecia hasta la India y decir: «¡Oh!, vuestro Indra es nuestro Zeus». Quizás le llamemos de modos diferentes, pero el «pan» es «pan», independientemente de que le llamemos *brot* o *pain*. Se trata, sin importar el nombre, de divinidades intercambiables. Pero cuando nuestro dios principal es una divinidad tribal, ya no podemos decir que compartimos los mismos dioses. A ello se debe, en mi opinión, la tendencia al exclusivismo que caracteriza a las tradiciones semíticas y su excesivo énfasis en la figura masculina, de lo que se deriva la sensación de separación («Nosotros somos diferentes a todos los demás»).

Los griegos y los romanos tendieron al sincretismo, es decir, a reconocer en otros dioses a los suyos. Cuando tratamos de identificar nuestro mito concreto, debemos preguntarnos si sabemos de cuál se trata y cuál es la relación que mantenemos con nuestra divinidad, en tanto que algo opuesto a las divinidades de otras personas. «Pero ¿de qué está hablando? ¿Mi divinidad es única? ¡No hay, en el mundo, otra como ella!» O quizás digamos: «Yo participo en la experiencia vital de otros seres humanos, pero ¿la llamo con ese nombre concreto?». Y ello no significa que no pensemos que nuestra divinidad es, para nosotros, la mejor. Pero no está bien ir por ahí diciendo, como hace mucha gente: «Sí, vosotros adoráis a Dios a vuestro modo, pero yo lo adoro a su modo».

Existió, por tanto, un conflicto muy interesante entre las culturas patriarcales, menos refinadas aunque físicamente más poderosas, y las civilizaciones mucho más sofisticadas que adoraban a la diosa. Obviamente, los bárbaros ganaron y acabaron asimilando la mitología local.

Miremos el Génesis. ¿Dónde se ha visto a un hombre dando a luz a una mujer? Ese es un absurdo que encontramos en el jardín del Edén, donde Adán, asumiendo un papel femenino, da a luz a Eva. Adam, en hebreo, significa «tierra». La humanidad nació de la tierra, pero no de una madre terrenal, sino de un padre terrenal.

El Miércoles de Ceniza vemos a muchos católicos caminando por las calles de Nueva York con ceniza en la frente. «¡Polvo eres y en polvo te convertirás!»[13] ¡Polvo! ¡Ese es un recordatorio de la Madre Tierra, pero que ha experimentado una curiosa inversión! Se trata de una divinidad soltera, la única mitología del mundo que carece de diosa. Y esa perspectiva denomina Abominación a las diosas de otras mitologías.

Todo el Antiguo Testamento tiene que ver con Yavé condenando el culto de las colinas, de los campos y de la Madre Tierra. Un rey después de otro hacen, a los ojos de Yavé, el mal cuando construyen altares bajo los árboles y en lo alto de las montañas. También hay algunos maniacos como Elías que prometen baños de sangre a quienes se atrevan a dirigir su mirada hacia la Luna. Es toda una historia. Esta es la terrible mitología masculina que hemos heredado y que exige la represión del sistema femenino

Una de las cosas más interesantes de la Biblia, que los investigadores del siglo XIX habían soslayado casi por completo, es que los temas mitológicos presentes en el Antiguo Testamento proceden del complejo sumerio-babilonio. Veamos ahora cuál es el resultado de esta situación. Los mitos que originalmente señalaban a la diosa como fuente de todo apuntan ahora hacia Yavé, el Dios padre. Esta transformación es un aspecto de nuestra tradición tan curioso como sorprendente. Los símbolos hablan espontáneamente a la psique y uno ya sabe de forma inconsciente de qué están hablando. Pero la persona que presenta el mito nos habla en un lenguaje diferente. El mito dice:

«Es el Padre», pero tu psique corrige: «No, es la Madre», de modo que acabamos yendo al psiquiatra. Este es el doble significado que preña todos nuestros símbolos.

Tomás de Aquino afirma en su *Summa contra gentiles*: «Solo puede conocer a Dios quien sabe que Él trasciende todo lo que podamos decir o pensar sobre Él».[14] Cuando pensamos en «eso que trasciende todo pensamiento» como un ser masculino –y, en nuestra tradición, como un varón sin hembra–, nos encontramos con algo que la psique no puede manejar muy bien. Este me parece un punto muy importante.

Subrayar el aspecto sexual de la divinidad –varón o hembra– es secundario y, en algunos contextos, desconcertante. Originalmente se orientó hacia lo masculino para establecer la superioridad de la sociedad patriarcal sobre la matriarcal. A esta dicotomía entre el sistema masculino y el sistema femenino tratan de enfrentarse los ciclos del *Agamenón* de Esquilo y del *Edipo* de Sófocles.

Los pueblos orientales no tienen este problema. Al este de Persia, las viejas mitologías de la India y China transmiten, hasta el mundo contemporáneo, la idea de un ciclo cósmico y un orden impersonal detrás del universo. Tenemos, por ejemplo, en este sentido, las nociones indias de *dharma* y *kalpa*, el antiguo concepto chino de *tao*, etcétera, conceptos que trascienden los géneros y son tan viejos como la palabra escrita.

La idea es que el misterio último del universo, el ser último –si podemos llamarlo así– se encuentra más allá del pensamiento humano, más allá del conocimiento humano, más allá incluso de las categorías del pensamiento. Es inútil preguntarse «¿Es uno o muchos, varón o hembra, bueno o malo?», porque esas son categorías del pensamiento. E igualmente absurdo es preguntar «¿Es o no es?», porque ser y no ser son también categorías del pensamiento. Existe (o no existe) absolutamente más allá de todo pensamiento. Trasciende todas las categorías. Y es muy tosco preguntar, como hacemos: «¿Es el poder divino amoroso, misericordioso y justo? ¿Ama a estas personas más que a aquellas? ¿Me ama a mí?».

El siguiente punto, sin embargo, es que este poder, que trasciende todo pensamiento, constituye la esencia misma de nuestro ser. Es inmanente, lo que significa que está aquí, aquí mismo, en el papel de este libro y en las sillas en las que estamos sentados. Podemos tomar, desde esta perspectiva, cualquier objeto, trazar un círculo en torno a él y explorar el misterio de su ser sin llegar a conocer lo que es, porque es in-cognoscible. Es cierto, se trata de una silla y sabemos lo que podemos hacer con ella, pero su sustancia esencial nos resulta absoluta y últimamente misteriosa. El misterio de la existencia de nuestra silla es idéntico al misterio de la existencia del universo. Podemos colocar cualquier objeto –ya se trate de un palo, de una piedra, de un animal o de un ser humano– en el centro de ese círculo misterioso y utilizarlo perfectamente como objeto de meditación.

En el siglo VIII a.C., la *Chāndogya-upaniṣad* afirmó explí-citamente la idea fundamental de *tat twam asi*, que dice «tú eres eso».[15] Todas esas religiones –desde el hinduismo hasta el jainismo, el taoísmo y el budismo– apuntan a evocar en el individuo la experiencia de identidad con el misterio universal, con el misterio del ser. Tú eres eso. Pero ese «tú» no es, sin embargo, el tú que mimamos. No es el «tú» que nos distingue de los demás.[16]

Esta fórmula muestra el camino para identificarnos con el testigo y con lo atestiguado. La visión del mundo proporcionada por el sentido común es dualista: yo contemplo mi cuerpo, pero no soy mi cuerpo; yo conozco mis pensamientos, pero no soy mis pensamientos y yo experimento mis sentimientos, pero no soy mis sentimientos. Yo soy el que experimenta, yo soy el testigo. Luego llegó el Buddha y dijo que ni siquiera el testigo existe.

Y así podemos seguir dando pasos atrás, hasta llegar a un punto en el que todo lo que podamos decir no es eso. Yo no soy eso que puedo nombrar en mí mismo y, sin embargo, soy eso. Y esa contradictoria afirmación encierra la clave de lo que podemos denominar el Misterio de Oriente.

Pero también se trata del misterio de nuestros místicos, muchos de los cuales se vieron condenados a la hoguera por llamar la atención sobre estas ideas. Porque esa es la primera herejía contra la implacable verdad sustentada por todas las tradiciones procedentes del oeste de Persia, las tradiciones llegadas de Oriente Próximo (es decir, del cristianismo, el judaísmo y el islam): Dios ha creado el mundo y, por tanto, creador y criatura no son lo mismo.

Nuestra teología suele afirmar cosas desde el punto de vista de la conciencia vigílica. La lógica aristotélica, por ejemplo, dice que A no es no-A. Pero, a otro nivel –y ese es el nivel al que, por más que quieran mantenerlo oculto, se refieren todas las religiones, incluida la nuestra–, el último misterio es que dos son uno, es decir, que A es no-A. Pero nuestras religiones oficiales condenan como blasfemo a quien dice «Yo y mi Padre somos uno». Jesús lo dijo y por ello le mataron. Jesús fue crucificado por blasfemia.

Nueve siglos más tarde, el gran místico sufí Al-Hallaj dijo lo mismo y también se vio, por ello, crucificado. ¿Y qué fue concretamente lo que dijo Al-Hallaj? Dijo eso a lo que aspiran todos los místicos: la comunidad ortodoxa está aquí para unir amante con amado y al místico con su Dios. Y, para ello, empleó la imagen de la polilla y la luz: la polilla vio una luz y se golpeó contra la pantalla protectora de vidrio. A la mañana siguiente, contó a sus amigas: «Anoche vi una cosa maravillosa». Ellas le respondieron: «Sería mucho mejor que no la mirases». Esa es la situación en la que se encuentra el asceta. Así que a la noche siguiente regresó, descubrió un camino de entrada y, fundiéndose con su amado, se consumió en la llama. Ese es, según Al-Hallaj, el objetivo del místico: la extinción completa de la sensación de identidad en el conocimiento de nuestra identidad última y suprema con Ese que es el Primero de Todos.

Nuestra tradición no subraya la experiencia interna de identidad con lo divino, sino el establecimiento de una relación con lo divino. Las nuestras son religiones de relación, religiones en las que A se relaciona con X. Obviamente, en Oriente, A es igual y no es igual a X, ambas cosas al mismo tiempo. Relación e identidad son dos fórmulas distintas.

¿Cómo podemos, pues, relacionarnos con lo divino? En el judaísmo, uno lo hace siendo judío porque nadie, según la vieja idea bíblica, conoce más a Dios que los judíos. ¿Y cómo puede uno convertirse en judío? Naciendo de madre judía. Esa es una visión muy exclusiva.

Cristo es, en la tradición cristiana, la Encarnación única; Él es Dios y hombre verdadero. Esta humanidad y divinidad simultáneas de Cristo es, para nosotros, un auténtico milagro. ¿Y cómo podemos relacionarnos con Jesús? A través del bautismo y la pertenencia a una iglesia.

Nosotros estamos alienados de nuestra divinidad y de una institución que afirma estar en contacto con la divinidad, porque ya no creemos en ella. ¿Se levantó Cristo de entre los muertos, fundó la Iglesia, etcétera? Pero ¿qué pasa si no se levantó de entre los muertos? ¿Fue realmente lo que decía ser? ¿Nació de una virgen, es Dios y hombre verdadero y todo eso? Supongamos que cuestionamos lo anterior. Muy bien, la verdad se aleja de nosotros. La institución ha alejado a la divinidad del mundo y se ha atribuido el papel de mediadora en nuestra relación con ella y, cuando la institución desaparece, también lo hace toda posibilidad de relación con la divinidad. Esta es la alienación más completa.

Y aquí es cuando entra en escena el viejo Swami Satcitānanda. Oriente invita a todo el mundo a conocer su propia naturaleza dual y la encarnación –el avatar– no es más que el modelo a través del cual realizamos en nosotros este milagro.

Y subrayo esta distinción para poner de manifiesto el diferente énfasis que ponen las religiones occidentales. Estas dependen de la historicidad –es decir, de la realidad objetiva– de sus situaciones especiales favoritas. La tradición judía se basa en la idea de una revelación especial a un pueblo especial en un momento y un lugar especiales, un acontecimiento que puede verse históricamente documentado, aunque su realidad histórica sea cuestionable.

La tradición cristiana depende de la creencia en una encarnación única basada en la evidencia de los milagros y el fundamento y continuidad de la Iglesia. Todos estos eventos deben ser presentados como históricos, razón por la cual nuestros símbolos insisten de un modo tan continuo como perseverante en su historicidad.

Las creencias musulmanas vinculan la fe a Alá al través de la palabra de Mahoma, su profeta.

Pero, por más aceptable que sea todo esto respecto a la institución de la Iglesia, de Israel o del islam, nos aleja de la referencia primordial del símbolo, es decir, nosotros, nuestro interior. Por ello la gente va a escuchar a gurús que vienen de la India y maestros zen que llegan de Japón, que son lo únicos que afirman que todos esos símbolos apuntan hacia dentro.

Desde el comienzo mismo de su extraordinario *Filosofías de la India*, Heinrich Zimmer señala que nuestra cultura ha llegado a una crisis que la India tuvo que afrontar hace ya 3.000

años y que supone el completo desmoronamiento de los mitos heredados. Ya no podemos seguir entendiendo esas creencias del modo literal que estaba de moda y era casi inevitable en las sociedades preliterarias. Ahora nosotros, como los indios hace mucho tiempo, nos vemos obligados a entender que toda fuerza mítica procede del interior. Uno no puede asumir el interior de otro y nosotros tenemos hoy que atravesar la misma ordalía que la India se vio entonces obligada a atravesar.

Con ello no quiero decir que el caso de la India sea mucho mejor, porque, desde aquellos días (entre 900 y 400 a.C.), la India ha envejecido mucho. Y, cuando envejecemos, las cosas empiezan a decaer. Perdemos el pelo, olvidamos cambiarnos de ropa y las cosas se nos caen de las manos. Así es como aparece la India, una vieja gloria decrépita y no debemos confundir ambas cosas. No podemos tomar, pues, la forma en que esa cultura ha gestionado su pasado y aplicar esa misma solución a nuestro caso. Lo que sí podemos hacer es escucharla y dejar que nos inspire.

Este es mi pequeño sermón a las iglesias del mundo: tenéis los símbolos en el altar y tenéis también todas estas lecciones. Lamentablemente, cuando es un dogma el que nos dice el efecto que los símbolos tienen supuestamente sobre nosotros, nos hallamos en serios problemas. Esto no me pasa a mí, ¿seré acaso un pecador?

La función realmente importante de la Iglesia es la de presentar el símbolo, llevar a cabo el rito y permitir que contemplemos el mensaje para empezar a experimentarlo. Sea cual sea la relación técnica existente entre el Padre, el Hijo y el Espíritu Santo, lo importante es que uno mismo, el celebrante, sienta en su interior el Nacimiento Virginal, el nacimiento del ser místico y mítico que constituye nuestra propia vida espiritual.

Parte II: El mito vivo

3. La sociedad y el símbolo[1]

El mecanismo de los mitos: cómo funcionan los símbolos

Las mitologías ejercen su magia a través de los símbolos. El símbolo funciona como un botón automático que libera energía y la encauza. Y, como los sistemas míticos del mundo incluyen muchos símbolos que son prácticamente universales, la cuestión es cómo y por qué el símbolo universal se dirige hacia este o aquel propósito cultural. Trataré de esbozar ahora en unas cuantas líneas ese tema, por más que se trate de una cuestión complicada.

¿Se hallan los símbolos integrados en la psique o son el resultado de una impronta posterior? Los etólogos que estudian la conducta animal han advertido que los polluelos escapan en busca de refugio si, poco después de haber salido del huevo, asoma volando un halcón, aunque nunca antes lo hayan visto. Pero no sucede lo mismo cuando la que surca el cielo es una paloma. Y, si lo que vuela por encima del polluelo es una figura de madera en forma de halcón que se mueve por un alambre, el polluelo también huye en busca de cobijo, lo que no sucede cuando la figura se desplaza en sentido contrario.

Esta respuesta está ligada a algo que se denomina mecanismo innato de liberación [o, como hoy tenemos iniciales para todo, IRM, acrónimo del inglés *innate releasing mechanism*], que también se conoce como reacción estereotipada.

La primera criatura en movimiento que aparece cuando un patito sale del cascarón se convierte, por así decirlo, en su padre. Esa imagen deja una huella y establece una identificación indeleble. Este proceso de vinculación que tiene lugar cerca del momento del nacimiento se conoce con el nombre de impronta.

¿Son fruto, las respuestas de la psique humana, del estereotipo o de la impronta? La respuesta estereotipada ilustrada por el caso del halcón y los polluelos es una relación del tipo llave-cerradura como si, en el cerebro de esos pollos, hubiese una imagen exacta del halcón. Bien podríamos preguntarnos, pues, si el pollo no ha tenido ninguna experiencia previa con halcones, quién es el que está respondiendo a ese estímulo. ¿Se trata acaso del pollo, que no ha tenido ninguna experiencia con los halcones? «No –deberíamos responder–. Quien reacciona es la especie de los pollos.»

La reacción de los pollos a un halcón real o manufacturado ilustra perfectamente lo que Jung denominaba «arquetipo», un símbolo que libera energía en respuesta a una imagen colectiva. Aunque los pollos jamás hayan tenido una experiencia con halcones responden, no obstante, a ellos. Y, por más divertida que resulte la identificación del patito con su madre gallina, la suya es una respuesta estrictamente individual. El vínculo que une, en este caso, al patito con la gallina es fruto de la impronta.

Lo que diferencia la impronta de algo que hemos visto y nos ha interesado es su prontitud psicológica. Solo dura una fracción de minuto, pero, una vez establecida, deja una marca definitiva e indeleble.

No hemos podido determinar ninguna imagen estereotipada de la psique humana. Habrá que asumir entonces que no hay, en la psique humana, respuesta de liberación innata estereotipada que tenga mucha importancia. El factor dominante es, en este sentido, la impronta.

¿Por qué existen, pues, símbolos universales? Podemos ver los mismos símbolos en las mitologías, las religiones y las estructuras sociológicas de cada sociedad. Pero ¿cómo es posible si no existen respuestas innatas integradas en la psique?

Como estos símbolos no se originan en mecanismos innatos y tampoco son culturalmente transmitidos (porque la variabilidad intercultural es, en este sentido, muy amplia), deben derivarse de un conjunto de experiencias compartidas constantemente con la práctica totalidad de los individuos.

Y estas experiencias constantes tienen lugar, de hecho, durante la infancia. Se trata de las experiencias de la relación que el niño mantiene con (*a*) la madre, (*b*) el padre, (*c*) la relación existente entre los padres y, finalmente, (*d*) el problema de sus propias transformaciones psicológicas. Estas experiencias universales dan lugar al *Elementargedanken*, es decir, a los motivos inmutables de las culturas del mundo.

Sociedad, mito y desarrollo personal

Permítaseme ahora resumir las ideas de Freud al respecto para establecer el fundamento de nuestra discusión sobre el individuo y la sociedad.

En primer lugar, Freud basó su modelo psicológico en la idea de que existe una voluntad, un deseo y un «yo quiero» inherente a la psique. La psique es una pequeña máquina de decir «quiero», mientras que la sociedad, el entorno, la casa o la incapacidad del cuerpo del niño imponen limitaciones a los deseos de la psique. Esta es la tesis nuclear del psicoanálisis.

El niño no puede sostener la tensión impuesta por ese «querer» sin posible solución. Y, ante la prohibición absoluta –es decir, ante eso que no puede, en última instancia, conseguir–, su deseo acaba relegado al inconsciente. Como dice Freud, el buen padre puede distraer al niño de un deseo prohibido o imposible proporcionándole otra cosa en que pensar. Pero ello no impide que el primer «quiero» permanezca, no obstante, enterrado en la psique como un deseo.

Pero, junto al deseo, también queda enterrada en el inconsciente la correspondiente prohibición. Así es como queda una energía dinámica, en el inconsciente, de signo tanto positivo como negativo. Freud denomina «ambivalencia» a esta dualidad e «introyección» a la tarea de reprimir el deseo y la correspondiente prohibición social. Y, mediante este proceso, uno introyecta pequeños fragmentos del orden social. Así es como la sociedad –que no la naturaleza– acaban integrando un «no», un tabú. Por ello los tabúes difieren entre sociedades. Consecuentemente, lo que las personas religiosas denominan conciencia moral es una estructura social que forma parte del sistema moral propio de la cultura en la que el niño ha nacido.

Tomemos, como hace Freud, la asociación fundamental de la educación infantil, es decir, el deseo que el niño tiene por su madre y la incapacidad de esta para poder satisfacerle siempre. Esta ambivalencia –entre deseo y prohibición que se vieron simultáneamente reprimidos– yace soterrada en la psique como una unidad energética. Y esa unidad puede acabar liberándose en algún momento de descarga... que tiene lugar de manera inconsciente. Y ello significa que, en lugar de desear (como hace el niño) a la madre, la psique busca, en su lugar, un deseo sustituto.

Lo que uno considera de forma consciente una actividad perfectamente moral –como el matrimonio, por ejemplo– cumple, a nivel inconsciente, con una función completamente inmoral: el incesto. Bajo el manto de la conciencia, por así decirlo, uno disfruta entonces de una experiencia prohibida por la sociedad y que, pese a saber que estamos disfrutándola, nosotros mismos nos la prohibimos.

En este proceso se asienta el fundamento de la idea freudiana de neurosis, es decir, cuando el individuo experimenta miedo y ansiedad en una situación en la que no hay nada que temer. La ansiedad no es entonces real, sino fruto del castigo imaginario impuesto por padres invisibles debido a los deseos prohibidos de los que el individuo disfruta en secreto.

Cuantas más frustraciones y deseos prohibidos reprimidos, mayor es la presión intrapsíquica, lo que obstaculiza la acción en el mundo consciente. Y, si el contenido del inconsciente es muy denso, el individuo puede perder completamente el contacto con el mundo externo y llegar a experimentar lo que se conoce como una psicosis.

Cuando el deseo reprimido por el niño se torna adulto y se encauza hacia la sexualidad genital, la noción de la madre como objeto se convierte en la noción de incesto, un auténtico tabú, del que el adulto ni siquiera es consciente. Y ese incesto se ve bloqueado por la prohibición inconsciente y la amenaza de castigo procedente de la imagen del padre. Por ello Freud dice que el padre es el primer enemigo, ese es su papel, un papel activado por la madre cuando dice a su hijo: «Ya verás lo que pasa cuando llegue papá y se lo cuente». Así es como mamá transfiere sobre papá lo que se conoce como mala madre y él asume este papel.

Papá acaba asumiendo el papel de educador, es decir, el encargado de enseñar al niño a moverse en el mundo adulto. Desafortunadamente, el niño se halla atrapado en una curiosa ambivalencia con respecto al padre. Este se siente mal con el niño porque, durante un tiempo y en cierta medida, le ha alejado de la madre. Entre ambos existe, por decirlo de otro modo, cierta animadversión, una oposición a la que Freud denominó «complejo de Edipo». Recordemos que, por error, Edipo mató a su padre y se casó con su madre, que, en opinión de Freud, es algo que les gustaría hacer a todos los niños pequeños.

Obviamente también existe, contra el complejo de Edipo, una reacción a la que Freud denomina «postura de Hamlet». Como Hamlet, el joven dice: «O no. Yo no quiero matar a mi padre. Yo le respeto mucho. La realmente terrible es mi madre. Ella está tentándome y provocándome de continuo para que mate a mi padre». Ese es el dilema en el que está atrapado Hamlet, que entra y casi mata a su madre. Todo lo que la Madre representa –es decir, la mujer, el mundo, el universo, la vida y el ser mismo– se torna entonces repulsivo. Esas son las almas puras que no tocan a las mujeres y se inclinan una y otra vez ante la imagen del padre. Esta es una reacción desproporcionada contra Edipo y que significa que, en realidad, somos eso. Todos los hombres, para Freud, son Hamlet o Edipo… o ambos.

El problema al que la mujer se enfrenta es muy distinto. Ella está sometida al destino de Electra, que acaba descubriendo que su madre es la rival con la que tiene que competir por el amor del padre. Y esa es una situación a la que la niña se enfrenta a eso de los 4 años, cuando aparece la diferencia de género. Es entonces cuando la niña se torna consciente de las implicaciones de esta diferencia y tiene que cambiar su identificación primaria con la madre –que hasta ese momento comparten niños y niñas– y orientarla hacia el padre. Este se convierte entonces en el educador de la hija, en el mediador en su relación con lo masculino. Así es como se ve obligado a desempeñar un papel que le viene un poco grande, proporcionándole una sensación del varón que difiere de su terrible opuesto. Esta es una lección que tiene lugar en el momento en que el padre introduce al niño en el orden social. Así es como el padre desempeña realmente el papel de educador del espíritu, transmitiendo los objetivos de la sociedad e informando al niño o niña del papel adulto que la sociedad espera que acabe asumiendo. Por ello, mientras la madre da a luz al cuerpo físico, el padre se encarga de dar a luz al ser espiritual. Estos son motivos que aparecen una y otra y otra vez, tanto en los mitos de las culturas más sofisticadas como de las más rudimentarias.

La educación, en este nivel primordial, dirige idealmente a la psique más allá del umbral para que, en lugar de provocar un escape hacia la dependencia, el reto adulto desemboque en una asunción de responsabilidad. Los retos que se presentan dejan de reproducir el eco de la relación infantil con los padres y se convierten en la relación adulta con ciertas acciones que deben ser realizadas. Esta es la transformación que tiene lugar en un momento crítico y supone un problema constante en todas las sociedades.

La crisis llega al final de un periodo de dependencia que dura aproximadamente hasta los 12 años. Hasta ese momento, somos incapaces de cuidar de nosotros. Lo que distingue a la especie humana de los demás animales es nuestro nacimiento prematuro. A decir verdad, ni el cuerpo ni la psique humana se hallan maduros hasta comienzos de los 20.

Entonces tiene lugar la primera crisis, porque se espera que esta pequeña criatura dependiente se convierta en alguien que no busque la ayuda de papá ni de mamá, sino que se convierta en papá o en mamá.

Es como si, después de verter escayola en el molde de la dependencia, pidiésemos de repente que asumiera la forma de la responsabilidad personal. Se supone que la joven psique pasa entonces de la pauta de la dependencia a la pauta adulta de responsabilidad…, una responsabilidad definida, obviamente, en términos de los requisitos impuestos por la sociedad en que uno se encuentra.

Esta fase de la experiencia –que va desde el nacimiento hasta el comienzo de la crisis de la adolescencia– atraviesa los mismos retos a los que se enfrentan todos los seres humanos. El desarrollo de la psique ocurre aproximadamente en todas partes en el mismo momento y es luego el individuo el que debe dar ese salto. Y todas las sociedades se preocupan mucho de esta transformación. De ello se ocupan precisamente los ritos de iniciación de las sociedades primitivas. El individuo se ve tratado de un modo tal que ya no puede seguir ocultándose bajo la falda de mamá. El ritual educativo traduce las imágenes inevitables y universales de la infancia en otras que vinculan el individuo a la sociedad. El tótem ancestral, la Madre Diosa y los distintos panteones implicados –los dioses bélicos, olímpicos, navajos, nórdicos y sintoístas– reflejan la impronta de tempranas imágenes deliberadamente diseñadas para que la energía que fluya por ellas se encauce hacia actitudes sociales que tengan sentido en ese entorno cultural.

Lo primero que la sociedad –cualquier sociedad– requiere de nosotros es que seamos capaces de asumir de inmediato y sin vacilar nuestra responsabilidad. La persona que se halla

atrapada entre la dependencia y la responsabilidad es neurótica, ambivalente y se ve impulsada en dos direcciones. No
madurará hasta que pueda enfrentarse a un reto sin buscar
internamente el cobijo que sus padres le ofrecían.

Finalmente, el individuo debe enfrentarse al regreso a la dependencia, a perder la responsabilidad, esa capacidad, de la
que tan orgulloso estaba, y prepararse para atravesar la puerta
oscura. Para impedir, en este punto, una crisis patológica, las
imágenes mitológicas deben invitar a la psique a aproximarse voluntariamente hacia esa puerta. Entonces reaparecen en
forma nueva el padre y la madre. Las imágenes que habían
servido para conducir al joven a la aterradora actividad de la
responsabilidad completa deben utilizarse ahora para aproxi-
marle, durante los años de declive, a la aterradora inactividad
de la muerte. Y esta transición, como veremos, fue el problema
que más interesó a Jung.

El ego: Oriente y Occidente

Quisiera señalar ahora las diferencias fundamentales existentes, a mi entender, entre el papel desempeñado por el Yo en las
sociedades occidentales (o europeas) y orientales.

Nosotros tenemos la idea de una psique dividida, por así
decirlo, en dos pisos. Abajo yace el inconsciente y arriba se
encuentra la conciencia individual. El individuo tiene, en su
mano, una suerte de linterna: la conciencia. Si nos preguntan

qué hicimos tal día a las 10:30 de la noche, no podremos recordarlo, pero si consultamos nuestra agenda y buscamos «fiesta con tal y cual», lo recordaremos muy bien. Hay algo que, pese a no estar en nuestra conciencia, nos resulta accesible. Freud lo llamaba preconsciente.

Pero si nos preguntan con qué juguete jugamos el tercer día de nuestra vida, no podremos responder. Ese recuerdo se halla en un reino profundo del inconsciente, llamado por Freud subconsciente, y formado por pensamientos y recuerdos que resultan inaccesibles a la mente consciente. Ahí yacen todas las improntas primordiales de los primeros cuatro años de vida, la época en que se configuró nuestra pequeña mente.

En las profundidades del subconsciente hay una máquina de «yo quiero» a la que Freud llamaba id (ello). El id es algo con lo que nacemos. Simplemente nacemos, pero el id interior desconoce la fecha. Y tampoco sabe si nos hallamos en una caverna ceremonial del temprano Neolítico o en la era moderna, ni si hemos nacido en Tombuctú o en Washington D.C. Lo único que el id sabe es que somos animales humanos y que tenemos necesidades humanas o, dicho en otras palabras, que somos organismos que lo queremos todo.

Ante esa situación, sin embargo, el entorno dice «¡No!». Esta dinámica refleja el conflicto entre deseo y prohibición del que antes hablábamos. Así es como nuestro inconsciente empieza a incorporar los muchos «no debes» con que la sociedad contrarresta al «quiero» del id. Y la corriente de esos «no debo» proviene de lo que Freud llama superego, la interiorización de

las voces parental y social que contrarrestan al id diciéndonos
«No hagas esto o no hagas aquello».

El ego, según Freud, es la función encargada de relacionar
al individuo con la realidad. Pero la realidad, desde esta perspectiva, no es nada metafísico. Es simplemente la realidad
empírica, lo que hay a tu alrededor, lo que estás haciendo,
cuál es tu estatura, tu edad y lo que la gente te dice y se cuenta
sobre ti. El ego es la función que nos relaciona con la realidad en términos de nuestros juicios personales, pero no de los
juicios que nos han enseñado a hacer, sino de los juicios que
nosotros hacemos.

Podemos juzgar una situación en términos del modo en que
sabemos que debemos juzgarla y darnos luego cuenta de que
en modo alguno pensamos así. Pero solo podremos diferir de
los juicios establecidos por nuestro entorno, renunciar a ellos
y asumir los nuestros cuando llevemos a cabo la transición que
conduce a la responsabilidad adulta. Y tal cosa, obviamente,
será imposible si seguimos identificados por esos mensajes
que, en tal caso, seguirán resonando en nuestro interior al ritmo
marcado por el sentimiento de culpa.

Este es un punto en el que las culturas tradicionales occidentales difieren de las orientales. Las enseñanzas religiosas
orientales insisten en la necesidad de anular al ego. Según estas
tradiciones, uno debe atenerse al ideal social dictado por el
superego. No existe, para ellas, desarrollo sistemático del ego
con respecto a la realidad ni a la situación individual.

Si le preguntamos a un oriental algo que tenga que ver con

ahora, obtendrás un aluvión de todos los clichés imaginables. A los orientales les resulta muy difícil valorar la realidad en términos de la situación inmediata. Y es que como, en las tradiciones orientales, el ego no está desarrollado, no obtienes el mismo tipo de respuesta que esperarías en Occidente, en donde el individuo asume la responsabilidad de su propio juicio, de su propio discernimiento.

Cuando prestamos atención a los sistemas orientales y leemos los libros de leyes –como el *Mānava-Dharmaśāstra* de la India, por ejemplo–, no podemos creer lo que se les hace a las personas que no obedecen las reglas. Y, en *El arte de la guerra*, de Sun Tzu, se afirma que hay que sancionar con grandes castigos las pequeñas faltas, porque ese es el mejor modo de evitar las grandes.

El hecho es que, en el vocabulario religioso oriental, el ego se identifica con el id. Así que el sistema individual se convierte en «yo quiero» frente a «tú debes». Todo ego es, desde esa perspectiva, «yo quiero». Por ello el mensaje es «anula al ego», un mensaje parecido al de las enseñanzas tradicionales de la Biblia, que están llenas de «debes, debes y debes». Las enseñanzas orientales y judeocristianas ortodoxas exigen obediencia absoluta. ¿Y qué sucede cuando nuestro juicio dice algo completamente ajeno al «tú debes»? ¿Qué pasa cuando hacemos lo que se supone que no tenemos que hacer? Este es uno de nuestros grandes problemas.

Como ya hemos visto, la estructura de las sociedades orientales se estableció en las ciudades-estado de la Edad de Bronce en Mesopotamia y sus alrededores. La idea fundamental era que el orden de la vida terrenal debía atenerse al ejemplo proporcionado por el orden celestial. El macrocosmos, es decir, el gran cosmos, es un cosmos ordenado, la Gran Armonía, un diseño que debe reflejarse tanto en el mesocosmos (es decir, la sociedad) como en el microcosmos (en la vida del individuo).

También hemos visto que las imágenes religiosas cumplen, en los sistemas mitológicos, con determinadas funciones: expresar la sensación de respeto y misterio ante el universo; proporcionar una imagen del universo basada en el orden matemático del cosmos y los ciclos del Sol y de la Luna, en los años y sus ciclos y en los eones y sus ciclos; conectar a la sociedad con esos ciclos y vincular el individuo a la sociedad, el cosmos y el misterio. Esas son las funciones con las que debe cumplir una mitología y, en el caso de hacerlo bien, nos proporciona una imagen unificada de la totalidad, es decir, una imagen unificada de nosotros mismos, de nuestra sociedad, de nuestro universo y del misterio que todo lo trasciende.

Dentro de ese sistema, sin embargo, el individuo debe cumplir con el rol establecido por quienes conocen ese orden, es decir, por los sacerdotes. Los sacerdotes son quienes entienden el orden y descifran sus pautas, y a sus dictados debe plegarse el individuo. Esta pauta se denomina en sánscrito *dharma*, que se refiere al orden del universo, porque la palabra *dharma* se deriva de la raíz *dhṛ*, que significa «apoyo», el apoyo sobre el que se sostiene el universo. Y, del mismo modo que el Sol no quiere ser la Luna y el ratón no quiere ser león, el individuo que nace en una determinada casta o categoría social no debe querer pertenecer a otra. Es el nacimiento del individuo el que determina su rol, su carácter, sus obligaciones, etcétera. Y el papel que, en tal sociedad, le corresponde a la educación, es el de enseñar a cada cual el rol que le corresponde.

Lo que Freud denominaba superego o, dicho en otras palabras, el ideal del ego social es, en esas sociedades, la única posibilidad. Y las reglas son, en este punto, tan estrictas que al individuo jamás se le pregunta «¿Y a ti qué te parece?». Su vida, muy al contrario, se halla reglamentada, desde la cuna hasta la tumba, aun en aquellos momentos más íntimos que, para los occidentales son los momentos de descubrimiento, elección y decisión personal. Todas esas transiciones se hallan reguladas: uno ni siquiera sabe con quién se va a casar, sino que son los demás quienes deciden por uno. No es ninguna prueba del desarrollo del juicio individual decidir con quién va uno a casarse, sino que es la sociedad la que decide por uno, sin mácula de ego alguno.

Bien podríamos resumir del siguiente modo la visión religiosa básica de Oriente. La verdad última, el misterio último de la vida y del ser, es absolutamente trascendente. Uno no puede definir lo absoluto, tampoco imaginarlo y menos todavía nombrarlo. Pero ese ser absoluto y ese misterio absoluto es también nuestra propia realidad interior: uno es eso. Lo absoluto es trascendente y, al mismo tiempo, inmanente; es decir, se encuentra simultáneamente más allá del universo sensorial y dentro de todas y cada una de las partículas de este universo. Y todo lo que puede decirse sobre ello es... nada. Lo que digamos al respecto solo apunta hacia ello. Los símbolos, los ritos, los rituales y las acciones se mueven en el mundo de la experiencia humana, pero apuntan, más allá de sí mismos, hacia esa fuerza trascendente e inmanente; los ritos y los símbolos conducen a la realización de la propia identidad, que es absoluta. Nuestra esencia consiste en la identidad con lo trascendente. Por ello, para la filosofía oriental, el ego y la personalidad son meros accidentes, algo del todo secundario.

Pero la idea, en Occidente, es completamente diferente. La idea llega en torno a 2500 a.C., con los imperios semíticos de Sargón y Hammurabi y a ella seguimos todavía aferrados. Y esa idea es que Dios creó al hombre. Dios no es hombre y el hombre no es de la misma sustancia que Dios, se trata de dos instancias ontológica y fundamentalmente distintas.

A esa relación, por tanto, se refieren todos los símbolos. No pasa lo mismo en los sistemas orientales, en donde los dioses –como los hombres– son meras manifestaciones de un orden superior. El orden es en este caso preexistente a los dioses. En la India, este orden se llama karma, en China recibe el nombre de *tao*, en la antigua Grecia se denominaba *moira*, y en Mesopotamia se conocía como *me*. Este orden cósmico es matemático e inalterable, y ni las deidades pueden cambiarlo. Dios y el ser humano son meros burócratas al servicio de ese orden. Por ello los ciudadanos responsables son los que desempeñan perfectamente su papel.

Permítaseme ilustrar ahora esta actitud formal con el ejemplo que nos proporciona la estructura social de la India clásica. Veamos, para ello, la noción de vida individual y su desarrollo.

En la India existen cuatro castas o clases, llamadas *brāhmaṇ*, *kṣatriya*, *vaiśya* y *śūdra*.

Brāhmaṇ [en castellano, «brahmán»] significa «relacionado o en contacto con *brahman*», es decir, con el poder cósmico. *Brahman* es un sustantivo sin género que se refiere al poder que impregna y tiñe la totalidad del mundo. El *brāhmaṇ* es el que conoce y dice la verdad sobre ello, el que interpreta y escribe los libros sagrados. Es, por decirlo en otras palabras, la cabeza del orden social.

El *kṣatriya* es el que se encarga de administrar la verdadera ley. Administra lo que el *brāhmaṇ* le dice que administre; este es, en cualquier caso, el ideal. El *kṣatriya* es el brazo portador de la espada del orden.

El *vaiśya* es el ciudadano o comerciante. La palabra *vaiśya* procede de la raíz *viṣ*, que significa «vecino». Es el hombre del dinero, el propietario, el patrón, etcétera. Paga sus impuestos, paga sus diezmos y da trabajo a los *śūdra*. Es el cuerpo de la sociedad, sus intestinos, podríamos decir.

El *śūdra* es el sirviente, el que está excluido del orden religioso. Tiene sus propios sacerdotes y maestros, pero el orden védico y brahmínico hindú tradicional solo concierne a las tres castas superiores, que son llamadas los dos veces nacidos. Los *śūdra* son las piernas, los encargados de sostener el resto de la sociedad.

Pero, como ya hemos dicho, el objetivo de la sociedad oriental apunta siempre a anular al ego. Y eso es algo que el *śūdra* logra haciendo lo que se le dice. El *vaiśya* anula al ego sirviendo, haciendo lo que le corresponde, pagando sus deudas y educando a su familia. Su objetivo consiste en hacer dinero. El *kṣatriya* lo consigue administrando la ley con justicia, sin prejuicios y sin favorecerse a sí mismo. Se supone que representa la administración perfecta de la ley. El *brāhmaṇ*, por su parte, es el que conoce la ley.

Este sistema excluye a la mayoría de la gente, que son los llamados intocables. Un censo realizado recientemente en una comunidad rural bengalí puso de relieve que más de la mitad de ellos eran descastados, es decir, marginados. El único modo en que esas personas podían participar en la sociedad era desempeñando funciones serviles e intocables. También había aldeas enteras que, ajenas a este orden sagrado, vivían según sus propias reglas.

Los *śūdra* son los artesanos, los campesinos, etcétera, que trabajan en la sociedad. El 50% de la otra mitad de la aldea recién mencionada estaba compuesto por *śūdras*, lo que significa que el grupo al que los intocables servían eran, en realidad, la clase campesina. Y baste, para entender la rigidez de estas divisiones, con leer el siguiente texto, procedente del *Mānava-dharmaśāstra*, las «leyes de Manu», en donde se dice que, si un *śūdra* escucha –aunque solo sea de manera accidental– la recitación de un verso de los Vedas, hay que verterle plomo fundido en los oídos. Y el hecho de que sea merecedor de una muerte tan cruel evidencia que el conocimiento védico era poder y consolidaba el poder social y espiritual.

A ello se debe que, cuando uno da clases o pronuncia una conferencia a alumnos orientales, se encuentre, aun hoy en día, con una experiencia sorprendente para los occidentales y es que los estudiantes se lo creen todo. La noción india de gurú, por ejemplo, es la de una persona cuya autoridad es absoluta y cuyas enseñanzas el *śiṣya* (es decir, el discípulo) debe aceptar sin cuestionar. Por ello la principal virtud del discípulo se denomina en sánscrito *śrāddha*, que significa fe absoluta en el maestro.

El gurú asume la responsabilidad de la vida del discípulo. Uno trata de vivir la vida que el gurú le dice que tiene que vivir, mientras que el maestro occidental, por el contrario, se limita a transmitir información que cada cual puede aplicar a su vida del modo que considere más oportuno. Yo no puedo decir a nadie (y ningún maestro occidental lo dirá) lo que tiene que hacer cuando esté en el camino, porque no existe, para nosotros, ningún camino. Estamos, especialmente ahora, en una suerte de caída libre en el futuro.

Nosotros esperamos que el alumno desarrolle sus facultades críticas. Es cierto que nuestros maestros pueden sentirse molestos con nuestras críticas y el fruto de nuestros juicios independientes. Pero si tenemos que enfrentarnos a una de esas situaciones en las que debemos creerlo todo y confiar a pies juntillas en lo que dice el maestro, resulta muy difícil no decir «Dios mío, yo soy, yo soy la ley, los profetas y todo lo demás», lo que tampoco resulta especialmente pedagógico.

Permítanme contarles ahora una anécdota india sobre un gurú. Un buen día, el discípulo llega tarde y su gurú le pregunta:

–¿Dónde has estado que llegas a estas horas?

–Vivo en la otra orilla del río –responde el discípulo–, pero como el río está crecido, no he podido vadearlo por donde solía. Y como no hay puente ni bote alguno, no he podido llegar a tiempo.

–Bien –dice el gurú–, pero finalmente aquí estás. Dime, ¿cómo has atravesado el río? ¿Lo has hecho acaso en bote?

–No.

–¿Ha menguado el caudal?

–Tampoco –replica el alumno–. Simplemente he pensado: «Mi gurú es una revelación divina. Él es mi Dios». Así que me he puesto a meditar en mi gurú y he atravesado las aguas. Eso es lo que he hecho. He repetido «Gurú, gurú, gurú», y aquí estoy.

«¡Vaya! –pensó entonces el gurú–. Ignoraba que tuviese ese poder.» Y como no podía sacarse ese pensamiento de la mente, concluyó que debía intentarlo.

Luego, cuando el alumno finalmente se marchó, se acercó a la ribera del río y, después de asegurarse de que no había nadie observándole, empezó a repetirse, dispuesto a caminar sobre las aguas: «Yo, yo, yo».

Pero apenas lo hizo, se hundió como una piedra.

La única razón por la que era gurú era que su yo (por así decirlo) no estaba ahí. Era transparente a la trascendencia hasta el momento en que pensó «yo». Se supone que el gurú es un cristal perfecto a través del cual resplandece la luz de las enseñanzas. De modo que la sabiduría que atraviesa al gurú viene de mucho más allá y nada tiene que ver con este momento aquí y ahora ni con la persona que la transmite.

El *dharma* no solo define quiénes somos, sino que también establece cómo debemos comportarnos en cada fase de la vida. Durante la primera parte de la vida, uno vive en comunidad. Llegada la mediana edad, abandona el mundo y, adentrándose en el bosque, emprende la segunda mitad de su vida. Este maravilloso diseño ha permitido a los indios combinar algo que nuestra sociedad no nos permite y me refiero a la idea de obligación social (*dharma*) con la idea de renuncia, de abandono de todo, que se denomina *mokṣa* o liberación.

Este sistema se divide de nuevo en dos: durante el primer cuarto de vida uno se dedica a ser discípulo y aprender los caminos del *dharma*.

Pero el ideal del discípulo en la India es *ṣrāddha*, es decir, la fe y sumisión perfectas al maestro. Gracias a esta sumisión, el alumno concentra toda su libido, es decir, todo su interés erótico, en el maestro. Él tiene que identificarse, hasta la misma punta de sus dedos, con su maestro. Está ahí para imitar al maestro, para ser como él, para convertirse en él. Bien podríamos decir que se trata de transmisión de una imagen sin atisbo alguno de facultad crítica.

Más tarde, durante el paso a la madurez, el individuo se adentra en el segundo cuarto de la primera mitad de la vida y se convierte súbitamente en propietario. Se viste entonces de manera diferente y asume una serie de obligaciones completamente nuevas. Se casa de pronto con una muchacha a la que nunca antes había visto y que probablemente ni siquiera conocía. No es difícil imaginar el momento en que se quitan los velos y se ven por primera vez, un momento especialmente impactante para ella, porque su esposo es, literalmente, su dios y ella está ahí para adorarle.

Luego cumple con sus obligaciones y, al cabo de un tiempo, han creado a una familia.

Pero a eso de los 45 años, uno de sus hijos es lo suficientemente mayor como para hacerse cargo de la casa. Y es entonces cuando, después de haber cumplido con sus obligaciones, se retira al bosque.

La vida en la comunidad se limita a hacer lo que se supone que uno tiene que hacer. Pero, como todavía quedan vestigios de ego, el individuo hace el voto de liberarse completamente. En el bosque encuentra a un maestro y se convierte en un *vānaprastha*, es decir, en «el que está en el bosque». El yoga –es decir, el yoga real y verdadero– apunta ahora a eliminar todo rastro de ego.

Y cuando el ego se disipa por completo, uno se adentra en el primer cuarto de la segunda mitad de la vida. Entonces es cuando se convierte en un *bikṣu*, es decir, en un monje errante, en un oráculo del conocimiento del no ser, de la no entidad, del ser despojado de ego.

La filosofía india afirma que la vida humana gira en torno a cuatro grandes temas. Tres de ellos están en la aldea: uno es la virtud (*dharma*), otro el éxito (*artha*) y el tercero es el placer (*kāma*).

Cuando uno va al bosque, lo que busca es *mokṣa*, una palabra que a menudo se traduce, en un sentido amplio, como «libertad», pero cuyo verdadero significado se refiere a la liberación del ego.

El *dharma* es impuesto por la sociedad, porque es la sociedad la que nos dice cuál es nuestro *dharma*. La idea es que, cuando uno ha nacido como *vaiśya*, pongamos por caso, su alma ha alcanzado el nivel de *vaiśya* y debe, en consecuencia, atenerse a los rituales y leyes de la vida del *vaiśya*. Esto significa que las leyes de la sociedad se corresponden precisamente con nuestras necesidades y disposiciones personales.

Hay un tipo de yoga, llamado *kuṇḍalinī yoga*, que consiste en desarrollar perfectamente la idea de la relación entre *kāma* (es decir, el principio del placer) y *artha* (el principio del poder). Y esto es algo que me parece extraordinariamente interesante. Estos dos impulsos (*kāma* y *artha*) son exactamente los mismos que los dos componentes de nuestro viejo amigo el id, es decir, *eros* (el deseo de experimentar placer) y *thanatos* (la tendencia a movernos hacia la experiencia del poder y el éxito).

Ahora bien, la idea india es que, mientras que *artha* y *kāma* son fines de la naturaleza, *dharma* es un fin de la sociedad. La función del individuo consiste en alcanzar el éxito y el placer bajo el techo impuesto por el *dharma*. Por ello la última experiencia espiritual tiene lugar, desde esa perspectiva, en el bosque, donde, siguiendo las reglas establecidas por el gurú, el ego termina por anularse.

Comparemos ahora este sistema con el sustentado por la tradición occidental, basada, por el contrario, en el desarrollo del ego.

Me parece fascinante que, de manera completamente ajena al sistema indio, la psicología occidental llegue a la misma conclusión sobre los principios del poder y del placer. Pero donde el pensamiento indio tradicional compensa esos dos polos con la virtud de la sociedad (o el *dharma*), Freud introduce la instancia del ego como mediador encargado de reconciliar los deseos interiores del id con las exigencias externas impuestas por el superego.

Veamos ahora un último punto. Según Freud, la vida temprana atraviesa tres estadios. El primero es el estadio infantil, que va desde los 4 hasta los 7 años aproximadamente, durante el cual el niño experimenta todos los *shocks* primordiales.

Luego viene lo que Freud denomina periodo de latencia, el periodo de descubrimiento del ego, que va desde cerca de los 7 años hasta eso de los 11.

Finalmente tiene lugar la transición que desemboca en la pubertad y el desarrollo de la sexualidad genital. Es durante ese periodo que el niño se aleja de lo que podríamos denominar mitología infantil –el sometimiento a los padres, la idea de que la Luna le sigue mientras camina, la idea de que los animales se comunican con él y todo ese tipo de ideas infantiles espontáneas–. Es también entonces (durante la adolescencia, en suma) cuando el individuo se orienta hacia la realidad empírica y, en el caso de nuestra cultura, hacia la ciencia, y cuando el niño se torna gradualmente consciente de la existencia, frente a la actitud mitológica, de una actitud científica opuesta.

Las sociedades primitivas, como las orientales, insisten en la actitud mitológica. Esas culturas alientan al niño a interpretar el mundo dentro del marco de referencia impuesto por el mito. La adolescencia, pues, es un periodo crítico que no produce, en las sociedades orientales tradicionales, una mente científica, una mente preparada para tomar decisiones, emitir juicios críticos sobre la realidad, etcétera.

Occidente celebra el advenimiento de la mente científica, pero hace añicos los símbolos que tanto empeño puso en transmitirnos la tradición. Pero ¿sirven acaso de algo los mitos despojados de los ritos de la tradición religiosa que los sustenta? Esto sucede, por ejemplo, en el caso del bautismo. Recuerdo en mi juventud a un asesino que, antes de morir, recibió el bautismo lo que, según se supone, le puso en condiciones de entrar en los cielos.

No quiero juzgar el alma de ese hombre, pero sí la tradición que afirma que, independientemente de lo que ese hombre haya hecho, después de que sobre él se vierta el agua bendita y se pronuncien las palabras adecuadas, ocurre algo que no entendemos muy bien que le permite acceder al paraíso. Este es, en mi opinión, un problema esencial que afecta a la conciencia religiosa del ser humano actual. ¿Cuántas personas pueden vivir con eso? Normalmente los símbolos de una tradición religiosa devota deben ser enseñados y uno tiene que saber qué significan.

Pero existen ciertos aspectos de esos símbolos que, si no han sido muy elaborados por la teología, realmente funcionan. Yo creo, por ejemplo, que el símbolo de la figura del héroe crucificado funciona. Por eso aparece en tantas tradiciones religiosas, desde los pawnees hasta los aztecas, los mayas, la figura de Prometeo encadenado a la roca, la figura del héroe que, por amor y para recibir la bendición (la bendición del éxtasis, del fuego o de lo que fuese), no tuvo empacho alguno en entregar su vida.

Esta es una historia muy poderosa. Solo tenemos que estar un poco al tanto, y no es necesario que conozcamos con detalle las relaciones existentes entre el Padre, el Hijo y el Espíritu Santo, porque todas esas cosas son, con respecto al poder del mito, completamente secundarias. Estar agradecido a quien, de forma tanto voluntaria como involuntaria, entrega su vida para salvar la nuestra, en forma de comida y de bebida, ya sea espiritual o física, es un motivo cargado de significado. Y también equivalente a la Crucifixión es el motivo que alienta al héroe en el campo de batalla a dar la vida por su país. Creo que este tipo de imágenes siguen activas en la conciencia de cada uno de nosotros ilustrando la grandeza y nobleza del heroísmo.

4. El mito y el Sí-mismo

Jung y las polaridades de la personalidad[1]

Ya hemos mencionado de pasada a Carl G. Jung, pero creo que ha llegado el momento de considerar su obra con más detenimiento. Aunque en los círculos freudianos se presente a Jung como un discípulo de Freud, esa es una afirmación completamente falsa, porque no eran maestro y discípulo, sino colegas, y cada uno concentraba su interés en el estudio de un aspecto diferente de la mente subconsciente.

Hablando en términos generales, Freud consideraba el sexo como el principal determinante de la psicología. La relación que el niño establece con sus padres, típicamente representada por la relación erótica que mantiene con su madre, el miedo a su padre y la posterior transferencia de la identificación sexual del niño a un individuo de su propia edad, etcétera, constituyen, para Freud, los temas sexuales centrales de toda conducta humana.

Pero el primer reto, entre los psicólogos, a la teoría de Freud, no vino de Jung, sino de Alfred Adler. En opinión de

Adler, el principal impulso del individuo no es el sexo, sino la voluntad de poder. Y esa voluntad de poder se fragua en la situación de desventaja en la que el niño se halla con respecto a sus padres. Ahí está, obligado a interponerse en los propósitos de dos gigantes, obligado a persuadirles y a hacer prevalecer, de un modo u otro, su voluntad.

Esa es la posición de partida en que se hallan todos los niños. Pero imaginemos que, a pesar de crecer, un niño sigue hallándose en una posición inferior o que se siente torpe. O supongamos que sufre lo que Adler denomina «una inferioridad orgánica». Quizás pertenezca a un tipo físico o conductual infrecuente en el vecindario, lo que le lleva a sobresalir en un sentido u otro y convertirse en el centro de la atención. Supongamos que los padres han sido crueles y que, a pesar de todos sus intentos, el niño no ha conseguido que su agenda se lleve a cabo. Ahora tiene la voluntad de compensar o de sobrecompensar, lo que acaba configurando lo que Adler denominó complejo de inferioridad. El impulso a superar esa insuficiencia es, para Adler, fundamental para la vida humana y de él, que no del impulso sexual, se derivan todos los actos individuales. En realidad, Adler creía que el sexo es, en sí mismo, una especie de campo para ejercitar la mejora de la propia sensación de valor, un campo para la conquista. Para Adler, dicho en otras palabras, la actividad sexual se halla al servicio del impulso de poder.

Es precisamente en este punto cuando Jung entra en escena. En su opinión, la psique tiene una energía fundamental que se manifiesta en ambas direcciones, la del sexo y la del poder. Y la tendencia a ir hacia una u otra es la que determina lo que él denominó actitudes básicas.

Hay personas en las que, probablemente debido a las relaciones establecidas durante la infancia, el malestar se expresa en forma de lucha por el poder individual, en cuyo caso la vida sexual asume una posición secundaria. Este tipo de personas están básicamente orientadas hacia el poder y siempre preguntan: «¿Cómo lo estoy haciendo? ¿Lo estoy haciendo bien?». Este era, para Jung, el tipo introvertido, utilizando el término en un sentido algo diferente al habitual. El introvertido es pues, según la definición de Jung, la persona orientada hacia el poder que quiere imponer su imagen interna de cómo deben ser las cosas.

La persona orientada hacia el sexo, por su parte, se dirige hacia el exterior. Enamorarse significar perderse en un objeto externo. Por eso Jung denominaba extravertida a ese tipo de persona. También insistía en que todo individuo es ambas cosas y que la tipología solo indica sobre cuál de ambas modalidades se pone el acento. Cuando decimos, pues, que alguien se inclina un 60% hacia el poder, es solo porque el 40% restante se inclina hacia eros.

Ahora bien, cuando tropezamos con una situación en la que nuestra orientación normal no funciona y en la que vemos que, de ese modo, no conseguimos lo que deseamos, nos quedamos a merced del impulso secundario y asistimos a la emergencia de la personalidad inferior. El rasgo distintivo de la personalidad inferior es la compulsividad, porque se trata de una respuesta que escapa del control, y el sujeto se sonroja, se enfada, le tiembla la voz, etcétera. Y, cuando uno pierde el control, no aflora el aspecto más desarrollado de la personalidad, sino el personaje inferior y más rudimentario.

Jung utiliza, para referirse a esta inversión, el término culto «enantiodromía». Como el lector seguramente sepa, la palabra griega *dromia* significa «correr» (recordemos que el hipódromo es el lugar en el que corren los *hippos* o caballos y que el dromedario es un camello corredor), mientras que el prefijo *enantio*, por su parte, significa «correr en la dirección contraria», es decir, convertirse en una especie de tortuga.

Lo interesante es que, cuando llega la crisis de la mediana edad, se produce con cierta frecuencia una enantiodromía crónica. Uno ha sido, por así decirlo, un hombre con poder que lo ha tenido todo y que ha alcanzado todo lo que se ha propuesto –o, al menos, eso se imagina–, hasta que se da cuenta de que no ha merecido la pena.

Cuando llega el momento, suele tener lugar el cambio. ¿Y hacia dónde se dirige entonces la libido disponible? Hacia el lado que más llama la atención. Entonces es cuando papá empieza a mirar a las chicas y todo el mundo se pregunta «Pero ¿qué diablos le pasa a papá?». Este es un fenómeno muy habitual durante la crisis de la mediana edad, cuando el caballero que había logrado todo el poder del mundo se jubila y se dedica a pescar. Eso es lo que quiere, porque de eso estaba enamorado cuando tenía 11 años. Este es papá y su búsqueda de las sirenas a las que anteriormente me refería.

Otro ejemplo en sentido contrario (es decir, del sexo al impulso de poder) nos lo proporciona la mujer que había dedicado su vida a ser madre de familia. Quizás había tenido amantes, pero ahora tiene nietos y montones de recuerdos sobre bailes, etcétera, y se convierte en un monstruo poderoso, el arquetipo de la suegra del que antes hablaba. Cuando sus hijos, es decir, los hijos a los que ha criado, abandonan el nido, se ve desbordada por la pérdida de poder y el correspondiente sentimiento de inferioridad. Por ello se aferra con todas sus fuerzas y se empeña en decirle a todo el mundo que cierre esta ventana, que abra aquella otra, que bañe al bebé, que haga esto o que deje de hacer aquello. Y todo eso, obviamente, aflora de un modo habitualmente compulsivo, porque así es como irrumpe el lado oculto.

Aunque esta sea una visión un tanto exagerada y esquemática, lo cierto es que casi todo el mundo se enfrenta, en algún momento de su vida, a este tipo de crisis. ¿Seremos capaces, cuando irrumpa la enantiodromía, de absorber e integrar el otro factor, el otro lado de nuestra personalidad?

Jung denominaba integración al problema de la llamada crisis de la mediana edad, la integración entre los dos lados de la personalidad en una experiencia cultural individual. En este tipo de interacciones se basa toda la visión psicológica de Jung.

Recordemos que, para Freud, la relación entre el deseo y la prohibición refleja una colisión entre lo psicológico y lo sociológico. Para Jung, por su parte, este es un choque que tiene lugar en la psique individual, ya que, cada vez que nos inclinamos hacia un lado, nos alejamos del otro. En *El anillo de los nibelungos* de Wagner, Albrecht consigue el anillo de poder renunciando a las tentaciones de las sirenas del Rin. Ahí radica precisamente su poder. Otro hombre, desde el lado opuesto, diría «Yo no quiero hacer historia. Yo solo quiero hacer el amor», pero un buen día aflora en él la idea de que «No he hecho historia». Lo terrible es que la enantiodromía suele ir acompañada de un eco que repite «demasiado tarde». Así es como las decisiones pasadas acaban asumiendo proporciones aparentemente desastrosas.

Pero la persona no se agota en el sexo y el poder. La psique, para Jung, está dominada por cuatro funciones diferentes, divididas en dos pares de opuestos.

El primero de estos pares es, para Jung, el formado por la sensibilidad (o el sentimiento) y el intelecto. Existen dos formas de entender lo que ocurre a nuestro alrededor. Si evaluamos la vida en función del modo en que la sentimos, tendremos una sensibilidad muy diferenciada y desarrollada y valoraremos muy positivamente las artes y los matices y riquezas de la vida. Si, por el contrario, valoramos las cosas en términos de decisiones intelectuales, nos importará saber si son correctas o incorrectas, apropiadas o inapropiadas y prudentes o imprudentes. En cualquier caso, si tomamos nuestras decisiones basándonos en una de ambas funciones, la otra quedará naturalmente infradesarrollada.

Según la experiencia de Jung –una experiencia que, como se centró fundamentalmente en pacientes occidentales, no es necesariamente extrapolable a todas las culturas–, la sociedad exige que los hombres desarrollen el pensamiento (es decir, la función intelectual) y que las mujeres hagan lo propio con el sentimiento (es decir, la sensibilidad).

Obviamente, la función menos desarrollada acaba asumiendo una cualidad inferior. Por ello el pensamiento inferior debería ser considerado mera opinión. Aunque suela decirse que «No puedes discutir con una mujer», lo cierto es que, con quien no puedes discutir es con una mujer cuya percepción haya desarrollado fundamentalmente la función del sentimiento, porque sus decisiones no se derivan entonces de conexiones lógicas y sus opiniones se basan más en el sentimiento que en otra cosa. Si un joven tuviese una idea de la madurez y sofisticación del «sentimiento» que se sienta frente a él en la mesa mientras él todavía es un patán, se quedaría muy sorprendido.[2]

El sentimiento inferior es mero sentimentalismo y todos sabemos lo que eso significa. Los sentimientos de un hombre cruel, de un hombre que dirige su vida como un científico despojado de todo sentimiento, son muy pobres. Y muy pobre suele ser también el tipo de literatura y de música que le gusta cuando aflora el sentimiento.

Es el diálogo entre estas dos funciones el que nos educa. La función inferior –independientemente de que se trate del intelecto o de la sensibilidad– permanece relegada al inconsciente. Y cuando hace acto de presencia, lo hace de un modo tan compulsivo como incuestionable. Hay dos aspectos aquí que deben desarrollarse, uno inferior y el otro superior. Y esto es algo que funciona como ya hemos señalado con respecto al equilibrio entre sexo y poder, pero se trata de una cuestión completamente diferente porque, para nuestros propósitos, sexo y poder no están relacionados.

La otra diada se refiere a las dos formas de tener una experiencia a las que Jung denomina sensación (distinta al sentimiento) e intuición (diferente también al sentimiento). Aquí estamos, sentados en una habitación y bombardeados por imágenes, sonidos, olores, sabores, etcétera, es decir, de sensaciones que nos transmiten información sobre la habitación. Las sensaciones nos atan al espacio que nos rodea.

Un estudiante entra en una habitación y tratamos de descubrir sus capacidades, por qué ha entrado y lo que probablemente haga. Esa es la intuición, el talento primordial del político, un tacto especial para saber cuándo es el momento adecuado y cuándo algo es posible. La persona intuitiva tiene una visión expandida del futuro y del pasado.

Una de ambas funciones es aquí también superior y la otra inferior. Si vivimos siempre en términos de lo posible (es decir, de las realidades intuitivas), no lo hacemos en términos de las realidades sensoriales y viceversa. Y también hay, en este caso, un momento vital en el que irrumpe la función inferior, que pasa entonces a primer plano y, cuando lo hace, nos amenaza.

Ahora bien, en lugar de dirigirse sencillamente al bosque para poner un bonito broche final a todo este maldito embrollo, como sucede en la tradición india cuando aflora la crisis de la mediana edad, Jung afirma que el modelo con el que Occidente aborda la transición que conduce de la responsabilidad a la vejez es el de lograr la totalidad, es decir, la individuación. Esta es exactamente también la idea griega. Según Jung, para escapar de la enantiodromía que asoma durante la crisis de la mediana edad uno tiene que equilibrar estas funciones opuestas (sexo y poder, intelecto y sensibilidad e intuición y sensación). Así que, siendo niños, empezamos como una totalidad, luego ciertas funciones se desarrollan más que otras y, durante nuestra vida laboral y social madura, somos una parte y, finalmente, en el último estadio, acabamos convirtiéndonos de nuevo en una totalidad. Entonces es cuando nos inscribimos en un programa de educación para adultos o algo que nos ayude a conservar la sensibilidad mientras seguimos trabajando con el intelecto.

Los arquetipos del inconsciente colectivo

Estas polaridades –las dos actitudes y las cuatro funciones– se refieren a dinámicas psicológicas internas que se desplazan por nuestra psique como las mareas por el océano. Jung también identificó la existencia, en la mente, de ciertas estructuras fijas, que no son introyecciones freudianas aprendidas y que, en su opinión, están ahí desde el momento del nacimiento y evolucionan, como parte de la mente, del mismo modo en que el ojo y la mano lo hacen como parte del cuerpo. Y, como se trata de estructuras que, como la mano y el ojo, compartimos casi todos los seres humanos, Jung las llamó arquetipos del inconsciente colectivo. Y el adjetivo colectivo no se refiere aquí a nada especialmente metafísico, sino que simplemente refleja que se trata de estructuras compartidas por todos los seres humanos.

La primera de estas estructuras es la que Jung denomina *selbst*, que, según el psiquiatra suizo, abarca todas las posibilidades de nuestra vida, es decir, las energías y las potencialidades, todo aquello en lo que seremos capaces de convertirnos. El *selbst* total o Sí-mismo es lo que seríamos si estuviésemos completamente realizados.

Jung considera al potencial total de la psique individual como una entidad. El Sí-mismo, para Jung, es un círculo, cuyo centro nos resulta desconocido. Ese centro, que se halla inmerso en las profundidades de la mente inconsciente, es el que moviliza nuestras capacidades y nuestros instintos. Despierta gradualmente durante la primera mitad de la vida y, en los estadios posteriores, vuelve a aletargarse. Y esto es algo que sucede sin que tengamos, de ello, el menor control.

Este Sí-mismo está abierto a la naturaleza y al universo por el simple hecho de formar parte de la naturaleza. Pero este cuerpo concreto tiene capacidades, órganos y limitaciones concretas que nos vinculan a cierta forma de experimentar la gran conciencia de la que somos meros instrumentos. De modo que, pese a ser una inflexión local del modelo, el Sí-mismo es una singularidad que expresa nuestra especial sensibilidad y comprensión del gran misterio. Cuando actuamos como niños, nos vemos impelidos por ese Sí-mismo. Este es el sistema instintivo operando de un modo estrictamente biológico.

Las adolescentes –y debo decir que he dedicado 38 años a su enseñanza en el Sarah Lawrence College– suelen quedarse muy sorprendidas al descubrir la maravilla que son. No es algo que hagan, sino que, cuando se miran al espejo, ven el milagro de algo que les ha sucedido y que responde por su nombre. Aquí está la cosa a la que llama su ser. Esa es la flor del Sí-mismo. Pero nuestra pequeña conciencia se mueve solo por la superficie como un barco por la superficie del mar.

Cuando cobramos conciencia del Sí-mismo, nace el ego que, según el esquema de Jung, es nuestra identificación consciente con las experiencias y recuerdos de este cuerpo particular. Recuerdos y experiencias limitados a un cuerpo e identificados en términos de la continuidad temporal de ese cuerpo de los que somos conscientes: eso es el ego.

Cuando aprendemos a caminar, hablar, leer y escribir, ya tenemos un montón de deseos de los que no somos conscientes, pero, como nunca los hemos satisfecho ni mantenido en la conciencia, han acabado desterrados a las profundidades del Sí-mismo, en el inconsciente. El Sí-mismo es el conjunto de nuestras potencialidades, mientras que el ego es la conciencia de nuestro ser, de lo que creemos ser, aquello de lo que nos creemos capaces y que se ve bloqueado por todos esos recuerdos reprimidos inconscientes de limitación, prohibición, etcétera.

Esa conciencia emergente nos permite observar ese despertar como el bebé que empieza a verse como un ego. Sí-mismo y ego no son lo mismo. El ego es el centro de la mente consciente e incluye nuestra conciencia del Sí-mismo y del mundo.

Ahora bien, cuando el ego tiene un plan y cometemos algún error que lo imposibilita, se debe a la irrupción de alguna interferencia, algo que Freud conocía muy bien, un olvido semiintencional denominado lapsus freudiano, que nos impide hacer lo que queríamos. Así es como se expresa esa dimensión inconsciente de nuestro Sí-mismo. El Sí-mismo es la totalidad y, si lo concebimos como un círculo, su centro sería el centro del Sí-mismo. Pero el plano de nuestra conciencia se halla por encima de ese centro, y en la superficie de ese plano sobrenada nuestro ego. Existe, por tanto, un aspecto subliminal del Sí-mismo (que mantiene una relación continua con nuestro ego) del que no sabemos absolutamente nada.

Pero la definición de Jung difiere ligeramente de la de Freud. El ego, para Jung, es la idea que tenemos de nuestro Sí-mismo. Establece el centro de nuestra conciencia y nos relaciona con el mundo; es el «yo» que experimentamos cuando actuamos en el mundo que nos rodea.

Pero esto, obviamente, nada tiene que ver con el aspecto inconsciente del Sí-mismo. El ego está por encima de la línea de la conciencia. Supongamos que conducimos un coche con el volante a la izquierda, sin ser conscientes de la existencia del otro lado. De hecho, ni siquiera advertimos que estamos a un lado y creemos estar en medio. Son muchas, según Jung, las personas que se mueven así por la vida. Creen que su ego es todo lo que son y no se dan cuenta de la gente que van atropellando por la parte derecha de su vehículo. ¿Qué es lo que tenemos que hacer para aprender a ver el otro lado? ¿Colocar otro volante a la derecha y pedirle a un amigo que conduzca con nosotros? ¿Colocar acaso el volante en medio? ¡No! Tenemos que ser simplemente conscientes de que hay algo ahí; debemos aprender a ver tridimensionalmente, teniendo en cuenta el principio del paralaje.

De modo que aquí tenemos el Sí-mismo, que engloba, por así decirlo, todas tus potencialidades. Luego tenemos el ego, que emerge gradualmente en el curso de la infancia hasta llegar a establecer una noción comparativamente estable de ti mismo. Resulta muy peligroso, mientras el ego no se sienta más o menos confirmado, tener experiencias que uno no pueda controlar, porque puede diluirse y llevarnos a perder completamente el contacto con la realidad consciente y abocarnos a la esquizofrenia. Es necesario, pues, mantener nuestro ego en funcionamiento.

Hemos escuchado hablar mucho, especialmente en Oriente, de ausencia del ego. Hay mucha gente que está tratando de machacar el ego, que es lo único que nos mantiene en marcha. Y es que ahí debe haber alguien porque, en caso contrario, iremos a la deriva. El Sí-mismo es el gran círculo, el barco, mientras que el ego es el pequeño capitán que hay en el puente de mando.

Ahora bien, en la medida en que crecemos, nuestra familia nos dice que pertenecemos a tal o cual círculo social y que debemos comportarnos de tal o de cual modo. Luego vamos a la escuela y descubrimos que debemos dirigir nuestra vida en cierta dirección. Y esto nos mantiene atrapados o, dicho en otras palabras, las circunstancias de la sociedad en que vivimos nos obligan a vestir con cierta ropa y asumir determinados roles.

Para funcionar en la sociedad en la que vive, el ego debe aprender ciertas cosas. No se trata de aprender a vivir en una sociedad inexistente o al otro lado del Telón de Acero. Uno tiene que aprender a vivir en la sociedad en que se encuentra.

Y el primer problema de este temprano estadio vital consiste en aprender a vivir en esta sociedad de un modo que nos relacionemos con el mundo objetivo de manera que tenga sentido. La función crítica puede llegar un poco más tarde, pero antes debemos aprender a funcionar aquí y ahora. Esta es la gran tarea de la infancia y de la adolescencia: el terror, las exigencias y las restricciones de nuestra voluntad, etcétera, a las que debemos enfrentarnos y tenemos que asimilar. Si eludimos esos retos, nos veremos obligados a enfrentarnos luego a ellos, moviéndonos a tientas, como una entidad humana parcialmente realizada y sin haber tenido nunca la experiencia de participar en una situación seria.

La sociedad nos ofrece un abanico de roles entre los que podemos elegir. Y los asumimos como el actor que se cubre con las diferentes prendas que componen su vestido. Y, a través de ese guardarropa de conductas aceptables, la sociedad nos impone sus ideales. Eso era lo que Jung denominaba persona, el término latino con el que los romanos se referían a la máscara que el actor llevaba puesta en el escenario.

Supongamos que uno es maestro. Cuando está en el trabajo, se coloca la máscara de maestro, y es un maestro. Pero ¿quién querría estar con esa persona si, al volver a casa, siguiera considerándose y comportándose como un maestro y no como un actor que desempeña el papel de maestro?

Hay quienes, en la escuela de arte dramático, representan tan bien el papel de Hamlet que reciben una felicitación muy efusiva de sus familiares. Y también los hay que, a partir de entonces, se identifican tanto con su papel que acaban creyéndose Hamlet.

Hay otros que descubren que se han convertido, quizás para su propia diversión, en ejecutivos. Son ejecutivos en la oficina, son ejecutivos cuando vuelven a casa y son ejecutivos mientras están en la cama…, lo que resulta muy decepcionante para sus esposas.

La máscara hay que colgarla en el armario, en el camerino, por así decirlo. Uno tiene que saber el juego en que se encuentra en cada instante. Debe ser capaz de separar su sensación de identidad –su ego– del Sí-mismo que muestra al mundo, es decir, de la persona.

En la psique se libra esta batalla entre el potencial oculto e interior de los aspectos inconscientes del Sí-mismo, por una parte, y el sistema de la persona, por la otra. Y el ego debe aprender a reconciliar las dimensiones exterior e interior.

El peligro de esta tarea consiste, según Jung, en desidentificarse de la persona. A diferencia del objetivo de la educación en Oriente, Jung afirma que debemos distinguir entre el ego y el rol que desempeña.

Este es un concepto que no existe en Oriente. El ego, como

dijo Freud, es la función que nos conecta con las realidades empíricas del mundo en que vivimos; es la función de la realidad. Desarrollando el ego, desarrollamos nuestro sistema de valores. El juicio, la capacidad crítica, etcétera, son funciones del ego. En Oriente, no se le pide al individuo que desarrolle sus facultades críticas ni que observe el mundo de un modo nuevo, sino que acepte, sin cuestionarlas, las enseñanzas de su gurú y asuma la máscara que la sociedad le impone. Esta es la ley fundamental del nacimiento kármico. Uno nace en el rol que le corresponde. La sociedad nos entrega la máscara que debemos llevar y con la que, dejando a un lado toda creatividad, debemos identificarnos.

En la India, China o Japón tradicionales, somos nuestro rol. El secreto consiste en encarnar perfectamente ese rol, ya sea como monje mendicante o como viuda sufriente que se arroja a la pira en la que arde su esposo. Nos convertimos en satī.

Jung decía que uno debe desempeñar su rol sabiendo que no es eso. Ese es un punto de vista completamente diferente. Y eso requiere individuación, es decir, separar el ego, la imagen de uno mismo, del rol social que desempeñamos. Con ello no queremos decir que uno no tenga que desempeñar el rol social, sino tan solo que, independientemente de lo que decidamos hacer en nuestra vida (es decir, independientemente de que decidamos involucrarnos a fondo o quedarnos a un lado), estamos desempeñando un papel que no debemos tomarnos condenadamente en serio. La persona no es más que la máscara con la que se desempeña ese papel.

No conozco a nadie que sepa cambiar tan bien de roles como las mujeres occidentales. Les basta con cambiar de ropa para asumir una personalidad diferente. Mi esposa, que es bailarina, es una auténtica maestra en ese sentido. Ella suele tener mucho frío cuando nieva, pero cuando, en tales circunstancias, se viste para ir a una fiesta, es capaz de salir a la calle en mitad del invierno con un vestido muy ligero sin temblar siquiera. Vuelca completamente en el rol toda su personalidad... *et voilà.*

Pero las cosas van todavía más allá, porque el complejo total de la persona incluye sus principios morales. Como parte del orden de la persona, también se interiorizan la ética y las costumbres sociales, que Jung insiste en que tampoco debemos tomarnos muy a pecho. Recordemos que la caída de Adán y Eva tuvo lugar cuando aprendieron la diferencia entre el bien y el mal. El modo de volver atrás no consiste, por tanto, en conocer la diferencia. Esa es una lección evidente, pero no es la que se predica desde los púlpitos. Cristo dijo a sus discípulos: «No juzgues y no serás juzgado».[3] Juzgamos en función de nuestro contexto personal y en función de él nos veremos también juzgados. No seremos seres humanos completos hasta que no aprendamos a ver más allá de las imposiciones locales sobre lo que está bien y lo que está mal. No somos más que una parte de ese orden social concreto.

De modo que aquí tenemos el Sí-mismo con todas sus potencialidades. También tenemos una conciencia egoica creciente con la que nos identificamos y esto se desarrolla en función del disfraz que debamos ponernos, es decir, de la persona. Es bueno tener muchos vestidos, siempre y cuando se adapten a nuestra conciencia. El orden moral forma parte de la persona.

Existen muchas cosas que no se hallan en el sistema de la persona ni del ego, es decir, cosas que no reconocemos como parte de «nosotros» porque, en el extremo opuesto al ego yace, enterrado en el inconsciente, lo que Jung denominaba «sombra».

Como la sociedad nos ofrece un rol que desempeñar, deberemos eliminar de nuestra vida muchas de las cosas que, como personas, podríamos pensar o hacer. Y esas potencialidades descartadas se destierran al inconsciente. La sociedad no se limita a decir «tienes que hacer esto o tienes que hacer aquello», sino que también insiste en que «no hagas esto y no hagas aquello otro». De este modo, las cosas que nos gustaría hacer, pero que realmente no son muy buenas, se relegan al inconsciente. Este es el centro del inconsciente personal.

La sombra es, por así decirlo, el punto ciego de nuestra naturaleza, lo que no queremos ver de nosotros, el correlato exacto del inconsciente freudiano, los recuerdos y potencialidades reprimidas que hay en uno.

La sombra es lo que podríamos haber sido de haber nacido al otro lado de la línea: la otra persona, el otro yo. La sombra está compuesta por los deseos e ideas que hemos reprimido en el interior, todo el id proyectado. La sombra es, por así decirlo, el vertedero del Sí-mismo…, aunque también es una especie de caja fuerte que contiene muchas y muy interesantes potencialidades.

La naturaleza de la sombra depende de la naturaleza del ego. Es la fachada trasera de nuestro lado luminoso. Los mitos representan a la sombra en forma de dragón, el monstruo que debe ser vencido. Es esa cosa oscura que acecha desde el abismo cuando nos adentramos en el inconsciente. Es eso que nos asusta y queremos relegar de nuevo a las profundidades, lo que nos atrapa desde abajo. ¿Quién es el que está ahí abajo? ¿Quién es el que está aquí arriba? La sombra es algo tan misterioso como aterrador.

Si nuestra persona es demasiado frágil, demasiado estrecha –es decir, si hemos enterrado gran parte de nosotros en la sombra–, acabaremos secándonos. En tal caso, perderemos el acceso a gran parte de nuestra energía, que quedará atrapada en las profundidades. Y finalmente tendrá lugar la enantiodromía y asistiremos a la irrupción de un demonio desconocido rugiendo con todas sus fuerzas.

La sombra es esa parte de nosotros que ignoramos que está ahí. Nuestros amigos, sin embargo, la ven y esa es la razón por la cual hay personas a las que no les gustamos. La sombra es el modo en que podríamos haber sido; el aspecto de nosotros en que podríamos habernos convertido de habernos permitido actualizar nuestro potencial inaceptable.

La sociedad, obviamente, no admite esos aspectos de nuestro Sí-mismo potencial. Y tampoco nosotros los reconocemos ni sabemos que están ahí, porque los hemos reprimido.

Si pensamos en el yo como un gran círculo con un centro y consideramos que la conciencia está por encima de ese centro, entonces el ego está arriba (en el centro de la conciencia) y la sombra está en el lado opuesto (enterrada en lo profundo del inconsciente). Y si la sombra está enterrada es porque se trata de un aspecto del que el ego no quiere saber nada. Está enterrado porque no cuadra con el modo en que nos percibimos. La sombra es esa parte de nosotros que no queremos mostrar, lo que no solo incluye los aspectos negativos y peligrosos de nuestra personalidad, sino también sus aspectos positivos (sus potencialidades, por ejemplo).

Ahora bien, todos esos arquetipos se manifiestan personificados en forma de mitos y sueños. Nosotros personificamos el misterio del universo como Dios; el ego se convierte en la figura del héroe o de la heroína; el Sí-mismo inconsciente se convierte en el hombre o la mujer sabios, y la sombra se representa en forma de una figura mefistofélica. Evidentemente, la sombra no solo incluye lo bueno, sino también lo malo. Se traga todas las cosas que resultaría demasiado peligroso expresar, como el impulso de asesinar a ese bocazas que se ha pasado toda la noche interrumpiéndonos, el impulso que nos lleva a robar, a mentir, a destruir, etcétera. Pero también incluye potencialidades inaceptables para el ego y el sistema de la persona.

Estos impulsos se ven representados, en los sueños del individuo y en los mitos de la sociedad, por la sombra, que es siempre una figura amenazante de nuestro mismo sexo.

Podemos reconocer quién es pensando simplemente en las personas que nos desagradan. Ellas se corresponden con esa persona que podríamos haber sido porque, de otro modo, no significarían mucho para nosotros. Las personas que nos emocionan, tanto en un sentido positivo como negativo, reflejan algo que hemos proyectado:

> Yo no te quiero, doctor Fell.
> No sé muy bien cuál es la razón,
> pero sé perfectamente que
> yo no te quiero, doctor Fell.[4]

¿Por qué? Porque él es mi sombra. Y no sé si los demás habrán tenido, en su vida, experiencias similares, pero tengo muy claro que hay personas a las que rechazo de inmediato. Esas personas representan aspectos de mi ser cuya existencia me niego a admitir. El ego tiende a identificarse con la sociedad, olvidando la sombra. Cree que somos nosotros. Esa es la situación en la que la sociedad nos coloca. A la sociedad le importa un pepino que nos rompamos cuando irrumpa porque ese es nuestro problema.

Recuerdo haber escuchado, en cierta ocasión, a un sacerdote diciendo:

—Si yo no creyera en Dios, Cristo y la Iglesia, sería muy mala persona.

—¿Y qué cree que haría? —le pregunté.

—No lo sé bien —respondió.

—Apuesto —añadí entonces— que podría decirle lo que usted haría, pero no se lo diré. Lo único que le diré es que se cansaría muy pronto, y no tardaría en darse cuenta de que no es tan terrible. Y, en el caso de que aflorase eso que tanto teme, no pasaría gran cosa, porque no tardaría en integrarse sin suponer amenaza alguna para el mundo. No se preocupe tanto pues, dese permiso para hacer algunas de esas cosas y verá que, después de todo, no es tan malo, y verá como deja de decir esas cosas.

Uno tiene que encontrar algún modo de conocer su sombra.

Luego tenemos el problema del género. Los hombres tienen que ser muy varoniles y las cosas que la sociedad no les permite desarrollar las atribuyen al lado femenino, partes que acaban reprimiendo en su inconsciente. Esta es la contrapartida de la persona, lo que Jung denominaba el ánima, el ideal femenino que yace en el inconsciente masculino.

Del mismo modo, toda mujer lleva, en su inconsciente, un ánimus, es decir, el aspecto masculino de la mujer. Ella es una mujer y la sociedad le ofrece ciertas cosas que hacer. Y todas las cosas que ella asocia a la modalidad masculina de la vida quedan reprimidas en el interior del ánimus.

Lo interesante es que, aunque todos tenemos (tanto biológica como psicológicamente) ambos sexos, la sociedad solo nos permite subrayar uno de ellos. El otro queda interiorizado. Además, las imágenes y nociones del otro son funciones de nuestra biografía, que presenta dos aspectos diferentes. Uno es común a toda la especie humana (porque casi todo el mundo tiene un padre y una madre) y el otro es individual (porque nuestra madre y nuestro padre fueron de tal modo y no de tal otro). Y es la especificidad de la experiencia de los roles masculino y femenino la que determina la calidad de nuestra experiencia de esos aspectos que todo el mundo experimenta. Todo el mundo experimenta a la Madre y todo el mundo experimenta al Padre.

En ambos casos, el ideal desterrado tiende a proyectarse al exterior. A esta reacción, que consiste en proyectar nuestro ideal por el lado opuesto en otra persona que, por alguna suerte de magnetismo, suscita la emergencia de nuestra ánima/ánimus, solemos llamarla «enamoramiento». Cuando vamos, por ejemplo, a un baile, podemos ver a una chica muy atractiva sentada sola mientras, en el otro lado, hay otra rodeada de un montón de moscardones. ¿Cómo es eso? Pareciera como si esta evocase las proyecciones del ánima de todos los varones de la vecindad. Tiene que ver con el modo de presentarse a uno mismo, aunque no siempre sabemos de qué se trata ni cómo lograrlo. He visto personas que son perfectos objetos del ánima moverse de un modo que repele la proyección del ánima.

Dos personas se encuentran, se enamoran y se casan y cuando, a través de la fantasía, empiezan a asomar el Sam y la Susi reales, tiene lugar todo un cataclismo. Así es como muchos chicos y chicas rechazan su ánima o su ánimus. Luego se divorcian y esperan la aparición de otra persona receptiva, se enamoran de nuevo y, ¡vaya por Dios!, otra decepción. Y así sucesivamente.

Lo inevitable es la decepción. Uno tiene un ideal. Luego se casa con ese ideal y aparece un hecho que no cuadra con él. Súbitamente nos damos cuenta entonces de que muchas cosas no concuerdan con nuestra proyección. ¿Qué podemos hacer en tal caso? La única actitud que podría resolver la situación es la compasión. De repente me doy cuenta de que la persona con la que me he casado no corresponde con mi ideal y de que no es más que un ser humano... y de que yo también, dicho sea de paso, no soy más que un ser humano. Así que conviene buscar a un ser humano, vivir con él y ser bondadoso, mostrando compasión por sus imperfecciones porque, como ser humano, yo también debo tener las mías.

La perfección es inhumana. Los seres humanos son imperfectos. Lo que evoca nuestro amor –y quiero subrayar que, con ello, no me refiero a la lujuria, sino al amor– son las imperfecciones del ser humano. Por ello cuando, a través del ideal de nuestro ánimus o de nuestra ánima, asoman las imperfecciones de la persona real, podemos decirnos «Este es un reto para mi compasión». Y, cuando lo intentamos, algo puede empezar a ocurrir. Entonces podemos comenzar a despojarnos de la fijación en nuestra ánima. Tan malo es fijarnos en nuestra ánima y olvidarnos como identificarnos con la persona. Debemos librarnos de todo eso. En ello consiste la lección de la vida. Esto es lo que Jung denominaba individuación, ver a los demás y a uno mismo como lo que realmente somos, no como nos los muestran los arquetipos que proyectamos en los demás o que los demás proyectan en nosotros.

San Pablo decía «El amor todo lo soporta», pero nosotros no podemos equipararnos a Dios.[5] Esperar demasiada compasión resultaría destructivo para nuestra existencia. Aun así, podemos hacer el intento, lo que no solo sería útil para el individuo, sino también para la vida misma. Es fácil. Es una idiotez propia de la juventud afirmar que el mundo no satisface mis expectativas. ¿Qué significa esto? ¿Que, como he llegado yo, todo el mundo tiene que venir a darme la bienvenida? Olvídate de todo eso, ten compasión por el mundo y por quienes están en él. La vida hiede, no solo la política, y debemos abrazarla con compasión.

En su temprana novela *Tonio Kröger*, Thomas Mann ilustra lo que puede suceder cuando la realidad asoma a través de la máscara proyectada.[6] En esta novela, Mann nos cuenta la historia de un joven que descubrió la necesidad de la compasión. Tonio Kröger nace en el norte de Alemania, en un pueblo en el que todo el mundo tiene los ojos azules y es rubio, sano y fuerte y se encuentra a gusto con su mundo. Esas son encarnaciones, podríamos decir, de la persona. La madre de Tonio era italiana o nacida en el Mediterráneo. Su mismo nombre ilustra ya la combinación de la que era fruto. Era moreno, tenía los ojos oscuros y había heredado una sensibilidad que le hacía proclive al arte y la escritura. Aunque estaba entre esas personas rubias y pragmáticas, no se mezclaba con ellas. Siempre estaba en posición de observador. Le parecían, sin embargo, personas extraordinarias. Le gustaba verles bailar. Chicos y chicas bailaban muy bien. Pero, cuando él bailaba, quería soñar, mientras que las chicas solo querían bailar. Y las chicas con las que bailaba eran las únicas que tropezaban, de modo que se sentía un desplazado.

Cuando creció, decidió ser artista y se fue en busca de otro mundo. Así fue como se encaminó hacia el sur, probablemente a Múnich y conectó con una comunidad bohemia, lo que hoy llamaríamos una comunidad *hippie*. Ahí conoció a personas que tenían grandes ideales sobre el modo en que la vida debía ser y un amplísimo vocabulario para inculpar a todos aquellos que, en su opinión, eran responsables de las cosas que funcionaban mal en el mundo. Eran personas que tenían muchas ideas, pero cuando descubrían que el mundo no satisfacía esos ideales, retiraban su proyección y su amor por el mundo y acababan desilusionándose. Eran personas frías, arrogantes y cínicas, y Tonio acabó descubriendo que eso tampoco funcionaba para él. Porque, por más intelectual que fuese y por más que respetase las ideas, también le gustaban las mujeres rubias y de ojos azules.

Tonio era un joven que vivía a caballo de dos mundos, el mundo de las personas poco imaginativas en el que había nacido y el mundo de los intelectuales bohemios y críticos al que había acabado incorporándose. Finalmente descubre que todo lo que hay en el mundo es imperfecto y que es esa imperfección la que nos mantiene aquí. Entonces reconoce que nada vivo se adapta al ideal. Si describimos a una persona como un artista, lo haremos con una objetividad despiadada. Son las imperfecciones las que nos identifican, son las imperfecciones las que requieren nuestro amor.

Lo que convierte a la persona en lo que Mann denomina *litterateur* –alguien que escribe para una revista de Nueva York, por ejemplo–, en un poeta o un artista, es decir, en una persona que carga de humanidad las imágenes que ayudan a vivir, es que sabe reconocer compasivamente las imperfecciones que le rodean. El principio de la compasión es lo que convierte la decepción en una colaboración participativa. Por ello, cuando el hecho se muestra a través del ánimus o del ánima, lo que se requiere es compasión. Es el amor, la caridad, lo que convierte a un crítico en un ser humano vivo que tiene algo que dar –y que pedir– al mundo.

Así es como uno debe tratar con la decepción del ánimus y del ánima. Esta decepción resulta evocadora. Y lo que esa realidad evoca es una nueva profundidad de la realidad en nosotros mismos, porque también nosotros somos imperfectos. Quizás no lo sepamos. El mundo es una constelación de imperfecciones y quizás uno sea la más imperfecta de todas. Debido a nuestro amor por el mundo, lo nombramos exacta y claramente y amamos lo que así hemos nombrado. Mann llama ironía erótica a esta oposición, un descubrimiento que puede ayudarnos a salvar nuestro matrimonio.

¿Qué es, pues, lo que tenemos aquí? Tenemos el Sí-mismo, que es como una gran página en blanco. Tenemos el ego, que es una conciencia que está expandiendo gradualmente su campo de experiencia y de luz. Tenemos a la persona, que es el campo del *Völkergedanken*, nuestra forma local y étnica de vivir. Y si la imagen de la sociedad no consigue sacar a colación nuestro inconsciente en el mundo consciente, caeremos en una suerte de letargo y nos perderemos en una tierra baldía.

La sombra es el primer arquetipo en asumir un aspecto

amenazante. Eso es lo que estamos reprimiendo, una represión que nos ha permitido vivir la vida que la sociedad nos impone.

El siguiente reto proviene del sexo opuesto... y de ahí se deriva también la gran fascinación. Freud estaba, en este sentido, en lo cierto. Especialmente en la pubertad, el atractivo y el misterio de la vida se ve ejemplificado por el sexo opuesto.

Luego llegamos a una cuestión psicológicamente muy importante. Uno se enamora a primera vista. ¿Qué diablos significa esto? ¡Pero si ni siquiera conozco a esa persona! Creo que todo el mundo habrá tenido la experiencia de sentir que su corazón da un vuelco cuando alguien entra en la habitación.

Thomas Mann escribió páginas muy hermosas al respecto. En su primera historia publicada «El pequeño señor Friedmann», el pequeño *gentleman* del título tiene una experiencia catártica. Es un tipo muy divertido que nunca antes había sido capaz de mantener una relación con la vida. Un buen día, aparece una rubia escultural y nuestro hombre dice «¡Dios mío!» y, cuando su corazón se detiene, se da cuenta de que nunca antes había vivido. Entonces el mundo se le abrió. Así es como se vive la aparición del ánima guía.[7]

Y esto, nos guste o no, nos sucede a cada uno de nosotros. Bien, una de las experiencias posiblemente más intensas de nuestra vida posiblemente sea la de casarte con ese ideal del que nos hemos enamorado. Entonces nos enfrentamos a todo un trabajo, porque en él o en ella lo has proyectado todo. Esto va más allá de la lujuria. Es algo que va mucho más abajo, algo que lo arrastra todo. Este ánima/ánimus es el anzuelo en el que ha quedado atrapado nuestro inconsciente. Y todo va a emerger de sus profundidades, la serpiente Midgard y todo lo demás. Con todo eso nos casamos.

Un caballero que se había convertido en analista junguiano, le contó, en cierta ocasión, el siguiente sueño al doctor Jung. Nuestro hombre se halla al pie de un gran acantilado, por el cual ve asomar la cabeza de una serpiente. La serpiente –que es enorme– cae, cae y cae y parece interminable. Jung dijo entonces: «¡Cásese con la señorita tal y cual!». Y así lo hizo el caballero y el suyo fue un matrimonio muy feliz.

Pero cuando nos casamos con nuestro amor a primera vista, nos casamos con una proyección, con algo que hemos proyectado de nosotros mismos, con la máscara que hemos puesto sobre la otra persona.

¿Y qué cabe hacer en esas circunstancias? ¿Qué es lo pedagógicamente aconsejable en tal caso? Lo que se muestra a través de la máscara de la proyección es un hecho. La máscara es nuestro ideal. Y el hecho, que es imperfecto, no coincide con el ideal. ¿Qué podemos hacer con lo que es imperfecto?

Jung creía que la cuestión consiste en rechazar toda proyección. Lo que él denominaba individuación pasa por no identificar con la proyección del ánima a la mujer con la que nos encontramos, no identificarnos con las proyecciones de nuestra persona y liberarnos de todas las proyecciones y de todos los ideales. Jung llamaba personalidad maná al individuo que se identifica con la persona, refiriéndose a la persona que se comporta de un modo excesivamente formal y se limita a ser el rol que desempeña. Ese tipo de persona jamás permite que su verdadero carácter se desarrolle, sino que es una mera máscara. Y cuando su poder fracasa –porque incurre en errores, etcétera–, se asusta cada vez más y se empeña en mantener la máscara. Entonces la persona se aleja cada vez más del Símismo, lo que la obliga a relegar la sombra cada vez más lejos y aumentar así la brecha que le separa de ella.

Debemos abrazar e integrar nuestra sombra. No estamos necesariamente obligados a actuar, pero debemos aceptarla y conocerla.

Sin embargo, no tenemos que asimilar al ánima o al ánimus. Este es un reto completamente diferente. Es a través del otro como debemos relacionarnos con el ánima/ánimus.

Solo podemos convertirnos en seres humanos gracias a la relación con otros seres humanos. Y ellos serán varones o hembras, como uno lo será también para ellos. Los hombres siempre despertarán, en la mujer, asociaciones del ánimus, y las mujeres siempre despertarán, en el hombre, asociaciones del ánima.

El primer camino es el de la compasión…, que no tiene que ver con el deseo ni con el miedo. El Buddha, Cristo, etcétera, han dejado muy claro que debemos ir más allá.

Pero, cuando caemos en el inconsciente, no solo estamos reprimiendo la sombra y el ánima, sino también aquellas facultades para experimentar y juzgar que no hemos empleado en nuestra vida. Tenemos que integrar las funciones y actitudes inferiores, para que la enantiodromía no nos lleve a naufragar en los escollos de las sirenas, sino como una forma de actualizar todo nuestro potencial.

Hay cuatro tipos de crisis que pueden desembocar en una seria enantiodromía. Una de ellas consiste en pasar, sin saberlo, de un estadio vital a otro, un caso ilustrado por el caballero de mediana edad que se niega a dar el paso que conduce a la última parte de su vida y se obsesiona con su puntuación de golf.

Jung compara la vida al viaje del sol. La primera parte es el ascenso, que conduce desde el nacimiento hasta la sociedad. Y la segunda parte es el ocaso, que va desde la participación en el mundo y la sociedad hasta la muerte. Y, mientras que la amenaza de la primera parte de la vida es la vida, la amenaza de la segunda mitad, en la que todos los símbolos cambian de significado, es la muerte.

El gran problema del resto de la vida consiste, según Jung, en integrar las funciones inferiores y superiores. Esta es la gran empresa de los últimos años. Pensemos aquí en la imaginería de la unión de los opuestos. El mismo símbolo que, para un extravertido, moviliza un contenido sexual despierta, en el introvertido, tambores de guerra. Una vez que uno empieza a alcanzar la individuación y la integración, descubre la conjunción con esos dos aspectos de su psique.

Tratar de pasar de un estadio vital a otro sin estar en condiciones de hacerlo estanca el proceso. Esta es la dificultad para el niño de 45 y para el tipo de 60 años que cree tener todavía 45. La vida nos lleva hasta la cúspide y luego empieza a curvarse, pero seguimos pensando que todavía estamos en la cumbre. Pero la verdad es que hace mucho que ya no estamos ahí y que ya hemos empezado a caer. Es mucho mejor saber cuándo hemos empezado a caer y disfrutar de la caída, porque ahí hay también muchas cosas interesantes que hacer.

El segundo tipo de crisis consiste en la relajación de las obligaciones de la vida. Uno trabaja muy duro para convertirse en el emperador de los cordones de los zapatos de todo el universo. Posee su propia factoría de cordones de zapatos y, a los 40 años de edad, no le queda energía para nada más. Las cosas discurren solas y tiene secretarias que no solo se encargan de hacer el trabajo, sino que le parecen más atractivas de lo que deberían y súbitamente hay mucha distracción. ¿Y hacia dónde se dirige entonces toda esa libido disponible?

El extravertido orientado hacia el eros mira alrededor y se convierte súbitamente en un monstruo de poder. El buen tío Harry, el rey de los cordones de zapatos, el hombre de poder introvertido, se convierte entonces en un viejo verde. Pero la tragedia que acompaña a esta crisis es la sensación profunda de que ya es demasiado tarde para todo. Nada es como debería ser. Y eso es así porque estamos haciendo mal las cosas.

Otro tipo de crisis es la pérdida de confianza en los propios ideales morales, una forma de enantiodromía que a menudo se encuentra entre los jóvenes universitarios. Los jóvenes se ven obligados a convivir con compañeros de procedencias sociales muy distintas. Y cuando el pobre se ve obligado a convivir con el rico, el cristiano con el ateo y el judío con el budista, descubren que los demás no son tan extraños como suponía. No es que la otra persona nos induzca a pecar, sino que tenemos que llegar a descubrir lo que nos hace cuestionar nuestros propios principios morales. Y como esos principios morales (es decir, el complejo de la persona) mantienen al ego en su sitio, cuando se relajan también lo hace el resto. Es la amenaza o el atractivo de convertirse en una persona terrible, lo que yo llamo golpear a la puerta de la sombra desde abajo. Esa es toda nuestra persona oscura hablando. Y también puede aparecer lo que yo denomino centelleos del ánima/ánimus («¡Eh chico, ven aquí! ¿A que nunca has visto una chica como yo?»).

Dejémoslo estar, dice Jung, dejémoslo estar. Pero no lo hagamos machacando nuestro ego. Recuerdo a una de mis alumnas universitarias que, a las pocas clases de un curso de sociología, descubrió que el origen de la fortuna de su padre se asentaba sobre sangre y cadáveres. Entonces fue a la comida de Acción de Gracias y dejó a su familia preguntándose qué le habría sucedido. La chica empezó entonces a ir a clase vestida como una pordiosera. Dejó de cortarse el pelo y se pasó al otro lado. Así actúa la enantiodromía, que la llevó a enarbolar la bandera del proletariado oprimido y pasar, en bendita ignorancia, de un extremo al otro.

Pero eso tampoco está mal, porque nos permite experimentar todo lo que hay al otro lado. Es como descubrir lo que había debajo de la alfombra. De hecho, hay veces en que parece como si mis alumnos acabasen de salir literalmente de debajo de una alfombra. Y es bueno que tal cosa ocurra en el seno de una institución como la universidad, que, de algún modo, protege a la persona, porque la idea última es, precisamente, la de integrar ambas mitades.

Pero existe otra crisis, en esta ocasión muy seria, la decisión intolerable de tener que hacer algo que consideramos inmoral e indigno, algo que nos hace sentir completamente avergonzados. El mayor de los ejemplos, obviamente, es el sacrificio de Isaac llevado a cabo por su padre. Abraham escuchó la voz de Dios instigándole a matar a su hijo y se vio en una encrucijada insoportable. Si no lo hacía, desobedecería a Dios y, si le hacía caso, violaría el primer principio humano, según el cual los padres no deben matar a sus hijos.

Esta es una decisión insostenible, un tipo de decisión que uno, en ocasiones, debe tomar. Durante la Gran Depresión, tuve amigos que tenían familias que mantener, pero, como no tenían trabajo, se vieron obligados a hacer cosas que no les gustaba. Y cuando esas cosas irrumpen, arrastran consigo todo el contenido del inconsciente.

Todo el problema de la individuación, es decir, el reto de la crisis de la mediana edad, consiste, para Jung, en renunciar completamente a las proyecciones. Cuando este ideal –la vida moral a la que se supone que estamos comprometidos– se encarna en la persona, entendemos la profundidad y la amenaza que entraña esta psicología. Las leyes de la moral no son leyes cósmicas, sino que están al servicio de la sociedad. No debemos considerarlas, por tanto, leyes eternas, sino convenciones sociales que deben ser gestionadas y juzgadas en función de su adecuación a lo que pretenden. El individuo enjuicia su modo de actuar y debe asegurarse de que los custodios del orden social no malentienden ni le complican las cosas porque no participa plenamente de su juego. El principal problema de la integración consiste en vivir una vida recta y plena y establecer relaciones adecuadas con el mundo externo.

De hecho, el individuo debe aprender a vivir según su propio mito.

5. El mito personal

Jung: ¿Según qué mito vivimos?

Durante muchos, muchos años he estado hablando de mitología de un modo un tanto abstracto –de cómo era ahí y cómo era en tal otro lugar– y parece haber llegado ya el momento de aceptar el reto de decir algo sobre lo que puede ser para ustedes y para mí. Ahora bien, la cuestión de vivir nuestro propio mito personal –es decir, de descubrirlo, de aprender cómo es y de andar montado en él– se me ocurrió por vez primera cuando leí el libro autobiográfico de Jung titulado *Recuerdos, sueños, pensamientos*. En un determinado pasaje, Jung describe una crisis en su propia vida, ocurrida en 1912, cuando estaba trabajando en su importante *Símbolos de transformación*.

Jung estaba muy preocupado en ese momento porque se había dado cuenta de que todo su trabajo anterior había girado en torno a una comprensión superficial de la psicología de sus pacientes profundamente psicóticos. Había empezado su carrera trabajando en la Clínica Burghölzli de Zúrich bajo la dirección de Eugen Bleuler. Bleuler fue quien había acuñado el término «esquizofrenia» y muchos de los pacientes de su institución eran, de hecho, esquizofrénicos.

Después de trabajar un tiempo ahí y doctorarse bajo la supervisión de Bleuer, Jung se familiarizó con Freud. Pero la principal preocupación de Freud eran los neuróticos, es decir, las personas que se mueven en el mundo con una orientación consciente y operativa, pero que mantienen una relación inadecuada con su sistema inconsciente. El psicótico, por el contrario, es una persona completamente rota. Y Jung, trabajando con los psicóticos, se había familiarizado mucho con lo que podríamos llamar la arqueotipología de la imaginación inconsciente.

Entonces empezó a leer libros sobre mitología comparada, libros de Frobenius, Bastian, Frazer, etcétera, y se dio cuenta de que la imaginería que brotaba de la psique de sus pacientes era precisamente la misma con la que le habían familiarizado sus estudios de mitología comparada e historia de las religiones. Las imágenes generadas por la fantasía de sus pacientes presentaban evidentes paralelismos con los temas mitológicos, lo que no solo era cierto en el caso de los psicóticos, sino también de los neuróticos y de las personas relativamente equilibradas.

Este descubrimiento le impresionó tanto que le llevó a sumergirse en el estudio de la mitología. *Símbolos de transformación*, que tiene que ver con la relación entre la conciencia onírica y la conciencia mitológica de las visiones, fue el libro que imposibilitó la colaboración entre Freud y Jung. A partir de entonces quedó claro que este último ya no creía que el sexo era el comienzo, el medio y el fin del sistema simbólico subconsciente y que el psicoanálisis regresivo fuese la única terapia, una conclusión que para Freud y sus colaboradores suponía un auténtico anatema.

Pero la conclusión de este libro no marcó, para Jung, el final de su comprensión sobre el tema. «Apenas acabé el manuscrito –dice en *Recuerdos, sueños, pensamientos*– entendí lo que significa vivir con un mito y lo que significa vivir sin un mito...».[1] Entonces se le ocurrió preguntarse según qué mito estaba viviendo y se dio cuenta de que no lo sabía. «Así fue como, del modo más natural, decidí llegar a descubrir mi mito, lo que acabó convirtiéndose en la más importante de todas mis tareas.»[2]

Creo que ya no existe una sola mitología que sirva para todo el mundo en un determinado país y menos todavía para toda la civilización occidental. Creo que el orden social es fundamentalmente secular. Nadie dice que las leyes deban ser entregadas por Dios. Tampoco nosotros explicamos nuestras leyes en términos mitológicos. En la antigüedad, estas leyes se vieron entregadas por Dios a Moisés y quedaron escritas en el Libro de los Números, el Deuteronomio y el Levítico. Nosotros ya no tenemos eso. Incluso las leyes del universo físico, como las llamamos, son cualquier cosa menos fijas. Nada sabemos a ciencia cierta. Seguimos a la espera de nuevos descubrimientos al respecto, pero no tenemos una imagen definida del universo que dure mucho tiempo.

Son tantas, en el desarrollo de nuestra psicología individual, las fuentes de las que bebemos y tantas las oportunidades que la vida nos depara que no podemos depender de una mitología concreta. Creo que, en el contexto de una sociedad secular (que es el marco de referencia neutro que permite a cada individuo el desarrollo de su propia vida, siempre que no cause demasiadas molestias a sus vecinos) cada uno de nosotros tenemos un mito individual que nos conduce, lo sepamos o no. A ello se refería precisamente Jung cuando se preguntaba: «¿Cuál es el mito por el que estoy viviendo?».

No creo que debamos esperar –si es que tal cosa es posible– un campo unificado de la mitología de la humanidad. Y, aunque considere que nuestra vida social, gobernada por la tercera función del mito, está gestionándose ahora de manera mucho más adecuada, también creo que el individuo carece de una sensación de su comunicación consciente o inconsciente con los demás.

Las imágenes mitológicas son las que ponen en contacto la conciencia con el inconsciente. Eso es lo que son. Cuando carecemos de imágenes mitológicas o cuando, por la razón que sea, nuestra conciencia las rechaza, nos quedamos desconectados de nuestras dimensiones más profundas. Creo que ese es el propósito de una mitología por la que podemos vivir. Tenemos que descubrir aquella según la cual estamos de hecho viviendo y saber qué es, para así poder dirigir nuestra embarcación con competencia.

Mucha gente vive de acuerdo con mitos que les gobiernan y pueden resultar adecuados para toda su vida. No existe, para ellos, problema alguno, porque saben cuál es su mito, un mito que han heredado de las grandes tradiciones religiosas y posiblemente baste para guiarlos a lo largo del camino de su vida.

Pero hay otras personas a las que esas señales no les dicen nada. Eso es, precisamente, lo que suele ocurrir con los estudiantes universitarios, los profesores, las personas que viven en las ciudades y todos aquellos a los que los rusos agrupan dentro de una categoría que denominan *intelligentsia*. Las viejas pautas y las viejas instrucciones han dejado, para ellos, de ser útiles, razón por la cual se sienten inermes cuando deben enfrentarse a una crisis vital.

También hay quienes, pese a creer que viven de acuerdo con un determinado sistema, en realidad no lo hacen. Entre ellos cabe destacar a los que leen la Biblia y van a misa cada domingo sin que esos símbolos les digan nada. El poder que les mueve procede de otro lado.

Podríamos formularnos la siguiente pregunta: ¿qué pasaría con mi vida si todo lo que actualmente me moviliza desapareciese? ¿Qué haría, en tal caso, para seguir viviendo? ¿Qué me sostendría si, al regresar a casa, encontrase a mi familia asesinada, mi hogar arrasado por las llamas o mi carrera arruinada por uno u otro tipo de desastre? Esas son cosas que leemos a diario y creemos que solo les ocurre a los demás. Pero ¿qué sucedería si me pasara a mí?, ¿qué impediría mi colapso y me permitiría seguir adelante con mi vida, sin tirar la toalla?

He conocido personas religiosas que, ante ese tipo de situaciones, se han dicho «Es la voluntad de Dios». Son personas a las que la fe les sirve.

Pero ¿hay algo, en nuestra vida, que pueda desempeñar este papel? ¿Hay algo por lo que estemos dispuestos a sacrificar nuestra existencia? ¿Qué nos lleva a actuar del modo en que lo hacemos? ¿Cuál es la vocación que impulsa nuestra vida? ¿Lo sabemos acaso? Ese era el soporte mitológico que las viejas tradiciones proporcionaban a la gente y que servía para cohesionar una cultura. Sobre ese tipo de cimientos mitológicos se ha erigido toda gran civilización.

En nuestra época, sin embargo, hay una gran confusión. Nos vemos arrojados de nuevo a nosotros mismos y tenemos que descubrir lo que, en tanto que individuos, nos moviliza. Pero ¿cómo podemos conseguirlo?

Creo que una de las grandes calamidades de la vida contemporánea es la insistencia con que las religiones que hemos heredado se empeñan en afirmar la historicidad concreta de sus símbolos. La Inmaculada Concepción o la Ascensión, por ejemplo, son símbolos presentes en todas las mitologías del mundo y cuya referencia primaria descansa en la psique de la que proceden. Porque no nos hablan tanto de hechos históricos como de algo que se halla en nosotros. Uno de los grandes problemas a los que actualmente nos enfrentamos es que la autoridad de las instituciones que nos ofrecen estos símbolos (las religiones en que hemos sido educados) se ha visto socavada por su insistencia en referirse a sus mitos-raíz como si de acontecimientos históricos y geográficos se tratara. ¿A qué se refiere la imagen de la Inmaculada Concepción? ¿A un problema histórico o biológico? ¿No se tratará acaso de una metáfora psicológica y espiritual?[3]

Admiro profundamente al psicólogo Abraham Maslow, pero, leyendo uno de sus libros, he tropezado con una especie de escala, que, según la investigación psicológica de Maslow, son los valores por los que la gente vive. Este psicólogo estadounidense señala cinco valores: la supervivencia, la seguridad, las relaciones personales, el prestigio y el desarrollo personal. Cuando observé la lista y me pregunté por qué me parecía tan extraña, acabé dándome cuenta de que esos son precisamente valores que la mitología trasciende.

La supervivencia, la seguridad, las relaciones personales, el prestigio y el desarrollo personal son facetas de la biología primaria de la conciencia humana, pero nada tienen que ver, en mi opinión, con los valores por los que viven las personas mitológicamente inspiradas. La mitología empieza donde empieza la locura. La persona que se encuentra a merced de una vocación, de una entrega, de una creencia o de un empeño, se zambullirá completamente en su mito, aunque ello suponga sacrificar su seguridad, su vida, sus relaciones personales, su prestigio y su desarrollo personal. La clave, en este sentido, nos la proporciona Cristo cuando dice: «El que pierda su vida por mí, la ganará».[4]

Los cinco valores de Maslow son los que movilizan a quienes no tienen nada por lo que vivir. Nada los arrebata, nada los atrapa, nada los enloquece espiritualmente ni hace que se sientan impelidos a hablar de ello. Esas son las personas aburridas. (En una maravillosa nota a pie de página de un ensayo sobre *Don Quijote*, Ortega y Gasset escribió: «El latoso [el aburrido] es el que nos priva de la soledad sin brindarnos compañía».[5])

El despertar del temor reverencial es la clave, lo que el gran estudioso de las culturas africanas Leo Frobenius denomina *Ergriffenheit*, que viene a significar «vernos arrebatados o entusiasmados por algo».

Ahora bien, no siempre es fácil ni posible saber lo que nos arrebata. Podemos descubrirnos haciendo estupideces y vernos desbordados, pero sin saber lo que está ocurriendo. Nos hemos visto sobrecogidos por el pasmo, por la fascinación, por el misterio…, por la conciencia de nuestra felicidad, lo que conlleva el despertar de la mente a sí misma. El cerebro puede ayudarnos a encontrar un negocio para mantener a nuestra familia y proporcionarnos prestigio en nuestra comunidad. Puede hacer perfectamente todas estas cosas, pero también puede llevarnos a renunciar a todo ello porque se ha quedado fascinado por algún tipo de misterio.

La vida del pintor francés Paul Gauguin nos proporciona uno de los ejemplos más palmarios de este fenómeno. Gauguin era un próspero comerciante, con una familia y un hogar, hasta que se quedó fascinado por lo que la pintura le ofrecía. Uno puede empezar a jugar con cosas como la pintura para acabar descubriendo, como le ocurrió a Gauguin, que la pintura juega con su vida. Emprendió ese camino y se olvidó de su familia y de todo lo demás. Ese despertar fue el que le llevó hasta Tahití y a todas las hermosas pinturas que allí creó. Así fue como Gauguin se olvidó por completo de los valores de Maslow y empezó simplemente a vivir su felicidad.

Lo que Jung buscaba cuando decía querer descubrir el mito

por el que vivía era encontrar la motivación inconsciente o subliminal que le llevaba a hacer cosas peculiares e irracionales y que le creaba problemas que su conciencia debía luego resolver. El tema que nos ocupa empieza, pues, con el despertar de la conciencia y la trascendencia de los valores postulados por Abraham Maslow.

Ya hemos hablado del *kuṇḍalinī yoga*, el sistema indio que equipara el desarrollo espiritual del alma al camino ascendente de una serpiente, a través el cuerpo, a lo largo de siete estaciones o *chakras*. Los tres centros inferiores representan el impulso de supervivencia, el impulso sexual y el impulso de poder.

La jerarquía de valores enumerada por Maslow se corresponde con esos tres *chakras* inferiores y tiene que ver con valores que compartimos con los animales. Tenemos un cuerpo que, pese a no ser el de un perro ni el de una gacela, es el de un animal. Gracias a ello vivimos una modalidad humana de la vida animal. Pero no nos engañemos creyendo que ese es el aspecto más elevado de nuestra humanidad. Queremos aferrarnos a la vida, tenemos deseos sexuales y queremos ganar, vencer a nuestros adversarios y superar, como hacen los animales, los obstáculos que se nos presentan. A eso se limita la jerarquía de valores esbozada por el doctor Maslow.

Cuando la serpiente *kuṇḍalinī* llega al cuarto chakra, el alma experimenta el despertar del temor reverencial representado, en el sistema indio, por la audición de la sílaba sagrada *aum*, que resulta inaccesible a los animales. La percepción de este sonido nos abre a una dimensión misteriosa del universo.

Querer entender ese misterio jalona el inicio de la vida espiritual. En el sistema *kuṇḍalinī*, el cuarto *chakra* se halla a la altura del corazón. Es en el corazón, según dicen, donde las manos del devoto tocan los pies de dios. Pero, en ese nivel, solo llegamos a los pies de dios, razón por la cual tenemos que seguir ascendiendo. Y eso es algo que empieza cuando se nos presenta esa sensación de misterio.

Pero también hay que decir, para dar a cada cual lo que le corresponde, que los animales disfrutan de algo parecido. Cuando los animales ven una luz en mitad de la noche, se acercan para ver de qué se trata. Ese es el principio. Quizás, en su siguiente encarnación, alcancen, por así decirlo, el nivel humano. Este es el despertar del sobrecogimiento. Y la luz a la que tratarán entonces de acercarse será la que finalmente será la luz pura e indiferenciada de la trascendencia. Ese es el significado de la sílaba *aum*.

Dejemos ahora atrás los tres primeros *chakras*, que se hallan limitados a la existencia ordinaria y mundana. No hay nada que decir en su contra, porque nadie puede experimentar el *aum* o el temor reverencial sin haber satisfecho antes sus necesidades de supervivencia. Pero este no es más que el fundamento de una estructura mayor y lo que queremos es ascender.

La gran experiencia humana comienza, según el *kuṇḍalinī*, cuando se escucha el *aum*. Entonces el espíritu se siente inclinado a hacer el esfuerzo de conocer mejor, de acercarse más a eso, un deseo que va asociado al quinto *chakra*, ubicado a la altura de la laringe, de donde emerge la palabra y que, al ser incapaces de hablar, se halla, como ya hemos dicho, más allá del alcance de los animales. Pueden emitir sonidos, pero por lo que sabemos carecen de comunicación verbal y de transmisión de conceptos.

Con la comunicación, empieza la experiencia mística.[6]

El principio del mundo mítico o de la tradición mitológica es algo que nos arrebata y, trascendiendo toda pauta racional, nos lleva más allá de nosotros. Sobre ese tipo de impulsos se erige toda civilización. Basta con observar sus monumentos para constatar que son las cosas más irracionales concebidas por la humanidad. Tratemos de entender, por ejemplo, las pirámides considerándolas únicamente en términos de medios u objetivos racionales o de necesidades económicas. Pensemos en lo que debió suponer para una sociedad con una tecnología prácticamente nula como la egipcia erigir algo tan espectacular. Las catedrales, los grandes templos del mundo y el esfuerzo de los artistas que han dedicado su vida a la creación de esas cosas no proceden de los valores de Maslow, sino del entusiasmo mítico. El despertar del temor reverencial, el despertar del entusiasmo, es el comienzo y curiosamente también lo que cohesiona a la gente.

Las personas que solo viven en función de esos cinco valores se ven naturalmente excluidas. Dos son, en este sentido, las cosas que unifican a la gente: la aspiración y el miedo. Ese es el engrudo que mantiene unida a una sociedad. Consideremos, por ejemplo, el fundamento mitológico de la sociedad europea medieval: el gran mito de la Expulsión del Paraíso, la redención en la Cruz y la Iglesia, que servía como receptáculo único de la gracia para la salvación del género humano. Ahí tenemos una sociedad entera basada en la idea de que todos nacemos con el alma manchada por el pecado original, una mancha que solo puede lavarse a través de los sacramentos administrados por la Iglesia fundada por Cristo, encarnación de Dios, el creador del mundo. Tenemos, pues, una sorprendente cultura cuyo único propósito era limpiar las almas individuales del terrible pecado de desobediencia que tuvo lugar en el Jardín del Edén.

San Pablo parece haber sido el primero en hilvanar todas estas ideas. La estructura de la comunidad medieval solo puede explicarse a partir de los mitos de aspiración y temor. Es cierto que también hubo valores económicos y cosas por el estilo, pero nada tuvieron que ver con la edificación de la catedral de Chartres. De ello, precisamente, habla Henry Adams en su libro *Mont-Saint-Michel and Chartres*.[7] Todas las grandes catedrales europeas se vieron construidas durante ese siglo frenético que va desde el año 1150 hasta el año 1250. ¿Qué era lo que hacía vivir a la gente en una época en la que nadie tenía suficiente dinero para comprar un par de vacas y mucho menos todavía un par de coches?

Y no debemos creer que las catedrales se vieron erigidas por esclavos, porque fueron el fruto de un entusiasmo colectivo, de un empeño mitológico. Pero ¿qué fue lo que sucedió? ¿Y cuándo se apagó ese entusiasmo? Las dudas sobre el fundamento del mito y de la verdad histórica del Génesis fueron las primeras grietas de la desintegración de la sociedad y, cuando la aspiración y el temor se desvanecieron, lo mismo ocurrió con el sueño mítico.

Siento mucho decir que las cosas son mucho más cómodas ahora que estamos disgregándonos. No tenemos aspiración ni temor alguno que nos unifique. Pero dejemos de lado la sociedad porque, de lo que estamos hablando, es de recomponernos individualmente.

¿Cómo descubrir lo que de verdad nos mueve? Ya hemos dicho que las mitologías son básicamente las mismas en todas partes. Por consiguiente, las imágenes míticas no se refieren a acontecimientos históricos, sino que tienen que ver con la psique y hablan de la psique. Su referencia fundamental, dicho en otras palabras, no es un acontecimiento histórico, sino la psique…, el espíritu, podríamos decir.

Pero no hay la menor duda de que existen ciertas sensaciones que movilizan espontáneamente la respuesta en el cuerpo humano. Nadie tiene que explicarnos cuáles son las señales sexuales y lo más habitual es que nadie nos lo explique, sino que es el imperativo biológico el que asume la iniciativa y todo funciona perfectamente. Esas cosas ocurren solas y los padres se preguntan qué es lo que está pasando. Son cosas que nadie nos enseña…, aunque tampoco es preciso.

De manera parecida, hay ciertos olores que activan de inmediato las glándulas salivales y, cuando encontramos un lugar en el que acostarnos, nos zambullimos en el sueño. El cuerpo responde a algunas señales que compartimos con los animales, como el sopor, la actividad, el celo sexual, el amor maternal hacia los recién nacidos, la agresividad hacia lo que nos amenaza, etcétera.

Hay otro nivel de conciencia en la psique humana que yo asociaría a los niveles de esa cosa maravillosa que es la conciencia humana, que van desde el corazón hasta la coronilla. Con el despertar del entusiasmo y el deseo de conocimiento de la mente humana, nace una nueva sensación de lo que significa ser humano. Del mismo modo que todos compartimos un cuerpo físico y respondemos de manera parecida a los mismos olores, también tenemos una conciencia espiritual que responde a señales similares. Toda la noción de los arquetipos de la psique humana se basa en el hecho de que, en el cerebro humano, en el sistema nervioso simpático, existen unas estructuras que tienden a responder a determinados estímulos. Esas estructuras se ven compartidas, con pequeñas variaciones individuales, por toda la humanidad y funcionan, en lo esencial, de manera parecida. Y cuando se ven activadas, provocan una respuesta automática, como la del olor a plátanos, por ejemplo, con independencia de que proceda de un caldero africano o del frutero que hay en la habitación de un hotel. A lo largo de milenios, hemos asentado cierta experiencia del modo en que la gente responde a los símbolos espirituales y del modo en que la contemplación de un determinado símbolo coloca la mente en un determinado plano de conciencia que evoca los poderes espirituales más profundos del individuo. Todo el mundo tiene sus símbolos preferidos y cada uno está más preparado para un tipo de experiencia que para otra. De este modo, el símbolo al que estamos predispuestos es el que evoca nuestra respuesta.

Nuestra tradición, sin embargo, ha asociado estas imágenes y símbolos a hechos históricos concretos. En nuestra tradición religiosa, interpretamos los motivos del nacimiento virginal, la muerte, la resurrección y la ascensión a determinados episodios históricos. Y si empezamos a dudar de la posibilidad de esos acontecimientos, nuestra fe se tambaleará, porque nuestro rechazo a esa interpretación acabará desechando también el símbolo. Aunque nos fue transmitido como una especie de artículo periodístico de algo que sucedió en algún lugar, hemos aprendido biología y hemos dejado de considerar siquiera la posibilidad de un nacimiento virginal. ¿A qué se refiere entonces?, ¿al misterio de la vida? No, el misterio no se refiere a algo que puede o no haber ocurrido, en cierto momento, en un lugar concreto, sino a un motivo que podemos encontrar en los mitos de todo el mundo y que se dirige a la psique humana de forma completamente diferente.

Cuando esos símbolos desaparecen, perdemos el vínculo que comunica nuestra conciencia despierta con nuestra vida espiritual más profunda. Tenemos que reactivar el símbolo, insuflarle nueva vida y descubrir lo que significa para relacionarlo, de algún modo, con nosotros.

¿Qué hizo Jung cuando decidió buscar su mito? Su proceso de descubrimiento es interesante porque tuvo algo de infantil. Tenía aproximadamente 37 años cuando se preguntó: «¿Por qué disfrutaba más cuando era pequeño y jugaba solo?». Y la respuesta fue que lo que más le gustaba era apilar piedras y hacer pequeñas construcciones.

Entonces se dijo: «Ahora que soy un hombre grande, jugaré con piedras grandes». Y adquirió una propiedad en un lugar muy hermoso ubicado en Bollingen, en la orilla opuesta del lago de la ciudad de Zúrich, en donde diseñó y construyó una casa y, en la medida en que iba trabajando en ella con sus manos, iba movilizando también su imaginación.

El secreto consiste en activar, de algún modo, la imaginación. Pero no lo conseguiremos si nos limitamos a seguir sugerencias ajenas, sino que debemos descubrir sobre qué quiere meditar nuestro inconsciente. Activando su imaginación, Jung descubrió todo tipo de nuevas fantasías y sueños. Entonces emprendió un diario de sus sueños y los amplificó con todo tipo de asociaciones.

Así fue como empezó a descubrir su mito. Descubrió que sus sueños estaban convirtiéndose, para él, en algo muy importante y rico y comenzó a anotarlos en un pequeño diario en el que consignaba cada impulso y contenido procedente de sus sueños. Los registraba utilizando el diario como vehículo para que las imágenes subyacentes aflorasen a su conciencia. Entonces empezó a pintar, de forma siempre muy solemne, algunas de las cosas que soñaba. Ese libro es el tipo de cosa tan privada que uno nunca desearía haber publicado. Era su exploración ritual y ceremonial del lugar del cual procedía el misterio de su vida.

Si llevamos un diario de nuestros sueños, empezaremos a

coleccionar sueños. Entonces querremos ir a dormir para tener un sueño más y descubrir la historia que en él está desplegándose. Pero para ello es necesario tener un poco de tiempo libre.

En 1954, mi esposa Jean y yo visitamos a Jung y a su mujer en su casa de Ascona. No era una construcción, sino todo un edificio, una casa orgánica, algo que había crecido de la tierra. Jung era suizo de los pies a la cabeza. Había nacido en ese bello país montañoso y ahí se sentía cerca de la tierra. Sus antepasados, en particular los de la rama materna, procedían de la campiña suiza. Su abuelo había emigrado desde Alemania para trabajar como médico, pero también Alemania era, en aquellos días, una cultura campesina, y llevó consigo muchas cosas de ese mundo. Pero ese ya no es nuestro caso. Nosotros tenemos que encontrar nuestro propio mundo.

Al poco de emprender su diario de sueños, Jung se dio cuenta de que tenían que ver con los grandes temas mitológicos que había estudiado en su trabajo *Símbolos de transformación*. También empezaron a aparecer mandalas y fue el primero en interesarse en ellos como vehículo de autoconocimiento psicológico.

Jung tuvo dos buenos amigos que contribuyeron al desarrollo de su comprensión, el gran sinólogo Richard Wilhelm y Heinrich Zimmer, un importante indólogo que acabó convirtiéndose en amigo y mentor mío. Los dos tenían un gran conocimiento de la tradición mitológica de China y la India respectivamente y contribuyeron a que Jung entendiese la relación existente entre los dibujos simbólicos de sus sueños, los mandalas orientales y la meditación china sobre la flor de oro. Con su imaginación recién activada, Jung llegó a concluir la existencia de dos categorías de sueños: pequeños y grandes.

Los primeros proceden de un nivel de conciencia onírica que tiene mucho que ver con los problemas personales y emergen del nivel que ha acabado conociéndose como freudiano o inconsciente. Estos sueños poseen un carácter eminentemente autobiográfico y no hay nada en ellos de colectivo. Son sueños que aspiran a expandir la conciencia más allá de las limitaciones impuestas en nuestra infancia y pubertad por los tabúes y los «no debes».

El otro tipo de sueños, a los que Jung denominaba grandes, sin embargo, son sueños en los que nos enfrentamos a problemas que no son específicos de nuestra situación vital, social o cronológica concreta y que compartimos con toda la humanidad.

Consideremos, por ejemplo, la pregunta que anteriormente nos formulábamos: «¿Qué nos mantendría en pie ante el colapso total?». En esas circunstancias, la psique y la conciencia del yo se ven obligadas a bregar con los misterios colosales de la muerte y la naturaleza del cosmos. Ningún animal se reconoce a merced de esos dos grandes misterios. En lo más profundo de nosotros reside, además, el misterio de nuestro propio ser, del cual debemos también ocuparnos. Nuestra conciencia egoica se ve enfrentada a los abrumadores misterios del cosmos, la muerte y su propia profundidad. Ante este tipo de cuestiones nos enfrentamos a los problemas profundos de los que se ocupan las grandes mitologías y que pertenecen a un plano muy distinto a cuando nos preguntamos si debemos o no acostarnos con tal o cual persona.

Esos temas, como ya he dicho, son universales y aparecen, con leves inflexiones históricas aquí, allá y acullá, y también asumen modulaciones propias de la vida de cada uno de nosotros. Todo símbolo mitológico posee dos aspectos, uno universal y el otro local, a los que Adolf Bastian se refirió, respectivamente, con los términos *Völkergedanken* y *Elementargedanken*.

La India reconoce también ambas dimensiones, a las que conoce como *mārga* y *deśī*. La palabra *mārga* procede de una raíz ligada a la huella de un animal y que significa «sendero». Y, con ello, los hindúes se refieren al camino a través del cual el aspecto particular de un determinado símbolo nos conduce al despertar personal, es decir, el camino que lleva a la iluminación. La palabra *deśī*, por su parte, significa «nación» o «tierra madre». Todos los símbolos mitológicos, por consiguiente, operan en dos ámbitos diferentes, *mārga* y *deśī*, siendo este el aspecto local, el que vincula al individuo con la cultura.

Una cultura mitológicamente bien asentada proporciona símbolos que movilizan nuestra participación inmediata. Los símbolos son conexiones vivas y fundamentales que nos vinculan tanto al misterio subyacente como a la cultura en sí. Pero cuando la cultura emplea símbolos que han dejado de estar vivos, estos ya no son eficaces y solo sirven para aislar a las personas. *Mārga* o *Elementargedanken* proporciona un camino de regreso al meollo del asunto. La observación del símbolo en términos de su significado universal, en lugar de su referencia local y concreta, nos conduce al camino del autoconocimiento y la iluminación.

El modo de descubrir nuestro mito consiste en determinar los símbolos tradicionales que más resuenan en nosotros y utilizarlos como base, por así decirlo, de nuestra meditación. Así es como dejamos que actúen en nosotros.

El ritual no es sino la representación o manifestación activa y visual de un mito. La participación en el ritual nos lleva a implicarnos en el mito y permitir que este actúe en nosotros…, siempre y cuando, claro está, no nos dejemos atrapar por la imagen.

Cuando nos limitamos a una ejecución meramente rutinaria sin que exista una comunicación real, esperando que actúe mágicamente y nos lleve al cielo –porque sabemos que, como estamos bautizados, iremos al cielo–, empleamos inadecuadamente estos ritos y esas imágenes.

Debemos empezar pensando, como hizo Jung, en nuestra infancia, porque los símbolos que entonces asimilamos siguen ahí. No hay que pensar en la relación que mantienen con una determinada institución, que posiblemente esté caduca y sea difícil de respetar. Debemos pensar, más bien, en el modo en que esos símbolos operan en nosotros, dejarlos jugar en nuestra imaginación y así activarlos. Al traer al juego nuestra propia imaginación, experienciaremos el *mārga*.

En mi opinión, una opinión derivada de la experiencia, no hay nada mejor que los estudios de mitología comparada para entender la forma general de una imagen y los muchos modos de acercarnos a ella. Las imágenes son elocuentes y hablan por sí solas. Cuando el intelecto trata de explicar una imagen, jamás agota su significado ni todas sus posibilidades. Las imágenes no significan esencialmente nada: son, del mismo modo que nosotros, y apuntan a un núcleo que ya está ahí.

Cuando le preguntamos a un artista por el significado de su obra, solo nos lo explicará si nos desprecia lo suficiente.

Porque, si necesitamos que nos lo explique, es que todavía no hemos visto la obra. ¿Cuál es el significado de una puesta de sol? ¿Cuál es el significado de una flor? ¿Cuál es el significado de una vaca?

El Buddha también se conoce con el nombre de *tathāgata*, que significa «el así venido». Él es como es y el universo también es «así venido». Cada aspecto del universo brota del mismo fundamento, lo que se conoce como doctrina del Origen Interdependiente.

Tuve un sentimiento parecido cuando visité Nagasaki, la ciudad japonesa sobre la que arrojamos la segunda bomba atómica. Si la primera fue una tragedia, la segunda fue una obscenidad. Hay allí una gran plaza, justo debajo de donde explotó la bomba, con una estatua cuyo dedo señala el punto exacto en que cayó. También hay un museo en el que puede verse lo que les sucedió a las personas sobre las que se arrojó la bomba. En ese museo, hay murales y cuadros en los que podemos contemplar una visión de conjunto de la ciudad arrasada. Se ha reconstruido una ciudad nueva y moderna, a excepción del parque, que se ha conservado como lugar consagrado al recuerdo y la reflexión.

Y allí estaba yo, un estadounidense como los que habían lanzado la bomba, pero, en mi relación con los japoneses, no había sentimiento de culpa ni acusación alguna, porque los enemigos se sustentan mutuamente. Lo que creemos que nos ocurre a nosotros es lo que hacemos a los demás, y lo que hacemos a los demás, nos lo hacemos a nosotros. Ellos saben y creen en eso. Y les aseguro que se trató de una experiencia muy auténtica.

Los sermones dogmáticos sobre significados, valores morales y todo lo demás no tienen nada que ver con ese misterio central. Es así y la forma de experimentar nuestra esidad relativa al misterio de todos los misterios consiste en aprender a gestionar esas imágenes mitológicas fundamentales.

Básicamente existe, pues, un nivel de la conciencia onírica que no dimana de nuestra biografía personal, sino de nuestra propia naturaleza, que también es de dos tipos. En primer lugar, tenemos el orden animal natural, es decir, el sistema instintivo que compartimos con todos los seres humanos, y luego tenemos el orden de nuestra vida espiritual, que va de cuello para arriba.

Ningún otro animal posee esta capacidad mental, esa gran cosa en lo alto. Cuando el doctor Freud empezó a interpretar las inspiraciones e inquietudes de la parte superior de la columna vertebral en términos de su extremo inferior, acabó confundiéndolo todo. Como la función de las imágenes mitológicas consiste en propulsarnos al reino espiritual, interpretar estas cuestiones en un sentido exclusivamente físico o biológico, nos obliga a descender de nuevo, desdeñando y devaluando el símbolo. Compartimos con los animales el deseo de vivir y el impulso hacia la supervivencia y la seguridad, y también compartimos con ellos el impulso sexual y el impulso de vencer y ganar prestigio («yo soy el vencedor»). Pero también llevamos potencialmente en nuestro interior un dominio de experiencia completamente diferente que puede abrirse en cualquier momento.

Dante describió, en su *Vita nuova*, este momento de iluminación, el momento en que contempló a Beatriz, el momento en que dejó de ser un animal meramente humano y se convirtió en un poeta. Podemos ver a Beatriz como un objeto erótico, pero, experimentando su presencia a un nivel completamente diferente, lo que él vio fue una manifestación de la belleza.

Dante se vio embargado por lo que James Joyce denominó éxtasis estético,[8] que es el principio de la vida espiritual. Como Dante nos dice en los primeros pasajes de ese libro extraordinario: «El espíritu de mis ojos dijo: "Contemplas tu felicidad", el espíritu de la vida en mi corazón dijo: "Contemplas a tu dueña", y el espíritu de mi cuerpo dijo: "Ahora sufrirás"».[9]

El prestigio, las relaciones sociales y la seguridad son necesidades que desaparecen. Beatriz estaba ubicada en el extremo de un rayo misterioso procedente de las profundidades del universo. Y cuando Dante siguió a ese rayo, llegó al asiento mismo del misterio del mundo (como se decía en la cultura de Dante), es decir, de la Trinidad.

Primero debemos descubrir en nosotros aquello que nos moviliza y nos llevará al nivel del ser humano. Obviamente, esa movilización debe ser acorde a la etapa en que nos encontremos. Debemos aprender a reconocer y vivir el arquetipo propio del estadio vital en que nos hallemos. Empeñarse en vivir el arquetipo de una etapa ya superada es una de las causas fundamentales de las perturbaciones neuróticas. Ya me he referido a esos niños de 40 años que acuden a llorar al diván freudiano, y que, como desconfían en su propio juicio, andan siempre buscando el respaldo de una autoridad externa.

Y con el mismo problema nos encontramos cuando la persona se empecina en mantenerse en el apogeo de su vida. Esta ha comenzado a comenzado a declinar, pero esa persona cree hallarse todavía en la cúspide. Y entonces, como ya hemos visto, se va de pesca. Un hombre de casi 70 años debería tratar de pescar algo mejor que una trucha, por lo menos una o dos sirenas. Y él lo sabe.

Cuando se rompe la máscara que llevamos y perdemos la confianza en ella, nuestra psique puede experimentar una regresión a un estadio anterior. Pero cuando la que pierde sus imágenes es una sociedad entera, podemos entrar en una situación de tierra baldía. Porque esa es, en suma, la situación en la que, desde hace uno o dos siglos, estamos estancados. Nada significa nada porque las imágenes de nuestra religión se refieren a milenios pasados y han dejado de servir para activar el mundo en que vivimos. Esa es una función que actualmente cumplen los poetas y los artistas.

El caso de los nativos norteamericanos nos brinda un buen ejemplo de lo que sucede cuando desaparece un sistema de símbolos sociales. Su cultura se extinguió prácticamente durante la segunda mitad del siglo XIX. Los cultos religiosos y la vida espiritual de las comunidades cazadoras de las grandes llanuras del centro de Norteamérica se basaban en la importancia de los ritos en los que el búfalo era el símbolo principal. El animal que debía ser cazado se ofrecía en sacrificio a la comunidad humana con la comprensión y el compromiso de que, para restituir su sangre y su vida a la tierra y volver, de ese modo, a vivir, debían celebrar cierto ritual. Esto es lo que ya hemos visto en la historia sioux de la muchacha que se casó con el jefe búfalo. Un pacto parecido entre las comunidades animal y humana era también el meollo del culto al búfalo de todas las tribus de las grandes planicies, un ciclo ritual que unificaba todas las imágenes de la psique colectiva.

Durante el último tercio del siglo XIX, los búfalos se vieron masacrados por dos razones fundamentales. La primera fue que, de ese modo, se evitaba que chocasen con los ferrocarriles que por aquel entonces empezaban a surcar el continente. Y la segunda, quizás más imperiosa, era que como entonces los indios no tendrían nada que cazar no se opondrían a dejarse confinar en las reservas. Así fue como la mitología social perdió, de un plumazo, su imagen principal. Los ritos, cantos y danzas dejaron de tener una realidad que los sustentase y empezaron a referirse a un tiempo ya pasado.

¿Y qué sucedió a partir de entonces? Fue en esa época cuando el culto del peyote se introdujo desde el sudoeste barriendo las llanuras. También tenemos, en este sentido, los rituales de danzas de los espíritus. Al perder la imagen externa de su sociedad, los nativos se dirigieron hacia el interior en busca de formas cuyo soporte se les había arrebatado.

Y lo mismo sucede actualmente. Cuando el mundo exterior es incapaz de invocar nuestra participación psicológica, dirigimos nuestra mirada hacia dentro. Podemos hacerlo empleando el peyote, la mescalina, el LSD y ese tipo de cosas o interiorizarnos apelando a diferentes técnicas de meditación.

La mejor meditación, por supuesto, consiste en seleccionar un determinado símbolo religioso, conscientes de que se refieren a un plano de experiencia interior y sin preocuparnos de su mayor o menor relevancia histórica. De ese modo, elegimos las imágenes en las que queremos meditar. Nuestro mundo es lo que podríamos considerar un vertedero de tradiciones mitológicas rotas. En los museos y alrededor de nosotros podemos contemplar todas las imágenes míticas de la humanidad. Y la gente interesada en estas cosas toma una imagen de los egipcios, los aztecas o de cualquier otra cultura y la utiliza como fundamento o soporte de su psique. Pero ¿existe algún procedimiento mejor?

Hay un libro maravilloso del poeta. W.B. Yeats titulado *Una visión*. Yeats era un hombre relativamente mayor cuando contrajo matrimonio con una joven llamada Georgie Hyde-Lees. Al poco de casarse, ella empezó a practicar la escritura automática tomando nota, sin mediación del pensamiento, de todo lo que salía de su mano. Así fue como empezó a escribir toda la filosofía de Yeats, que hasta él ignoraba que existiese. Ese es el tipo de chica con el que uno debe casarse.

Y lo que escribió –es decir, lo que salió de ella– fue muy misterioso. Yeats recibió esa información como una revelación procedente de espíritus informantes, porque deben saber que tenía cierta propensión al ocultismo. Aunque *Una visión* es una obra muy compleja, encierra un sistema de imágenes que me parece muy ligado a nuestro interés actual y tiene que ver con lo que él llama las máscaras, es decir, las máscaras con que nos cubrimos para vivir, una noción obviamente relacionada con la idea junguiana de persona. Tenemos que ponernos una máscara, tenemos que disfrazarnos y ser o parecer, al precio que sea. Pero aún hay más.

En ese libro, Yeats habla de lo que él llama la máscara primaria, que es el papel que la sociedad espera que desempeñemos. Cuando nacemos, nuestros padres empiezan a transmitirnos las pautas sociales que les interesan, con la esperanza de que esas enseñanzas nos guíen en la vida. La primera mitad de la vida tiene que ver con el compromiso con el mundo. Es aquí donde encontramos a *deśī*, las imágenes que la cultura local utiliza como anzuelo para que nos decidamos a entrar en ella. La sociedad y nuestros padres nos alientan a hacer el esfuerzo de vivir de acuerdo con las posibilidades que la sociedad reconoce en nosotros.

Cuando era niño, solía jugar con botones un juego llamado «Rico, pobre, mendigo y ladrón».

–¿Qué vas a ser de mayor?

–Voy a ser basurero.

Ese es un gran proyecto, la máscara primaria que tomamos de la sociedad.

Pero hay otro tipo de máscara que Yeats y su esposa denominan la máscara antitética. Y aquí es cuando la cosa empieza a ponerse interesante. Justo en mitad de la adolescencia, cuando alcanzamos la madurez, el proyecto de nuestra vida –que no tiene por qué ser el mismo que la sociedad nos impone– empieza a tornarse evidente. «¡Nadie me ha visto! Soy único. Hay, en mí, grandes cosas y ¡voy a demostrarlo!» Y así es cuando aparece la cuestión de descubrir nuestro propio mito.

El señor y la señora Yeats resolvieron el conflicto entre la máscara primaria y la máscara antitética utilizando la imagen de los veintiocho días del mes lunar. Nacemos en luna nueva, el primer día del ciclo y, a partir de ahí, empezamos a crecer la mayoría de las veces en la oscuridad. La naturaleza y la sociedad nos impulsan a seguir adelante y ponernos la máscara primaria.

Al final de la primera semana –octavo día del mes lunar– llega la media luna, la adolescencia y, lo que es más importante, el despertar del potencial de la luna llena, es decir, de la máscara antitética. Entonces es cuando nos vemos súbitamente impelidos a descubrir nuestra pasión, a encontrar nuestro destino y vivirlo. Y así se genera una gran tensión entre la máscara primaria y la sociedad que nos la ha impuesto. Entonces experimentamos el deseo de independizarnos y descollar: «¡Dejadme ser!». Y con ello debemos, con mejor o peor fortuna, luchar.

En el decimoquinto día del ciclo se alcanza el plenilunio, momento en el cual la máscara antitética llega a su apogeo. Este es el ecuador de la vida profesional y también la mediana edad. Si vamos a ser algo, será lo que en ese momento seamos.

A partir de ahí vuelve la oscuridad. Durante el vigesimosegundo día, la máscara primaria toma de nuevo la iniciativa y la naturaleza vuelve a presentarse. Los retos de nuestra vida individual se tornan cada vez más pequeños y dedicamos cada vez más tiempo a visitar médicos, dormir y ese tipo de cosas.

El vigesimoctavo día, por último, tiene lugar la extinción.

Este es el misterio de la vida y de sus máscaras. ¿Qué haremos cuando todo se rompa y empiece a ir cuesta abajo? ¿Nos limitaremos a convertirnos en un perro cada vez más viejo y hundirnos en nuestro propio cuerpo? ¿O daremos, llegado el plenilunio, el salto a la luz solar?

En las grandes praderas del centro de Norteamérica, uno puede tener esta experiencia una vez al mes. El decimoquinto día de cada ciclo lunar, el sol se pone en el oeste en el mismo momento en que la luna sale por el este, de un tamaño y color muy parecidos. Este es el momento de plenitud de nuestras capacidades durante la mediana edad, cuando el entusiasmo por nuestra vida alcanza su apogeo. A partir de ese momento, queda confinado en nuestra mente, nuestro espíritu. La luna es el símbolo de la vida corporal que lleva consigo su propia muerte, mientras que el sol representa el espíritu puro, despojado de oscuridad y muerte. Es este espíritu puro el que puede observar compasivamente el modo en que nuestro cuerpo sigue el camino de todos los cuerpos y puede participar, en la amplitud de nuestra experiencia espiritual, en la vida de todas las criaturas.

A menudo pido a los asistentes a mis conferencias que observen la fuente de iluminación en la sala. Y podemos ver que hay una o varias bombillas y que cada una de ellas nos proporciona un principio general llamado luz.

Nadie dice, cuando se rompe una bombilla, «Amaba tanto a esa bombilla que siento por ella un gran dolor». Si por un motivo u otro –por su forma, su estilo o lo que fuere– nos gustaba, podemos quitarla y dejarla encima de la mesa y, sin preocuparnos mucho por ella, la cambiamos por otra.

Podemos concebir el mundo de dos modos. Como una serie de bombillas separadas y como una luz general que se muestra a través de esas bombillas. Si miro hacia abajo a la gente que está en la sala, no veo bombillas, sino cabezas. ¿Y qué hay en las cabezas? Conciencia. Cada cabeza es un vehículo de la conciencia. Pero ¿con qué nos identificamos, con la bombilla o con la luz, con el cuerpo o con la conciencia? Estoy hablando ahora de motivos mitológicos fundamentales. A los jóvenes les preocupa que este vehículo –el cuerpo– alcance la plenitud en su madurez y se convierta en el mejor receptáculo posible de la conciencia. En ese momento, uno cambia el centro de grave-dad desde la preocupación por el vehículo de la conciencia a la identidad de la conciencia. Y cuando nuestra vida se identifica con la conciencia, no tenemos problema alguno en aceptar que el cuerpo se marchite. Esta es la gran crisis de la luna llena.

Y esa es precisamente la crisis que Dante afirma haber experimentado en su trigésimo quinto año de vida. Esta es la visión de *La divina comedia* en la que el universo entero se convierte en una manifestación no ya de conciencia, sino, en su particular vocabulario, de amor. Dante se identificó con ese amor, con la gracia que procede del trono trascendente y se muestra en un hermoso vehículo como lo era Beatriz.

Ninguna cultura, a excepción de la europea moderna y la de la última Edad Media, ha permitido a la gente desarrollar la máscara antitética. En el mundo occidental, las mitologías tienden a despertar la máscara antitética de la que hablaba Yeats. Ese es un término maravilloso, porque es la antítesis de la máscara primaria. Esa máscara antitética, como el Sí-mismo inconsciente del modelo junguiano del inconsciente, representa el potencial de nuestra realización.

Las culturas orientales, por su parte, nos obligan a vivir según las pautas impuestas por la sociedad. Dicho en otras palabras, esperan que nos identifiquemos con la máscara primaria, lo que Freud denominaba superego. En la India, le llaman *dharma* o deber; en China, recibe el nombre de *tao*, camino o vía, pero, en ambos casos, se refiere a la imagen cultural. En tal caso, esas culturas no generan, por llevar el argumento al extremo, lo que los occidentales llamaríamos seres humanos, sino réplicas de algo que ya ha existido antes. Se trata de sociedades formadas por personas que son simplemente lo que la cultura dice que tienen que ser. Y, cuando mueren, aparece otra generación que reproduce exactamente lo mismo, en una expresión manifiesta de inmovilismo social. El carácter de la cultura occidental, por su parte, nos impulsa a identificarnos con la máscara antitética.

Por todas partes se escucha la misma cantinela: revolución, revolución y revolución. Pero la revolución no tiene que ver con romper nada, sino con poner algo de manifiesto. Si perdemos el tiempo pensando en aquello a lo que estamos atacando, acabaremos negativamente condicionados por ello. Tenemos que descubrir cuál es nuestra pasión y expresarla. Tenemos que vivir nuestra vida. Marx nos enseña a culpar a la sociedad por nuestras debilidades, Freud nos enseña a culpar a nuestros padres y la astrología nos enseña a culpar al universo. Pero el único lugar donde debemos buscar a un culpable está en nuestro interior, porque no tuvimos las agallas necesarias de asumir y actualizar, durante la luna llena, todo nuestro potencial.

Las funciones de la mitología en la tradición y en la actualidad

Volvamos una vez más a las funciones de la mitología tradicional y consideremos si esta mitología tradicional y sus funciones siguen vigentes.

La primera función consiste en despertar al individuo a la sensación de pasmo, sobrecogimiento y gratitud hacia el misterio último del ser. Las antiguas tradiciones –las más arcaicas– ponían el énfasis en la aceptación del mundo tal como es. Y esto no resulta fácil porque cuando observamos el mundo vemos en él criaturas que se matan y devoran unas a otras y nos damos cuenta de que la vida es algo que se alimenta de sí misma.

Hay quienes no pueden soportar ese canibalismo y reaccionan espantados diciendo: «Yo no participaré en ese juego». Este es el cambio de mentalidad al que he denominado Gran Inversión y que tuvo lugar, históricamente hablando, en torno al siglo VI a.C. con la afirmación del Buddha de que «La vida es sufrimiento». Pero hay una forma de salir del sufrimiento:

–No quiero jugar.

–Muy bien. ¡Expulsado! Coge tu bate y tu pelota y ya puedes irte a casa.

Existen, pues, dos grandes actitudes ante ese *mysterium tremendum* que está más allá del bien y el mal, la afirmación y la negación.

El zoroastrismo introdujo una tercera forma de reaccionar a los terribles misterios de la vida con la idea de dos deidades, una buena y otra mala, una que representa la verdad y la luz y la otra que representa la oscuridad y la mentira. El dios bueno creó un mundo bueno y el dios malo lo corrompió. Por ello el mundo que habitamos es un mundo corrupto. Desde esa perspectiva hay, entre los poderes de la luz y de la oscuridad, una lucha permanente y se nos invita a reconstruir el mundo bueno uniéndonos a las fuerzas de la luz en su lucha contra las fuerzas de la oscuridad. Ya no estamos aquí ante la afirmación o la negación de la vida como es, sino ante una suerte de compromiso, de visión progresiva, podríamos decir.

Estas son, por lo que sabemos, tres actitudes diferentes ante la vida. Podemos vivir sumidos en la más completa afirmación, perfectamente expresada en el aforismo budista que dice: «Este mundo, con todos sus horrores, oscuridad y brutalidad, es el mundo perfecto del loto dorado». Y, si no lo vemos así, el problema no es del mundo, sino nuestro. Es imposible mejorar lo que ya es perfecto. Solo podemos verlo y realizar nuestra propia perfección. Es decir, podemos acceder a una profundidad más honda que cualquier dolor y sufrimiento. Hay deidades llamadas *bhairavānanda*: «La dicha y el éxtasis del terror».[10] Eso es la vida, una terrible prueba.

La actitud negadora de la vida, por su parte, aspira a la pureza: «Yo soy muy espiritual y no quiero participar en la oscuridad del ciclo lunar, de modo que atravesaré la puerta solar y no regresaré».

La vía progresiva o perfeccionadora afirma: «Comprometámonos y mejoremos el mundo», lo que equivale a casarse con una persona con la intención de cambiarla. Esta actitud nos coloca en una posición un poco superior («Ya le hubiese dado yo a Dios, de haber tenido la oportunidad, algún que otro consejillo»).

La segunda función de la mitología sirve para presentar un universo en el cual el misterio se halla tácitamente presente de modo que miremos donde miremos siempre vemos, por así decirlo, una imagen sagrada que nos remite al gran misterio.

La función del artista consiste en mostrarnos los objetos bajo una perspectiva que muestre todo su esplendor. De este modo, la obra de arte convierte en resplandeciente el objeto que mirábamos con indiferencia y nos embarga una sensación de éxtasis estético.

La cosmología actual nos permite contemplar un universo prodigioso que en nada se parece a esos cuentos de guardería de los que nos hablan las distintas tradiciones religiosas. Consideremos, por ejemplo, el viaje a la Luna porque el primer paseo lunar fue, en mi opinión, el acontecimiento mitológico más importante del siglo xx. Ese hecho modificó, ante la atónita mirada del mundo, los cimientos de nuestra visión de nuestro planeta. Durante muchos siglos se creyó que las luces del universo (es decir, la Luna, Mercurio, Marte, Venus, etcétera) representaban la radiación luminosa de una modalidad de existencia muy superior a la de este miserable planeta. Pero cuando Galileo descubrió que las leyes terrestres de la balística son las mismas que operan en el resto de los planetas, puso en marcha algo que acabó culminando en ese paseo por la superficie lunar.

Recuerdo haber escuchado una extraordinaria y muy profunda afirmación cosmológica en el viaje previo al primer paseo por la Luna. Cuando la tripulación del *Apolo 10* estaba a punto de regresar –justo después de haber leído los primeros versículos del Génesis–, alguien preguntó a los astronautas quién conducía la nave y su respuesta fue: «Newton».

En su introducción a la *Metafísica*, Kant se formula la siguiente pregunta: «¿Cómo puedo efectuar cálculos matemáticos en este espacio que conozco con certeza apodíctica, que sean también válidos en otros espacios?».[11] ¿Cómo podemos estar tan seguros de la continuidad espacial para saber que las leyes elaboradas por nuestra cabeza serán también válidas para otros lugares? Nadie sabía, cuando llegó el momento de descender y pisar la Luna, la profundidad del polvo acumulado en el suelo. Jamás olvidaré el momento en que ese pie estaba bajando por la escalerilla. Fue un momento terrible: el ser humano hollando la superficie de la Luna. Nadie sabía lo que ocurriría, pero sí que sabían el combustible que necesitarían para llevar la nave de vuelta a casa hasta un lugar ubicado aproximadamente a un kilómetro y medio del barco que les esperaba en medio del océano Pacífico.

El ser humano, dicho en otras palabras, conoce perfectamente las leyes del espacio, la masa y la energía. En nuestra mente llevamos esas leyes. Las leyes del tiempo, el espacio y la causalidad están inscritas en nosotros, y a ellas se somete todo lo que podemos ver o saber en cualquier lugar. ¿Qué es el universo? Espacio. Una coagulación de ese espacio produjo una nebulosa, de la que emergieron millones de galaxias y, en una constelación de galaxias, un sol con nuestro pequeño planeta girando a su alrededor. De la Tierra salimos luego nosotros, los ojos, los oídos, la respiración y la conciencia de la Tierra. Somos hijos de la Tierra, y esta procede del espacio. ¿Dudamos acaso de que las leyes del espacio estén inscritas en nosotros? No es que Dios nos haya insuflado algo, sino que existe una armonía maravillosa entre los mundos externo e interno. Los dioses que conocemos son proyecciones de nuestras fantasías, de nuestra conciencia, de nuestro ser profundo. Son, en cierto sentido, nuestros iguales.

Y conviene advertir que estas afirmaciones no son más que la expresión cosmológica de otra mitología. Pero cada vez que, a partir de ahora, miremos la Luna y pensemos en ella, tendremos una experiencia muy diferente.

La tercera función sociológica de la mitología nos proporciona, por último, leyes para vivir en el seno de la sociedad. Obviamente, ninguna sociedad está en situación de decir qué leyes imperarán la próxima década. Todo lo que creíamos bueno ha resultado ser problemático, como evidencia la crisis ecológica a la que actualmente nos enfrentamos. Cada día resulta más evidente que las leyes de la vida cambian al ritmo que lo hacen sus modalidades. No estamos, pues, seguros y nos vemos obligados, en consecuencia, a improvisar.

La función pedagógica de la mitología proporciona al individuo una forma de conectar su mundo psicológico interno con el mundo fenoménico externo. Como he tratado de señalar, la pedagogía de las tradiciones que hemos heredado ya no nos sirve y tenemos, en consecuencia, que elaborar la nuestra propia. Permítanme que les muestre ahora el modo en que Jung describe este punto, un modo que da vida, en nuestro interior, a las imágenes mitológicas.

Tuve una experiencia muy divertida en cierta ocasión, dando una conferencia en la Pacific Northwest, en donde hablé de la visión de Dante de las edades del ser humano, que explica el gran ciclo de la vida apelando a un modelo astrológico.

A diferencia de la metáfora lunar de los Yeats, Dante compara la vida con el tránsito diario del sol, y esboza la existencia de cuatro edades diferentes, cada una de las cuales posee su propio conjunto de virtudes y se corresponde con una fase del día. La primera es la infancia, que dura (¡créanme!) hasta los 25 años, y se caracteriza por la obediencia, el pudor, la belleza corporal y la suavidad. Esa es la mañana.

Al cumplir los 25, entramos en una etapa denominada por Dante madurez, que dura hasta los 45 años y en la que alcanzamos el punto culminante de nuestra vida. Los valores atribuidos a esta etapa son los característicos de la caballería medieval, es decir, la templanza, el valor, el amor, la cortesía y la lealtad. Después de haber vivido en función de las exigencias de la sociedad, llega un momento, en el ecuador aproximado de nuestra vida, en torno a los 35, en donde contamos con la experiencia de lo que se nos enseñó. Entonces es cuando estamos en condiciones de enseñar. Este es el mediodía.

Dante llama edad de la sabiduría al periodo comprendido entre los 35 y los 70 años. En la India, los sabios se retiran al bosque, pero no sucede lo mismo en Occidente. Lo que aquí esperamos es que los ancianos permanezcan en la sociedad, observando con su ojo crítico y compartiendo el beneficio de su experiencia. Esta es una etapa que se caracteriza por la sabiduría, la justicia, la generosidad y el humor o jovialidad. Poco tenemos ya, después de todo, que perder. Esta es la tarde.

A partir de los 70 llegamos a lo que Dante llama decrepitud, una etapa en la que miramos retrospectivamente nuestra vida con gratitud y consideramos la muerte como el retorno a nuestro hogar. Esta es la noche.

Este pequeño esquema, esta pauta vital, es el mito.

En cualquier caso, cuando acabé mi conferencia en Seattle, se me acercó una chica y me dijo, muy seria:

—Oh, señor Campbell, usted no sabe nada de las generaciones modernas. Nosotros pasamos directamente de la infancia a la sabiduría.

—Eso me parece muy bien, pero lamento que se pierdan ustedes así la vida —le respondí.

Lo que quiero decir es que descubrir nuestro mito equivale a encontrar nuestra pasión y nuestro fundamento y saber en qué estadio de la vida nos hallamos. Los problemas de los jóvenes no son los mismos que los de los mayores. No tratemos de vivir nuestra vida antes de tiempo. Cuando escuchamos demasiado a los gurús, nos empeñamos en renunciar y saltarnos todas las etapas para convertirnos en sabios antes de saber qué sentido tiene la sabiduría. A la sabiduría, como a tantas otras cosas, se accede gradualmente.

En nuestro cerebro hay unos 18.000 millones de neuronas. No existen dos materias grises iguales, como tampoco hay dos manos iguales ni dos seres humanos idénticos. Podemos recibir instrucciones y seguir los consejos de otras personas, pero, como los caballeros del Rey Arturo buscando su Grial en el bosque, cada uno debe entrar en el bosque por su propio camino.

La simplicidad y el romanticismo de esta cualidad del espíritu occidental sorprende a otras culturas. ¿Qué estamos buscando? La actualización del potencial que cada uno lleva en su interior. Y en modo alguno se trata de un viaje egoísta, sino de la aventura de llevar a su plenitud nuestro regalo al mundo, que somos nosotros mismos.

No hay nada más importante que sentirnos plenos, porque es entonces cuando, transparentes a la trascendencia, nos convertimos en signos, en señales. Solo así nos sentiremos vivos y llegaremos a comocer nuestro propio mito personal.

Parte III: El viaje del héroe

6. El Sí-mismo como héroe[1]

En Occidente tenemos la libertad y la obligación de descubrir nuestro destino.[2] Pero ¿aprovechamos acaso esa oportunidad?

Por supuesto, no hace ningún daño verse bendecido por el accidente del dinero, el apoyo y el tiempo libre. Pero permítanme añadir que quienes carecen de recursos suelen tener el valor de arriesgar su vida. El dinero no es decisivo, ni es lo que más importa en nuestra cultura.

He enseñado a estudiantes procedentes de todos los estratos sociales, y debo decir que los más afortunados no son siempre los más ricos. De hecho, estos suelen ser los menos afortunados, porque ya no hay nada que pueda motivarles. No es extraño ver que el estudiante con más talento, posibilidades y dinero acabe convirtiéndose en un mero diletante. Sin la obligación de seguir un determinado rumbo y tomar la decisión «Voy a hacer esto», cambia de rumbo apenas aparecen dificultades, orientándose hacia otra búsqueda y luego hacia otra, y así sucesivamente hasta acabar malogrando su vida. Son jóvenes que con mucha frecuencia carecen de la capacidad de tomar una decisión inteligente y valiente y de seguirla hasta el final.

Y no estoy diciendo que en los Estados Unidos o en Occidente seamos en este sentido perfectos. Pero toda persona que tenga el valor suficiente tiene aquí la oportunidad de seguir su destino. Y existen diferentes formas de descubrir nuestro destino.

La primera de ellas es retrospectivamente. En un ensayo maravilloso titulado «Sobre la aparente intencionalidad en el destino del individuo», Schopenhauer señala que, cuando llegamos a una edad avanzada, como es mi caso, y observamos nuestra vida pasada, podemos descubrir en ella un argumento, como si hubiese sido escrita por un novelista.[3] Acontecimientos que parecían triviales o secundarios se revelan entonces fundamentales para la trama.

¿Quién es el autor de este argumento? La idea de Schopenhauer es que, como sucede con nuestros sueños, nuestras vidas se hallan regidas por lo que él denomina voluntad, una voluntad de la que somos fundamentalmente inconscientes. Somos nosotros –según dice– quienes soñamos nuestra propia vida, como Viṣṇu sentado sobre su serpiente de siete cabezas.

Mi libro *Los mitos* está compuesto por una recopilación de las conferencias que, a lo largo de veinticuatro años, impartí en la Cooper Union.[4] Yo tenía la idea de que, durante todo ese tiempo, habría crecido, que mis ideas habrían cambiado y que también se habrían desarrollado. Pero cuando recopilé todos esos artículos, me di cuenta de que, durante ese cuarto de siglo, había estado hablando básicamente de lo mismo. Entonces descubrí lo que me estaba motivando. No tenía una idea muy clara de lo que era hasta que reconocí su presencia como hilo conductor del libro. Veinticuatro años es mucho tiempo y fueron muchas también las cosas que, durante ese tiempo, ocurrieron. Pero ahí estaba yo balbuciendo las mismas cuestiones. Ese es mi mito interior.

Otra forma sorprendente de descubrir el propio mito consiste en seleccionar algunas notas o entradas del diario que hayamos escrito tiempo atrás. Es muy probable que entonces nos quedemos asombrados, porque ahí estaban apuntadas ya las cosas que anteayer creíamos haber entendido. En esas cosas se refleja el hilo conductor de nuestra vida.

Pero ¿cómo podemos hacernos una idea de cuál es nuestro mito mientras lo estamos viviendo? Otra forma de tratar de discernir nuestro destino –nuestro mito– consiste en seguir el ejemplo de Jung, es decir, observar nuestros sueños, observar nuestras decisiones conscientes y llevar un diario para ver cuáles son las imágenes e historias que repetidamente afloran a la superficie. Observando de este modo las historias y los símbolos, vemos cuáles resuenan en nosotros.

Quisiera revisar ahora el mito arquetípico del viaje del héroe del que me he ocupado en mi libro *El héroe de las mil caras*.[5] Esto es lo que Joyce llamaba un monomito, es decir, una historia arquetípica que brota del inconsciente colectivo y cuyos motivos no solo aparecen en la mitología y la literatura, sino también, si somos lo suficientemente sensibles, en el despliegue de la trama de nuestra vida.

La historia básica del viaje del héroe implica abandonar el

lugar al que uno pertenece, adentrarse en el reino de la aventura, lograr algún tipo de realización simbólica y regresar luego al ámbito de la vida cotidiana.

El primer estadio consiste en abandonar el lugar en el que estamos, sea este cual sea. Podemos dejar atrás ese entorno porque nos resulta demasiado represivo y nos sentimos inconscientemente incómodos y deseosos de partir, pero también es posible que escuchemos una llamada a la aventura y nos veamos arrastrados por una tentación a la que no podemos resistirnos. Esta llamada a la aventura suele representarse, en los mitos europeos, mediante un animal (un ciervo o un jabalí) que consigue burlar al cazador y llevarle hasta una zona desconocida del bosque. Ignora dónde está, cómo ha llegado allí y hacia dónde debe encaminarse. Ahí es, precisamente, donde empieza la aventura.

Otro ejemplo evidente de llamada a la aventura tiene lugar cuando algo (o alguien) se ve secuestrado y uno debe partir en su busca adentrándose, para ello, en los dominios de la aventura, en los que siempre imperan fuerzas y poderes desconocidos.

También puede producirse, por otra parte, lo que yo denomino negación de la llamada, en donde, si bien esta es escuchada, sentida y quizás hasta acatada, acaba viéndose desatendida por una u otra razón. Entonces buscamos alguna excusa para no seguir, porque tenemos miedo o algo parecido y abandonamos nuestra búsqueda. Pero las consecuencias, en tal caso, son radicalmente diferentes de las que experimentan quienes escuchan y siguen la llamada.

La crisis del chamán es, en mi opinión, el ejemplo más patente e interesante en la vida real de este tipo de llamada. Al investigar para el primer volumen de mi *Historical Atlas of World Mythology*,[6] descubrí muchos ejemplos de ello en las tribus de todo el mundo. Lo más habitual es que el joven se encuentre caminando solo por la orilla del mar, las montañas o el bosque y escuche una música sobrenatural que va acompañada de algún tipo de visita visionaria, que equivale a una llamada.

Pero convertirse en chamán no es, en ninguna de esas sociedades, una invitación muy divertida, razón por la cual son muchos los jóvenes que se niegan a aceptarla. Lamentablemente, quienes hacen caso omiso a la llamada dejan de estar vivos porque mueren o, al tratar de llevar una vida más mundana, se quedan vacíos y se convierten, como decía T.S. Eliot, en «hombres huecos».[7]

Antes he mencionado el caso de una mujer del oeste de Virginia que, llegada la última parte de su vida, emprendió un análisis. Se sentía desbordada por la sensación de no ser más que una cáscara vacía y haber desperdiciado su vida. Gracias al análisis y la reconstrucción de su pasado recordó haber escuchado, mientras caminaba por el bosque, una música maravillosa. Pero no supo qué hacer con esa experiencia y, desde ese momento, había dejado de vivir la vida a la que aquella música la había invocado. De haber formado parte de una comunidad primitiva, su familia y el chamán de la tribu hubieran sabido qué hacer, pero cuando no respondemos a esa llamada, nuestra vida se reseca y pierde su sentido.

Si el individuo escucha la llamada, se ve invitado a participar en una peligrosa aventura. Siempre se trata de una aventura peligrosa, porque nos lleva más allá del ámbito conocido de nuestra comunidad, algo a lo que los mitos se refieren como abandonar la esfera de lo conocido para adentrarse en el inmenso más allá. Eso es lo que yo llamo «cruzar el umbral», es decir, pasar del mundo consciente al inconsciente, un paso que los distintos entornos culturales representan con muchas y muy diversas imágenes. Puede tratarse de una inmersión en el océano, de una travesía por el desierto, de perderse en un bosque tenebroso o de encontrarse de pronto en una ciudad extraña. Puede describirse como un ascenso, como un descenso o como un viaje más allá del horizonte, pero siempre se trata de una aventura que, después de atravesar un portal, una caverna o dos rocas que entrechocan, conduce a lo desconocido.

¿Cuál es, podríamos preguntarnos, el significado de la imagen de las rocas que entrechocan? Es una imagen maravillosa. Vivimos, de este lado del misterio, en consonancia con nuestra visión racional y dualista, en el reino de los pares de opuestos (verdadero y falso, luz y oscuridad, bien y mal y varón y hembra). Pero cuando uno trasciende los pares de opuestos y tiene una intuición de lo que hay más allá del bien y del mal, se abre la puerta de acceso al misterio. Sin embargo, se trata de un ligero atisbo intuitivo, porque la mente consciente no tarda en cerrar de nuevo la puerta. La aventura del héroe comienza atravesando físicamente la puerta para acceder a un mundo donde las reglas dualistas dejan de ser aplicables.

Cuando estaba en la India, quise conocer a un maestro de verdad. No quería seguir escuchando sermones sobre *māyā*, el abandono del mundo y ese tipo de cosas. Ya había tenido bastante de eso durante quince o veinte años. Mientras estaba por ahí, escuché hablar de un maestro de Trivandrum, una pequeña y bella ciudad del sudoeste de India, llamado Sri Krishna Menon.[8]

Después de varias peripecias, conseguí una entrevista con ese maravilloso hombrecillo. Él estaba sentado en una silla y yo me senté frente a él, en lo que parecía casi un enfrentamiento. Lo primero que me dijo, obviamente, fue: «¿Quiere usted hacerme alguna pregunta?».

Tuve la suerte (algo de lo que luego me enteré) de formularle la misma cuestión que, en su momento, él había formulado a su gurú. La pregunta era la siguiente: «¿Cómo podemos, si todo es *brahman*, es decir, si todo es la luz divina, decir "no" a algo? ¿Cómo podemos decir "no" a la ignorancia? ¿Cómo podemos decir "no" a la brutalidad? ¿Cómo podemos decir "no" a alguna cosa?». A lo que respondió: «Usted y yo decimos "sí"». Y luego me dio una pequeña meditación muy buena: «¿Dónde estamos entre un pensamiento y otro? Siempre estamos pensando en nosotros, en todo lo que hacemos. Tenemos una imagen de nosotros que es nuestro ego. ¿Dónde estamos, pues, entre un pensamiento y el siguiente?».

La intuición puede proporcionarnos una leve vislumbre de esto. Este pensamiento, ese pensamiento, las olas de la mente, ¿hemos tenido algún atisbo que trascienda lo que podamos pensar sobre nosotros? Ese es el campo de fuerza del que procede toda nuestra energía. Y, de ese modo, el paso del héroe a través del umbral es un viaje que lleva más allá de los pares de opuestos, donde se trasciende el bien y el mal. Ese es, sin la menor duda, el significado de la imagen de las rocas que entrechocan.

Este es un motivo mitológico conocido como «puerta activa», un tema mítico que aparece en muchas historias indoamericanas, griegas, esquimales, etcétera. Se trata de una imagen arquetípica que nos transmite la sensación de ir más allá de los juicios.

Otro reto que puede acechar al héroe luminoso en su paso por el umbral puede ser el encuentro con la sombra, con su lado oscuro, que puede asumir la forma de un dragón o de un enemigo malvado. Sea como fuere, para adentrarse en el otro mundo, el héroe tiene que acabar violentamente con el otro.

El troceado y descuartizamiento del héroe es otra imagen simbólica que a veces aparece en este pasaje, en cuyo caso uno accede muerto al dominio de la aventura. La historia del dios egipcio Osiris –asesinado, desmembrado y recompuesto– es un ejemplo clásico en este sentido. Y lo mismo sucede en el relato anteriormente mencionado de los pies negros con el padre de la novia del búfalo, pisoteado hasta ser reducido a añicos y posteriormente resucitado.

La superación de la prueba va seguida, en estas historias, de una resurrección. Hay tantas maneras de representar este viaje como formas de experimentarlo. A veces se representa como un enfrentamiento con los dioses y los demonios, como sucede en el *Libro tibetano de los muertos*, y otras veces aparece, en mitos y sueños, identificados con atravesar una montaña o un océano tenebroso.

Con independencia, sin embargo, de que uno sea descuartizado, clavado en una cruz o devorado por una ballena, lo cierto es que está adentrándose en el dominio de la muerte. Esa es la ordalía que Cristo atraviesa en la cruz, en donde la cruz es el umbral que permite entrar en la aventura de la reunión con Dios Padre.

Después de atravesar el umbral y de haber accedido a nuestra aventura –es decir, de un viaje adaptado a nuestras necesidades o predisposición espiritual profunda–, aparecerán ayudantes (como un duende, un sabio, un hada madrina o un animal) que, acercándose como compañeros o consejeros, nos advertirán de los peligros que nos acechan y nos ofrecerán su ayuda mágica para superar los obstáculos que se nos presenten. Ellos nos proporcionarán pequeños objetos protectores, imágenes para meditar, *mudrās* (gestos o posiciones de las manos) y mantras (palabras para recitar y pensar) que nos guiarán y mantendrán en el sendero. El sendero es tan angosto como caminar sobre el agudo filo de una navaja y, si nos caemos, estaremos completamente desvalidos porque no sabremos qué hacer y no habrá nadie a quien podamos pedir ayuda.

Después de haber recibido la ayuda mágica, deberemos superar una serie de retos o pruebas cada vez más peligrosas. Y cuanto más nos adentremos, más resistencia encontraremos.

Estamos acercándonos a regiones del inconsciente que se han visto reprimidas como la sombra, el ánima/ánimus y las facetas no integradas del Sí-mismo. Y se trata de un tránsito para el que requerimos, qué duda cabe, de toda la ayuda mágica posible.

Estas pruebas representan, pues, la autorrealización, el proceso de iniciación a los misterios de la vida. Hay cuatro tipos de obstáculos que se interponen, en mi opinión, en nuestro camino y nos ponen a prueba.

El primero de ellos es el símbolo del encuentro erótico con el amado perfecto, lo que yo denomino encuentro con la diosa y que nos enfrenta al reto de integrar el complejo ánima/ánimus. Esto es algo que, en el vocabulario mitológico de la alquimia, recibe el nombre de matrimonio sagrado o *hieros gamos*, una unión sobre cuyo simbolismo Jung ha escrito mucho.[9] En los mitos masculinos, los esponsales sagrados representan la unión con la diosa del mundo o con alguna representación secundaria de su poder, como la historia del príncipe que llega hasta la Bella Durmiente o del matrimonio de Rāma y Sītā en el *Rāmāyaṇa*.

Pero si no estamos preparados, la diosa puede aparecer en formas menos benignas. Acteón, completamente desconectado de su ánima, tropieza en un estanque con Artemisa desnuda y se ve destruido por ese encuentro. Ella le convierte en un ciervo al que dan caza y matan luego sus propios perros. La diosa también puede presentarse en forma de tentación, como un súcubo que nos invita a desviarnos de nuestro verdadero camino.

Esta unión divina suele representarse, en el caso de la mujer, apareciendo esta fecundada por un dios. *Las metamorfosis* de Ovidio es un libro lleno de dioses que persiguen ninfas. El dios se presenta en forma de toro o de lluvia dorada y de repente la mujer se queda embarazada. El niño es, en consecuencia, un símbolo de la unión de los opuestos, de hombre y mujer. Este es, obviamente, el verdadero significado del nacimiento virginal, que representa a la mujer recibiendo, a través de una visita divina, la inspiración de una nueva vida

El siguiente estadio de esta aventura consiste obviamente en criar al niño y, con frecuencia, educarlo, como hizo Jocabed con Moisés. Pero recordemos que este niño no es un niño físico, sino que representa la vida espiritual.

Así pues, el primer estadio de este camino consiste en el matrimonio sagrado. Los cuentos de hadas siempre concluyen con un pasaje que dice algo así como «... y se casaron y vivieron felices por lo siglos de los siglos». Pero como alguien que lleva casado más de medio siglo, puedo afirmar con toda seguridad que la felicidad para siempre solo es al comienzo de la historia. Y, como sucede con la vida, la mayoría de los mitos tampoco concluyen ahí.

El segundo tipo de logro en el camino de las pruebas es la reconciliación con el padre, una prueba que definitivamente es un rito de pasaje masculino. El hijo se ha visto separado del padre y ha estado viviendo una vida impropia de su verdadero linaje. Quizás haya vivido como chica (como le ocurrió a Aquiles) o como un campesino (como le sucedió a Parsifal), o quizás haya sido considerado un príncipe, pero por las personas equivocadas (como le sucedió a Moisés). En la medida, sin embargo, que persevera en su búsqueda, acaba encontrando al padre, que reside en el abismo más allá de la madre. Bien podríamos decir que, para llegar al mundo del padre, hay que atravesar el mundo de la madre.

En estas historias de reconciliación con el padre, la mujer aparece también como guía o como tentación que se interpone en el camino. Según la visión hindú, *māyā* es el principio femenino que engendra el universo fenoménico, un poder tan revelador como oscurecedor. En esta última manifestación, la mujer se convierte en la bruja y, en su aspecto revelador, en la guía envuelta en luz, la Dama del Lago.

La reconciliación con el padre es la imagen primordial de la simbología cristiana. Cristo se dirige directamente, a través de la cruz, hacia el Padre. En las imágenes de la crucifixión, suele representarse a María al pie de la cruz. Ahora bien, en muchas culturas, la cruz es también el símbolo de la tierra y del principio femenino. María es, para Cristo, la cruz, el umbral que conduce desde la eternidad al tiempo y que ahora se convierte en puerta de retorno. El nacimiento supone la crucifixión del espíritu, mientras que la crucifixión del cuerpo libera al espíritu y le permite regresar a la eternidad.

En la película de George Lucas, *El retorno del Jedi*, Luke Skywalker arriesga su vida para redimir la de su padre, Darth Vader. Este es el motivo de reconciliación con el padre a gran escala: el hijo salva al padre y el padre salva al hijo.

El tercer estadio del camino de la realización es la apoteosis, que es cuando descubrimos lo que estamos buscando. El ejemplo paradigmático de esta situación es el momento en que Gautama Śākyamuni alcanza la budeidad y comprende que es el Buddha.

Estos son, pues, los tres símbolos fundamentales de la realización: el *hieros gamos* (la reconciliación entre ánimus y ánima), el reencuentro con el padre y la apoteosis en la que cobramos conciencia de todo nuestro potencial, como el Buddha sentado bajo el árbol Bo viéndose como una encarnación de la conciencia búdica universal.

El cuarto tipo de realización es muy distinto. En lugar de un lento avance a través de los misterios, se superan violentamente todos los obstáculos y de manera súbita se alcanza el objetivo deseado (el robo prometeico del fuego). Una variación de este tema es la búsqueda de la novia, en donde el héroe pierde a su amada y parte a rescatarla de las manos del ogro que la ha raptado. La mayor parte del *Rāmāyana* versa sobre el rescate, por parte de Rāma, de su esposa Śītā, que había sido secuestrada por Rāvana, rey de los demonios. Esta es la búsqueda de la novia.

Logrado el tesoro, no hay reconciliación posible con los poderes del inframundo (ni matrimonio sagrado, ni reconciliación con el padre, ni apoteosis), de modo que se produce una reacción violenta de todo el sistema inconsciente, que obliga al héroe a escapar.

Esta es una condición psicótica. Hemos arrebatado algún

tipo de conocimiento de los abismos más profundos de nuestro Sí-mismo desconocido y los demonios, al despertar, claman venganza.

También tenemos el motivo maravilloso conocido como «vuelo mágico», que es un tema favorito en los cuentos de hadas y los relatos de los indios nativoamericanos. El héroe logra escapar lanzando, por encima de su hombro, objetos que se convierten en bosques, piedras que se transforman en montañas, espejos que se convierten en lagos, etcétera. Hay un monstruo que le persigue sin tregua y que adopta, por lo general, la forma de una ogresa, puesto que el inconsciente suele aflorar con la apariencia negativa y violenta del poder femenino.

Y ahora hay que cruzar de nuevo la frontera, lo que yo llamo «retorno a través del umbral». La línea que el héroe atraviesa en su camino al abismo es la misma que debe cruzar cuando deja atrás esos poderes. Pero ¿es posible regresar al mundo de la luz? ¿Va a producirse espontáneamente la remisión o va a permanecer sometido, por así decirlo, al imperio de estos poderes subterráneos?

Las crisis del descenso y el retorno son equiparables. Si el descenso se produce después de ser engullido por una ballena, por ejemplo (como le sucedió a Jonás, que fue engullido por el abismo), deberá salir finalmente a la superficie a través de ella. Si el umbral de la aventura fue el agua (como José en el pozo o Ulises entre los infinitos matices del mar), regresará también a través del agua. Y lo mismo sucede en el caso de Moisés, el héroe del Antiguo Testamento, conduciendo al pueblo de Israel a través del mar Rojo o de Ulises devuelto a las orillas de Ítaca. Si hemos emprendido el camino de la aventura atravesando las Simplégades, las rocas chocantes, regresaremos a través de algo parecido.

La idea general consiste en traer con nosotros aquello que nos propusimos recuperar, a saber, el potencial rechazado y reprimido que descansa en nuestro interior. El sentido último de este viaje consiste en la reintegración al mundo de este potencial, es decir, a nuestra vida en el mundo. Uno debe traer consigo este tesoro de comprensión e integrarlo en una vida racional. Pero hay que decir que se trata de una empresa nada fácil y que traer de vuelta ese regalo puede ser todavía más arduo que la inmersión inicial en nuestras profundidades.

Supongamos, por ejemplo, el caso de un joven que llega a Nueva York dispuesto a estudiar arte. Ha viajado desde Wisconsin hasta el inframundo, representado por Greenwich Village, en donde descubre un buen número de ninfas que le resultan tan tentadoras como inspiradoras, y tiene un maestro con el que estudia, etcétera, hasta que, con la ayuda de este, su talento y su perseverancia, logra encontrar su propio estilo artístico.

La primera crisis es que ese estilo debe ser suyo y no parecerse al de su maestro. Este es un momento muy importante de cualquier empresa creativa. He visto, en este sentido, cosas muy divertidas. Hay veces en que el maestro no quiere que sus discípulos tengan un estilo diferente, y esa es la razón por la que, cuando el espíritu del alumno empieza a expresarse, desarrolla un odio violento hacia su antiguo maestro.

Después de haber forjado su propio estilo personal, debe dirigirse a la calle cincuenta y siete a vender sus pinturas y tropieza con la mirada fría del marchante. Lo principal aquí es que ofrezca algo de lo que el mundo carece…, ese es, a fin de cuentas, el motivo que le ha llevado hasta allí. Pero el mundo diurno ni siquiera sabe que necesita el regalo que le estamos ofreciendo. Por ello, cuando atravesamos el umbral para regresar al mundo y ofrecerle un regalo, nos encontramos con tres posibles reacciones.

La primera de ellas es que a nadie le interese el gran tesoro que hemos traído. ¿Qué haremos en ese caso? Una posible respuesta es decirse: «¡Al infierno con ellos! Me vuelvo a Wisconsin». Y luego nos compramos un perro y una pipa, dejamos que la maleza crezca en el jardín y nos dedicamos a pintar cuadros que quizás, dentro de mil años, alguien encuentre y sean reconocidos como los más importantes del siglo xx. En ese caso, volvemos a nuestra recién recuperada integridad y dejamos que el mundo siga su curso.

Otra posibilidad consiste en preguntarnos «¿Qué es lo que quieren?» y tratar de ofrecérselo. Esto es lo que se conoce como arte comercial. Entonces nos decimos que, cuando tengamos suficiente dinero, nos dedicaremos a lo realmente importante. Pero esto, obviamente, nunca ocurre porque, en el improbable caso de que consigamos el suficiente dinero, nuestra creatividad habrá menguado, si es que no se ha perdido. Pero entonces tendremos, al menos, una carrera pública, lo que ya es algo.

La tercera posibilidad consiste en tratar de infundir en nuestra obra algún aspecto o porción del dominio al que hemos arribado. Esta es una actitud pedagógica que consiste en ayudarles a comprender lo que hemos necesitado y estamos en condiciones de ofrecer. Estas son las tres únicas posibilidades.

La primera implica, como ya hemos visto, la negativa a volver. La segunda consiste en regresar a la sociedad y darle solamente lo que nos pide. Y la tercera, por último, es la actitud pedagógica, que consiste en encontrar un medio, un lenguaje o un vocabulario que nos capacite para dar a nuestra sociedad lo que, para nosotros, es el don de la vida de un modo adecuado a su capacidad de recepción. Y hay que decir que, para ello, sin embargo, se requiere una buena dosis de paciencia y compasión.

Y si nada de eso funciona, siempre podemos conseguir un trabajo en la enseñanza.

Pero estoy seguro de que, si uno encuentra el modo de conectar con la sociedad, descubrirá el modo de transmitir su mensaje.

El artista que ha descubierto su voz y su propio estilo vuelve y acepta un trabajo como profesor de arte. Quizás no dé todo lo que tiene, pero puede ofrecer algo que la sociedad está dispuesta a recibir. Tiene un sueldo que le permite mantenerse mientras sigue pintando y acaba abriendo una galería de arte.

En lo que a mí respecta, pasé, en la época de la Gran Depresión, cinco años en plena naturaleza, sin trabajo y sin nada que hacer más que leer y leer. ¿Saben que, en mi juventud, durante la Gran Depresión, las personas que hoy forman parte de lo que llamamos contracultura se vieron expulsadas de la sociedad? No había espacio para ellas. Y eran personas que nada tenían que ver con quienes abandonan la sociedad por despecho ni con la intención de mejorarla.

¿A qué me dediqué yo durante ese tiempo? A leer. Iba de pensador en pensador y de libro en libro. Buscaba, sin saberlo obviamente, mi propia felicidad.

Entonces conseguí un empleo. Estaba inmerso en la lectura de Spengler, Jung, Schopenhauer y Joyce cuando me preguntaron si aceptaría un puesto de profesor de literatura en el Sarah Lawrence. Y, apenas vi a todas aquellas chicas, supe que quería ese trabajo, con un salario de 2.200 dólares al año.

Estaba ansioso por volver al mundo y compartir lo que había aprendido. Había estado siguiendo una estrella. En esos cinco años, de hecho, aprendí todo lo que ahora estoy enseñando.

Más o menos en la época en que empecé a enseñar, se publicó *Finnegans Wake*, un libro asombroso que nadie entendía…, excepto un par de irlandeses locos y yo. Todo lo que Joyce decía salía directamente de la misma fuente en la que, durante esos cinco años en la naturaleza, había estado sumergido. Entonces me dirigí a uno de esos locos mencionados, mi colega Henry Morton Robinson, y le dije: «Algún insensato deberá explicar al mundo todo esto. Creo que muy bien podríamos ser nosotros». Y de ahí surgió mi primer libro, *A Skeleton Key to Finnegans Wake*.[10]

Pero aun entonces, después de dedicar cinco años de trabajo al libro, fue imposible venderlo. Estábamos dispuestos a publicarlo por nuestra cuenta –lo que, para nosotros, hubiese supuesto un enorme dispendio–, cuando fui a ver la obra de teatro *The Skin of Our Teeth*, de Thornton Wilder, que por aquel entonces estaba representándose con gran éxito en Broadway. Y todo lo que allí escuché procedía de *Finnegans Wake*. Yo parecía ser la única persona de toda la ciudad que se había percatado de ello. Me daba cuenta apenas escuchaba las citas. Esas son las cosas que pasan, dicho sea de paso, cuando uno regresa al mundo.

Entonces telefoneé a Robinson y le dije: «¿Sabes que Wilder está cosechando una gran fama y ganando carretadas de dinero con una obra que resulta ser un plagio de *Finnegans Wake*?».

Y, como Joyce acababa de fallecer y su familia estaba en la miseria, añadí: «Creo que deberíamos escribir una carta al *New York Times*». Y así lo hice contándoles lo que había escuchado, porque la obra de teatro aún no se había publicado.

Entonces Robinson llamó por teléfono a Norman Cousins, del *Saturday Review*, y le dijo: «*Skin of Our Teeth* es un plagio de *Finnegans Wake*. ¿Le interesa?».

La respuesta de Cousins fue: «¡Envíame tu comentario esta misma noche!».

De modo que hicimos llegar ese pequeño artículo a Cousins, que lo primero que dijo al leerlo fue: «¿Os parece bien que lo titulemos "The Skin of Whose Teeth?"». Y cuando publicó el artículo, nuestro nombre apareció en los titulares de los periódicos de los Estados Unidos.[11]

Todos los periodistas del país, como un escuadrón de bombarderos, se nos echaron entonces encima. A partir de ese momento, estábamos en guerra –¿comprenden?– y Wilder pasó a ser el capitán Wilder, el comandante Wilder y, finalmente, el general Wilder. Pero ¿quiénes eran esa pareja de irlandeses? Y ese tal Joyce, con su *Ulises* y su *Finnegans*: esa no era la civilización por la que estábamos luchando. Y, en efecto, no lo era, pero como nadie había leído *Finnegans Wake*, no sabían si decíamos o no la verdad.

Todo el mundo se dirigió entonces a Wilder y, cuando le preguntaron por nuestro artículo, respondió: «Les aconsejo que vean mi obra, lean *Finnegans Wake* y decidan por ustedes mismos», cosa que, por supuesto, nadie hizo.

Wilder presumía de ser el gran artista americano que había sacado sus ideas del acervo popular…, aunque también dijo que la idea se le ocurrió mientras estaba viendo un musical intrascendente llamado *Hellzapoppin*, momento en el cual el libreto aterrizó en su regazo como una Atenea recién salida de la frente de Zeus.

Pero como eso no tenía ningún sentido, le dije a Robinson: «Esperemos un poco. Dejémosle hablar y esperemos a que las cosas se enfríen».

Al poco tiempo se publicó el libro de *Skin of Our Teeth*, que se presentó a los premios Pulitzer y Tony. Y, peinando ese texto con un fino rastrillo, descubrí unas 250 coincidencias entre personajes y temas y una cita literal de cuatro líneas.

Fue entonces cuando vio la luz la segunda parte de «The Skin of Whose Teeth?». en donde expusimos, una junto a otra, todas las coincidencias. Pero ahí terminó todo, porque el artículo no recibió ningún premio de la crítica.

Cousins se interesó entonces por algo que hubiésemos escrito y le enviamos el primer capítulo de *A Skeleton Key*, que hizo llegar a Harcourt Brace, una editorial que había rechazado anteriormente el libro. Pero, en esta ocasión, la editorial envió el capítulo a T.S. Eliot, quien les incitó a editarlo de inmediato.

Así fue como vendimos el libro, y ese es también el modo en que uno regresa al mundo, con mucho trabajo y un poco de suerte.

Pero existen otras posibilidades. Conocí a un artista en Woodstock, en donde pasé la mayor parte de la Gran Depresión, cuyo estilo pictórico era netamente comercial y que vendía mucho en una galería. Cierto año, experimentó un profundo cambio psicológico que le llevó a desarrollar una forma más osada y brillante de manejar el pincel. Pero cuando presentó su nueva obra a la galería, le dijeron que no les interesaba, porque su público solo quería cuadros como los que había pintado hasta entonces.

El éxito puede convertirse en una especie de cárcel. Y esto es especialmente cierto en los Estados Unidos, porque no creo que suceda nada parecido en ningún otro lugar del mundo. Todos los novelistas que publicaban en la década de los 1920 (Sinclair Lewis, Theodore Dreiser, Ernest Hemingway, F. Scott Fitzgerald, etcétera) repetían curiosamente la misma pauta. Empezaban escribiendo un libro en el que mostraban un gran talento, luego escribían otro formalmente más avanzado y luego un tercero que súbitamente llamaba la atención del público. A partir de ese momento, se empeñaban en aferrarse a ese estilo, con lo que la calidad de su escritura iba empobreciéndose progresivamente... Sinclair Lewis es el ejemplo perfecto de esta pauta. Sus primeros escritos son cada vez mejores hasta que, después de *El doctor Arrowsmith*, se produjo el colapso total. Y lo mismo podríamos decir de Hemingway. Sus primeras obras son brillantes, pero ¿dónde fue a parar todo después de *Adiós a las armas*?

Y lo mismo sucede con la pintura. ¿A quién puede interesarle repetir algo pintado anteriormente? El mensaje pictórico no descansa en su contenido, sino en la exploración de la forma. Por ello, cuando nos aferramos a la forma, acabamos petrificados y sin vida.

Permítanme contar ahora un par de historias cuya pauta calza como un guante con la del viaje del héroe. Y convendría pensar en ellas como imágenes para meditar.

La primera historia que me gustaría analizar es «El príncipe rana», el cuento que inaugura el libro *Cuentos de hadas de los hermanos Grimm*. Se trata de una muchacha –que, por supuesto, es una princesa– que tiene una pequeña pelota de oro.

El oro es un metal incorruptible y la esfera es una forma perfecta, de modo que la pelota en cuestión es una representación de ella o, dicho más exactamente, del círculo de su alma. A la princesa le gusta pasear hasta el lindero del bosque que, al discurrir la escena en Alemania es, como ya hemos dicho anteriormente, un símbolo del abismo. Allí se sienta cerca de un pequeño estanque y al lado de un manantial que, en realidad, jalona la entrada al mundo inferior y ahí empieza a jugar a lo que más le gusta, lanzar de un lado a otro la pelota de su alma. La lanza y la recoge, la vuelve a lanzar y vuelve a recogerla, y así una y otra vez hasta que finalmente se le escapa y cae en el estanque.

Así es como el inframundo se traga al Sí-mismo de la pequeña, su ser potencial. El poder que ahí mora invoca entonces la aparición del guardián del umbral bajo la apariencia de una rana pequeña y fea (una representación frecuente, en los cuentos de hadas, del dragón).

Cuando la niña pierde la pelota, es decir, su alma, empieza a llorar. Y ello significa que, al perder el contacto con la energía y la alegría de vivir, pierde algo esencial y se deprime. Este tipo de pérdida tiene su correlato en la *Ilíada* en el rapto de Helena de Troya, que inicia la aventura épica al movilizar a todos los príncipes y guerreros de Grecia a salir en su rescate.

En el caso que nos ocupa, una pequeña pelota de oro se ha perdido, momento en el cual aparece una pequeña rana, habitante del inframundo y pregunta:

–¿Qué te pasa, pequeña?

–He perdido mi pelota de oro –responde ella.

–Iré a buscarla y te la traeré –replica la rana.

–Eso sería maravilloso.

–¿Y qué me darás a cambio? –pregunta entonces la rana, que es una rana prudente.

Hay que decir que, para conseguir la ayuda que necesitamos, siempre debemos entregar algo a cambio. De modo que la joven princesa responde:

–Te daré mi corona de oro.

–No quiero tu corona de oro –dice el animal, moviendo de un lado a otro su verde cabecita.

–Te daré mi bonito vestido de seda.

–No quiero tu vestido de seda.

–Bien –pregunta ella, preocupada–, ¿y qué es entonces lo que quieres?

–Quiero sentarme a comer contigo en tu mesa, quiero ser tu compañero de juegos y quiero dormir contigo en tu cama.

–Muy bien, haremos todo eso –responde la princesa, menospreciando a la rana.

Entonces la rana se zambulle en el estanque y le devuelve la pelota. Lo curioso de esta historia es que la rana es también el héroe, es decir, quien trae de nuevo a la superficie el objeto y se lo restituye a la princesa.

Entonces ella coge la pelota y, sin darle las gracias siquiera, emprende una veloz carrera a palacio.

–¡Espérame! ¡Espérame! –grita la rana, saltando tras ella.

Por desgracia, la rana iba muy lenta, de modo que la chica llegó muy pronto a su casa, creyendo haberse librado de la rana.

Cuando, esa misma noche, la pequeña princesa estaba cenando con su padre el rey y su madre la reina frente a una mesa ubicada de la puerta de entrada y vio asomar una cosa húmeda y verde saltando por la escalinata central, empezó a palidecer.

–¿Qué te pasa, cariño?, ¿qué es eso? –pregunta su padre.

–Solo una rana con la que hoy me he encontrado –responde ella.

–Pero ¿le has prometido algo? –inquirió de nuevo su padre, que era un rey muy sabio.

En ese momento, la princesa se enfrenta a un dilema moral, el complejo de la persona, que siempre está ligado a este tipo de cosas.

Obviamente, no tiene más remedio que admitir que efectivamente ha hecho una promesa.

–Entonces ábrele la puerta y déjala entrar –concluye el rey.

En ese momento, la rana entra dando saltitos mientras la avergonzada princesa acondiciona, para la rana, un pequeño lugar bajo la mesa. Pero la rana muestra su desacuerdo diciendo:

–No, yo quiero sentarme junto a ti y quiero comer en tu plato de oro.

Como cabía esperar, esa respuesta arruinó la cena de la princesa.

Acabada la cena, la chica se dispone a acostarse, pero la rana sale corriendo escaleras arriba y, llamando a la puerta, grita:

–¡Déjame entrar!

Entonces la muchacha abre la puerta y le deja entrar.

–Quiero dormir contigo, como habíamos acordado, en tu cama.

Y como pueden imaginarse, esta es la parte del cuento que más gusta a los freudianos.

Bueno, eso es más de lo que la princesa puede asumir. La historia tiene varios finales posibles, el más famoso de los cuales es aquel en el que la princesa besa a la rana y esta experimenta una profunda transformación. Pero el final que a mí más me gusta es aquel otro en el que la princesa estampa a la rana contra la pared y, de entre sus restos, brota un hermoso príncipe de pestañas tan largas como las de un camello.

Y entonces es cuando nos enteramos de que él también había tenido problemas, porque el maleficio de una bruja le había convertido en rana. Él es el niño que no se atreve a crecer mientras que ella, por su parte, es la joven que está a punto de convertirse en mujer. Y, aunque el rechazo de ambos les ha mantenido atrapados en esa situación, ahora pueden ayudarse a superar ese bloqueo neurótico. Obviamente, el cuento concluye cuando ambos se enamoran e intercambian su ánima y su ánimus.

El relato sigue diciendo que, a la mañana siguiente, después de presentárselo a papá y mamá y de haber contraído matrimonio, aparece, en la puerta principal, un carruaje real. Porque la rana es, en realidad, un príncipe y ese es su carruaje, que ha venido para llevarle de vuelta a su reino que, desde el momento de su transformación en rana, había caído en desgracia. Este es el motivo de la tierra baldía que aparece en los romances del Grial de la Edad Media. El rey es el corazón de la tierra y, mientras esté incompleto, su país sigue siendo un erial.

Luego la novia y el novio entran en el carruaje y, mientras están en camino, escuchan un golpe.

–¿Qué ocurre, Heinrich? ¿Qué ha pasado? –pregunta el príncipe al cochero.

–Desde el momento en que os fuisteis, mi querido príncipe,

mi corazón se ha visto oprimido por cuatro cintas de hierro y una de ellas acaba de romperse –responde el hombre.

Después de escuchar tres golpes más, el corazón del cochero vuelve a latir con normalidad. Obviamente, el cochero es un símbolo de la tierra, que necesita del poder generador y gobernador del príncipe. Sin embargo, el joven héroe había faltado a su obligación rechazando la llamada, razón por la cual se vio desterrado contra su voluntad al inframundo. Pero fue ahí donde encontró a su joven novia y, si me permiten la expresión, fueron felices para siempre.

Esta es una historia que me gusta especialmente porque nos muestra que los dos tienen problemas, los dos están en el fondo del pozo y deben rescatarse mutuamente. Y, mientras tanto, el mundo espera el regreso de su príncipe.

Hay otra narración, procedente, en este caso, de los navajos, que se atiene curiosamente a la misma pauta. Se titula «Cuando los dos llegaron a su padre» y fue el tema del primer libro del antropólogo Maud Oakes, en el que participé, corrigiendo y escribiendo un comentario.

Las leyendas de los indios nativoamericanos suelen hablar de héroes gemelos, uno llamado Matador de Enemigos, activo y extravertido, y el otro, llamado Hijo del Agua, hechicero contemplativo e introvertido. Su madre, Mujer Cambiante, los concibió después de que, en su camino a través del cielo, se viese poseída por el sol.

Como hay monstruos en las inmediaciones, la madre les dice, antes de partir:

–No os alejéis de casa. Podéis ir hacia el este, el sur y el oeste, pero jamás debéis dirigiros hacia el norte.

Pero ese es el camino, obviamente, que acaban tomando. ¿Cómo vamos a cambiar las cosas si no rompemos las reglas? Así es como la prohibición de la madre se convierte en una invitación a la aventura.

Ellos quieren ir a donde está su padre, conseguir armas para luchar contra los monstruos y ayudar a su madre. El Hombre Arcoíris les acerca al umbral, es decir, al límite del mundo conocido. El camino que permite acceder a cada una de las direcciones se halla flanqueado por los distintos guardianes del umbral (el Chico de las Arenas Azules, el Chico de las Arenas Rojas, el Chico de las Arenas Negras y el Chico de las Arenas Blancas), a los que ensalzan para abrirse paso, diciéndoles que van a ver a su padre, el sol, para que les dé armas. Entonces los guardianes les dejan pasar.

Una vez que dejan atrás los límites del mundo conocido, se adentran en una especie de desierto, un paisaje sin rasgos distintivos en donde encuentran a una anciana cuyo nombre es Vejez, que les pregunta:

–¿Qué estáis haciendo aquí, pequeños?

Y, como antes, ellos responden que van en busca de su padre, el sol, a lo que ella les dice:

–Es un largo camino. Seréis viejos y habréis muerto antes de llegar. Permitidme que os dé un consejo. No sigáis mi camino. Seguid el de la derecha.

Pero, desoyendo el consejo, siguen su camino hasta que,

de pronto, se sienten mayores y agotados. Primero tienen que apoyarse en bastones y luego ya no pueden seguir caminando.

Entonces aparece de nuevo la anciana y les dice:

—¡Ay, ay, ay! Ya os lo advertí.

—¿Y puedes hacer algo para remediarlo?

Después de colocar las manos en su axilas y en su espalda, Vejez frota el cuerpo de los niños, devolviéndoles la vitalidad. Entonces la anciana les dice:

—Ahora debéis continuar, pero esta vez no sigáis mi camino.

Los gemelos siguen andando junto al sendero, cuando, de repente, advierten una columna de humo saliendo del suelo. Se trata del fuego de la Mujer Araña, otra ayudante mágica y encarnación de la madre tierra.

Invitándoles a descender a su pequeño hueco bajo el suelo, les alimenta para que puedan seguir adelante. Y también les informa de los peligros que les acechan, les da un objeto mágico (una pluma) y les alienta a seguir su camino.

Llega un momento en el que tropiezan con tres obstáculos que bloquean su camino: un cactus con pinchos muy puntiagudos, rocas que entrechocan y cañas que cortan, pero gracias a la pluma de la Mujer Araña pueden superarlos sin ninguna dificultad.

Finalmente, llegan al océano que rodea el mundo, porque en el mundo desconocido también hay, como podemos ver, niveles. Entonces se suben a la pluma y atraviesan el océano. Hay un lugar al este, azul sobre azul, donde se funden mar y cielo, en el que vive el sol. Ahí es donde empieza la aventura y las pruebas verdaderas, porque lo que han afrontado hasta ese momento no son sino meros preliminares.

De pie, en su casa, se halla la hija del sol (porque, como todo el mundo sabe, el sol, durante el día, está en su viaje cotidiano), que pregunta a los gemelos:

–¿Quiénes sois, pequeños?

–Somos los hijos del sol –le responden.

–¡Pero cómo! –exclama sorprendida–, Cuando vuelva mi padre, se va a enfadar mucho. Será mejor que os esconda.

Y, envolviéndolos en nubes de cuatro colores, los coloca sobre dos puertas diferentes.

Cuando, al llegar la noche, el sol regresa de su trabajo cotidiano, baja de su caballo y apoya en la pared su escudo, el disco solar, que cae y produce un estrépito metálico. Dirigiéndose entonces a su hija, le pregunta:

–¿Quiénes son esos muchachos que he visto llegar hoy?

–Tú siempre me dices que, cuando vas a dar la vuelta al mundo, te portas bien, pero esos dos niños afirman ser tus hijos –le responde ella.

–Bien –dice él–, ya lo veremos.

Después de hacerles salir de su escondrijo, se inicia un paso muy importante que podemos advertir en muchos relatos, y que consiste en que el padre somete a su hijo (o, como ocurre en este caso, a sus hijos) a diferentes pruebas. Aquí los lanza, por ejemplo, contra grandes estacas ubicadas en las cuatro direcciones, y ellos superan la prueba aferrándose a la pluma que les entregó la Mujer Araña. Y cuando su padre les da tabaco envenenado para fumar, ellos vuelven a protegerse sosteniendo en alto la pluma. Más tarde los encierra un temascal para que el vapor acabe con ellos, pero vuelven a superar la prueba gracias a la pluma, de la que no se sueltan. Finalmente les dice:

–Realmente sois mis hijos, de modo que venid conmigo a esta habitación.

Luego extiende sobre el suelo dos pieles de búfalo, sobre las que manda sentarse a sus hijos. Después invoca los poderes del trueno, se produce un gran estruendo y reciben su nombre verdadero. Él les dice cómo se llaman, les da el tratamiento que merecen y les suministra también las armas que andaban buscando.

Esta escena representa la reconciliación con el padre y el logro del don. Y luego se disponen a regresar a casa. El sol les lleva hasta un agujero en el cielo y, cuando lo alcanzan, les pone a prueba por última vez:

–¿Cuáles son vuestros nombres? ¿Y cuáles son los nombres de la montaña del norte, de la montaña del este y de la montaña central?

Y responden sin problema a estas preguntas porque dos pequeños espíritus, llamados Mosca Negra y Pequeño Viento, les susurran al oído las respuestas. Según me han dicho, cuando una persona camina por el desierto, siempre hay una gran mosca que se posa sobre su hombro (tal vez alguien la haya visto). Hay quienes creen que se trata del Espíritu Santo. Es una encarnación del espíritu, que susurra todas las respuestas.

Cuando superan esta prueba, descienden a la Montaña Cen-

tral –el *axis mundi*– que los navajos identifican con el monte
Taylor (Nuevo México), al pie del cual hay un gran lago en el
que vive el monstruo arquetípico. Es imposible matar monstruos físicos si uno no ha acabado antes con el monstruo arquetípico, llamado Gran Monstruo Solitario, que también es
curiosamente hijo del sol.

Este monstruo se caracteriza por confundir las sombras con
la realidad, de modo que, cuando ve la figura de los muchachos reflejada en el lago, cree que su enemigo es el reflejo en
el lago, razón por la cual decide tragarse toda el agua. Pero, al
escupirla luego, ellos siguen en el mismo lugar. Cuatro veces
trata el Gran Monstruo Solitario de acabar con ellos sin lograrlo, hasta que termina completamente extenuado.

Luego se acercan los chicos para matarlo y, con la ayuda
del sol, que siempre había querido lo mejor para ellos, acaban
destruyéndolo.

Después de matar al monstruo, los niños emprenden el camino de regreso, que les obligará a atravesar de nuevo el umbral.

Y es entonces cuando ocurre algo muy interesante, la pérdida del don, un motivo que solemos encontrar en muchas
mitologías. Para volver a casa, los gemelos deben atravesar
de nuevo el umbral. Han visitado el ámbito del poder solar y
ahora deben regresar al mundo del poder femenino, en donde
han de templar la energía solar y tornarla apta para la vida.

¿Se han preguntado alguna vez por qué Zeus se disfrazaba
cuando visitaba a mujeres mortales? Porque, de no hacerlo, su
poder divino hubiera arrasado con todo e imposibilitado toda

forma de vida. Tenemos que contrarrestar el poder del fuego solar con su contrapartida del agua, por así decirlo.

Este es el mundo en el que deben moverse los héroes. Después de haber llevado a cabo su viaje épico, deben regresar al mundo práctico y real. Apenas cruzan el umbral, sin embargo, tropiezan y pierden las armas que su padre les dio.

Entonces aparece una deidad llamada Dios Parlante, que es el ancestro masculino del linaje femenino de los dioses y, en consecuencia, los representa a ambos. Su nariz está hecha de un tallo de maíz y sus pestañas superiores e inferiores simbolizan, respectivamente, la lluvia masculina y la niebla femenina. Se trata, pues, de una figura andrógina. Él les proporciona armas nuevas y les da nuevos consejos, con los que se enfrentan a los monstruos que acechan en las inmediaciones de su casa y acaban con ellos. Y cuando ha concluido su enfrentamiento con los cuatro grandes monstruos, están agotados y a punto de morir.

Entonces bajan los dioses y ejecutan, para ellos, un ritual curativo. ¿Qué tipo de ritual? La representación del relato que les he estado contando, es decir, la historia de su vida. Eso es lo que hace el psiquiatra cuando se propone descubrir lo que no funciona en una persona y por qué está desconectada de su inconsciente. Los dioses acompañan a los gemelos a través de este pequeño psicodrama y les dirigen para que vuelvan a conectar con el dinamismo del camino de sus vidas.

Este ritual le fue transmitido, en territorio navajo, a Maud Oakes por un viejo hombre medicina llamado Jeff King, a comienzos de la II Guerra Mundial. Los Estados Unidos estaban reclutando a jóvenes navajos porque su idioma resultaba indescifrable para alemanes y japoneses, que no tenían hablantes navajos. Cada vez que un joven era reclutado, el anciano Jeff King llevaba a cabo este ritual para convertirlo en guerrero. El rito duraba tres días con sus correspondientes noches, durante los que, con ayuda de cantos y pinturas, se representaba toda la historia. Hay una serie de dieciocho maravillosas pinturas de arena que nos cuentan toda la historia. El objetivo era convertir a aquellos jóvenes pastores en guerreros, porque, para ser soldado, se requiere una mentalidad diferente a la que se precisa para vivir en el poblado.

Esto es algo que nosotros no hacemos, razón por la cual experimentamos muchas crisis nerviosas que son consecuencia de la escasa preparación de nuestra psique. Este es, pues, un mito que cumple con una función guerrera.

El viejo Jeff King, que actualmente descansa en el cementerio de Arlington, también colaboró como explorador con el ejército de los Estados Unidos en su lucha contra los apaches. Él conocía esa vieja ceremonia de guerra que rescató para los jóvenes reclutados para el conflicto bélico. De ese modo, les enseñó a utilizar el ritual para aplicarlo a las cuestiones prácticas de la vida.

¿En qué consistía la aventura para aquellos jóvenes navajos? Debían pasar de su vida en una comunidad a la acción como guerreros. Tenían que experimentar una transformación: ese era el umbral que, bajo la tutela de la junta de reclutamiento, debían atravesar.

La *Odisea* es una historia exactamente opuesta. La *Odisea* narra las peripecias de un guerrero que debe abandonar su estilo de vida bélico, volver a su casa y regresar al mundo típicamente femenino del hogar y el lecho.

Pocos mitos tenemos hoy que nos ayuden a realizar estas transiciones. Solo contamos, para ello, con restos de los viejos mitos o los indicios que nos proporciona el arte.

Hace poco he visto *La guerra de las galaxias*. George Lucas nos invitó a mi esposa Jean y a mí a su casa, en Marin County, para visionar sus películas, porque me dijo que estaban basadas en mis libros y en la noción del viaje del héroe. Y debo decir que, teniendo en cuenta que se trataba de la primera película que veía en los últimos treinta años, me quedé completamente fascinado.

Fue una experiencia surrealista. En la mañana del primer día, vimos *La guerra de las galaxias*; al mediodía, *El imperio contraataca* y, esa misma noche, *El retorno del Jedi*. Y efectivamente pude advertir en ellas, sin el menor asomo de duda, los temas sobre los que versan mis libros. Acabé convirtiéndome en un fan y un gran admirador de ese joven, que tiene la imaginación de un artista y la responsabilidad de transmitir a su público algo valioso. Y, teniendo a su disposición todas las galaxias para trabajar con ellas, cuenta con el mismo tipo de campo abierto que debieron tener los antiguos poetas. Cuando los argonautas griegos se internaron, por ejemplo, en el mar Negro, donde nadie había estado nunca, encontraron toda clase de monstruos y extraños personajes, como las amazonas, etcétera. Se trata de una extraordinaria pantalla en blanco para que en ella juegue la imaginación.

Mientras vi esas películas, me di cuenta, como Lucas me había contado, de su uso sistemático de los arquetipos mencionados en mis libros. En *El imperio contraataca*, por ejemplo, Luke Skywalker se enfrenta a quien él cree que es Darth Vader, la sombra del padre. Pero después de matar a esa figura ve que el rostro del robot humano es, en realidad, su propio rostro.

Asimismo, como ya he dicho, al final del *Retorno del Jedi*, encontramos el motivo explícito de la reconciliación con el padre, punto central en torno al cual gravita toda la serie. La serie es, de hecho, una obra dividida en tres actos: la llamada a la aventura, el camino plagado de pruebas y la prueba final, caracterizada por la reconciliación con el padre y el retorno a través del umbral.

Fue muy gratificante constatar que ese pequeño libro mío estaba surtiendo el efecto que yo pretendía, es decir, inspirar a un artista cuyo trabajo está teniendo una acogida mundial. *El héroe de las mil caras* se vio rechazado por un par de editores, el segundo de los cuales me preguntó: «Pero ¿a quién le va a interesar esto?». Bien, ahora ya podemos decir que conocemos la respuesta.

Los artistas son ayudantes mágicos. Evocando símbolos y motivos que, conectándonos con nuestro yo más profundo, pueden ayudarnos a atravesar el viaje heroico de nuestra vida.

Existe un juego muy popular entre críticos y estudiantes de literatura que consiste en debatir sobre las influencias de un determinado escritor, es decir, de quién toma sus ideas y su estilo. Cuando está metido en plena actividad creativa, el autor se halla inmerso en el ambiente de todo lo que ha experimentado en su vida: sus accidentes infantiles, todas las canciones que ha escuchado y todos los libros, poemas o panfletos que ha leído. Su imaginación creadora exprime todas estas cosas y les da forma.

Ahora bien, todos los mitos que hemos oído y resuenan en nosotros son los elementos con los cuales configuramos nuestra vida. Merece la pena que tratemos de entender la relación que mantienen dentro de nuestro contexto y no en un contexto ajeno (como, por ejemplo, el de las grandes praderas norteamericanas o las junglas asiáticas de hace siglos). Lo que nos interesa saber es de qué modo son relevantes ahora, a menos que la consideración de su antiguo significado ilumine nuestra comprensión del papel que desempeñan en nuestra vida.

El último obstáculo a superar en el ascenso de la serpiente *kuṇḍalinī* a lo largo de la espina dorsal (que debemos considerar también otro viaje del héroe), es el que conduce desde el sexto hasta el séptimo *chakra*, la barrera que separa al yo de su amado, el Señor del Universo, el dios que, pese a estar en el mundo, también lo trasciende. Pero ¿cuál es esta frontera por debajo de la cual todo es dos y más allá de la cual no hay ser ni no ser? Es nuestra vieja amiga *māyā*.

La palabra *māyā* procede de la raíz *mā*, que significa «construir o medir». *Māyā* tiene tres poderes. El primero se denomina el poder del oscurecimiento, porque ensombrece nuestra comprensión de la luz pura. El segundo se llama el poder de la proyección, que, del mismo modo que el prisma convierte la luz blanca en los colores del arco iris, transforma la luz pura en las mil formas del mundo fenoménico. Estos son los poderes que convierten el mundo trascendente en el mundo espacio-temporal en el que se mueven todas las cosas que conocemos.

Pero si pintamos los colores del arco iris en un disco y lo hacemos girar a toda velocidad, volverá a aparecer el blanco. Los colores de este mundo pueden conjugarse y disponerse de un modo tan artístico que nos permitan experimentar, a través de ellos, la verdadera luz. Esto es lo que se denomina poder revelador de *māyā* y con esa función cumple el arte. La misión del artista consiste en organizar los objetos del mundo de modo que, a través de ellos, podamos experimentar la luz, el fulgor que es la luz de nuestra conciencia, que, si bien oculta todas las cosas, también, adecuadamente contempladas, las revela.

El viaje del héroe es una de las pautas universales a través de las cuales ese fulgor resulta más esplendoroso. Para mí, la mejor vida sería la formada por sucesivos viajes del héroe que nos invocasen, una y otra vez, al mundo de la aventura y la búsqueda de nuevos horizontes. Cada vez se plantea el mismo problema: ¿me atreveré? Y cuando uno se atreve, aparecen los peligros…, y la ayuda y la consecución o el fracaso, porque esta es siempre una posibilidad.

Pero también existe la posibilidad de encontrar la felicidad.

Parte IV: Diálogos[1]

7. Diálogos

HOMBRE: Antes ha hablado usted de pirámides y de catedrales. ¿Cuáles son, en su opinión, los logros y los monumentos de nuestra época?

CAMPBELL: Uno de los más importantes ha sido, en mi opinión, el viaje a la Luna. Y, por supuesto, no es algo que podamos entender preguntando «¿Y qué valor económico tiene eso?». Si seguimos ese camino, la economía siempre gana, y pierde la aspiración..., con lo que desaparece también, al menos en lo que a mi respecta, toda diversión.

Creo que el mundo vive de ese tipo de locuras. Los aspectos económicos se solucionan solos a posteriori, podemos estar seguros de ello. Nuestras cocinas están llenas de productos que son fruto del programa espacial como, por ejemplo, esos metales en los que se cocina más fácilmente y se limpian sin dificultad. Pero lo que realmente importa, a mi entender, es el alcance de nuestra aspiración.

HOMBRE: ¿Qué piensa usted sobre el *Cristo de los Ozarks*? (*Risas*.) Esa cruz enorme con música y reflectores que proyectan sus luces sobre la colina.[1]

CAMPBELL: Bueno, si alguien quiere expresar de ese modo su entusiasmo (*risas*), me parece bien. Eso es lo que hacen los artistas que están identificados con una imagen arquetípica. Pero ¿qué significa eso? Una cosa es que san Pablo diga «Vivo, pero no soy yo, sino Cristo quien vive en mí» y otra muy distinta es poner a Cristo en lo alto de una montaña. Ese es un gran problema. ¿Qué haremos con Cristo cuando venga? ¿Integraremos esa imagen en nuestro ser y permitiremos que se convierta en la fuerza motriz de nuestra vida o la enarbolaremos y la convertiremos en un grito de guerra? Este es un problema muy serio.

MUJER: ¿Qué hace usted, señor Campbell? ¿Cuál es su imagen de Dios?

CAMPBELL: Me parece muy divertido tratar de responder a esa pregunta, ¿sabe? «¿Qué hace usted, señor Campbell?».

–Bueno, me dedico a leer y escribir sobre mitología.

–Oh, no es eso lo me interesa. He leído a Bullfinch y me parece muy interesante.

–Bien –le digo–. Mi interés por la mitología es algo más profundo que todo eso. ¿Cree usted en Dios?

–Bueno, sí.

–¿Y es hombre o mujer?

Alan Watts solía contar la historia del astronauta del *Apolo* que, al volver del espacio, fue preguntado por algún reportero sabelotodo si, en su viaje al cielo, había visto a Dios.

–Sí –respondió el astronauta–. ¡Y debo decir que es negra![2]

Así que le pregunto a mi interlocutor: «¿Qué piensa usted al respecto? ¿Es varón? ¿Está en las alturas, o en los abismos? ¿Hay alguien cerca de él? ¿Está completamente solo? ¿Es un poder racional? ¿Un poder moral? ¿Una afirmación? ¿Una negación? ¿Es perfecto? ¿Es consciente? ¿Es inconsciente? ¿Es un dios personal? ¿Es un poder impersonal? ¿Piensa en ello principalmente como si tuviese una forma femenina o como si tuviese una forma masculina?».

En el culto indio a la Śakti, la diosa es lo más importante, mientras que el aspecto central del culto masculino judío es Yavé. Podemos plantearnos todas esas preguntas. ¿Dónde encaja nuestra imagen de Dios?

Cuando Alan Watts me preguntó, en cierta ocasión, cuál era mi práctica espiritual, respondí: «Subrayar libros».

Todo depende de cuál sea nuestro enfoque.

Leo Frobenius describe un ritual maravilloso de los pigmeos, un pueblo cazador del Congo. Frobenius realizó cerca de veinte expediciones a África, a una de las cuales se unieron tres pigmeos, dos hombres y una mujer. Cuando, finalmente, la carne empezó a escasear, les dijo:

–¿Por qué no cazáis una gacela?

–¿Así? ¿De pronto? –respondieron, con una mirada indignada–. Antes deberíamos hacer algunos preparativos.

Y cuando les siguió para ver qué hacían, descubrió que subían a una pequeña colina en cuya cima había un calvero y, limpiándolo de maleza, esbozaron en él la silueta de una gacela. Luego esperaron toda la noche, y cuando, a la mañana siguiente, llegó el amanecer, uno de los dos hombrecillos se puso en pie y, apuntando con el arco y la flecha en la dirección en que estaba a punto de salir el sol, disparó la flecha a la imagen de la gacela dándole en el cuello, al tiempo que la mujer levantaba los brazos (es posible ver, en muchas pinturas rupestres neolíticas, la imagen de una mujer con los brazos alzados, mientras un hombre dispara una flecha). Luego descendieron de la colina y cazaron una gacela real disparándole una flecha en el cuello.

No era el hombre, dicho en otras palabras, el agente personal que hizo aquello, sino el poder de la vida, el poder del sol.

Así es como funcionan los ritos, todos los cuales tienen que ver con identificarse con algo que está ocurriendo. Existe una historia –que tal vez ya conozcan– sobre un samurái cuyo jefe había sido asesinado y que, como había hecho voto de absoluta fidelidad a su señor debía, en consecuencia, matar a quien había acabado con su vida. Después de afrontar innumerables dificultades, logra finalmente arrinconar a su adversario y, cuando estaba a punto de matarlo con su catana (la espada que es el símbolo de su honor), el tipo arrinconado se asusta y escupe furioso al samurái que, envainando la espada, se marcha. ¿Por qué lo hizo? Porque la acción de su adversario había logrado enfadarlo y, de haber matado a aquel hombre mientras era presa del enfado, habría arruinado la situación.

Esto es muy parecido al acto de cazar de los pigmeos. Se trata de una actitud mitológica en la que nuestra acción no es el fruto de nuestra existencia individual o personal, sino que actuamos como sacerdotes, por así decirlo, de un poder cósmico que opera a través de nosotros y que, en determinadas circunstancias, todos somos. El problema estriba en lograr el equilibrio sin perder, al mismo tiempo, nuestra personalidad.

HOMBRE: Usted habla de trascender la dualidad, de trascender el mundo de los opuestos. ¿Es eso posible en esta vida?

CAMPBELL: No hay experiencia humana que no exprese la dualidad ni oculte la unidad subyacente que hay detrás de ese dualismo. Bien podemos decir pues que el motivo mitológico fundamental es el de ayudarnos a experimentar lo que Jung denomina la *coniunctio oppositorum* o conjunción de los opuestos. Y eso es algo que puede suceder a través de la fusión o de la danza delicadamente equilibrada. El placer del baile en pareja estriba en la relación armónica y dinámica entre pares de opuestos.

Siempre que pienso en esto, me viene a la mente un partido de tenis. No es posible jugar al tenis sin una red que separe dos campos y sin aceptar la condición de quedarnos solo en un lado de la red. Y tenemos que asumir firmemente la condición de quedarnos de este lado, porque, en caso contrario, el juego también será imposible. Debemos reconocer, pues, nuestro carácter, el papel que desempeñamos en el juego, el lado de la red que nos ha tocado y permanecer ahí…, pero ello no significa que la persona que se encuentra del otro lado no tenga el mismo valor que nosotros. En esa oposición se basa precisamente el juego. ¿Entiende usted lo que digo?

Aunque los mitos parecen funcionar en un nivel muy diferente, nos centraremos ahora en la oposición entre Sigfrido y Fafnir, el motivo típico del dragón que, al cruzar el umbral, mata a un dragón. Aunque el dragón y él son opuestos, solo escucha el canto de las aves y entiende su significado después de haber probado la sangre del dragón y asimilado su carácter. No conectaremos con la fuerza natural que nos incluye a nosotros y a los demás mientras no aceptemos que lo que considerábamos ajeno y excluíamos forma parte integral de nosotros. Aunque todos llevamos el mismo potencial interno, somos de tal modo y no de cual otro debido a los accidentes de la vida (familia, sociedad y las mil tribulaciones y conmociones naturales que afectan a la condición humana). La psicología junguiana subraya el importante punto de que, para reconocer que el otro representa otra faceta de lo que somos y asimilar su potencial, no tenemos que identificarnos con él.

Las únicas mitologías manifiestamente dualistas son las que aparecieron en Oriente Medio después de Zoroastro. El zoroastrismo nos presenta la idea de un dios luminoso y de un dios oscuro que compiten entre sí y cuya lucha ha creado el mundo en el que ahora nos encontramos. Y tenemos que ponernos del lado del dios de la luz y en contra del dios de la oscuridad.

En otras tradiciones, esos dos poderes (la luz y la oscuridad o el bien y el mal) son los brazos derecho e izquierdo de un ser de seres que trasciende los pares de opuestos. Es posible encontrar vestigios de esto en la Biblia, en los libros compuestos antes de que el exilio babilónico pusiera a los judíos en contacto con las ideas zoroastrianas. En Isaías, el Señor dice: «Soy el que forma la luz y crea las tinieblas, el que causa bienestar y crea calamidades, yo soy el Señor, el que hace todo esto».[3] Así pues, hay un dios que trasciende la dualidad. Y podemos advertir, en su comportamiento, cosas que, de hacerlas un ser humano, sería considerado un malvado. En el Libro de Job, por ejemplo, Dios se comporta de un modo que, desde una perspectiva humana, clasificaríamos como cruel. En ciertos puntos que podríamos denominar el *mysterium tremendum et fascinans*, irrumpe una faceta terrible de lo divino que es, al mismo tiempo, fascinante y espantosa. Normalmente, Yavé es el dios de un orden moral en el que existen el bien y el mal. Pero cuando tratamos de entender su conducta con Job, nos damos cuenta de que su poder descansa más allá de la moral.

Solo tenemos que recordar que antes de que Adán y Eva mordiesen la manzana no sabían nada del bien y el mal. De hecho, el significado de lo que se denomina Caída consiste en el conocimiento de la diferencia existente entre el bien y el mal. Si queremos recuperar, pues, la condición de Adán y Eva anterior a la Caída, deberemos ir más allá del bien y el mal, sabiendo que esas son las formas en que opera, en el campo del espacio-tiempo, un principio transmoral.

Si, por otro lado, seguimos el impulso de afirmar nuestro

ego y sus valores y, creyendo estar más allá del bien y del mal, sin importar lo que les suceda a los demás, nos convertimos en personas peligrosas, en sociópatas. Pero si, por así decirlo, ya hemos sido domesticados y civilizados, de modo que nuestro principio motivador no es la violencia y la codicia, sino el amor, no podemos sino entender, como hizo Cristo, que la lluvia de Dios cae por igual sobre justos e injustos y que la luz divina alumbra del mismo modo a unos y a otros. Si queremos ser como nuestro Padre celestial –sea este quien sea–, debemos reconocer que lo que consideramos justo e injusto no son definiciones últimas de nuestros valores. Pero con ello no queremos decir que no tengamos que luchar y defender con ahínco nuestros valores, sino tan solo que esa es la mística de la guerra, en donde la gente lucha, mata y muere por sus valores sabiendo que, en ella, el otro también está justificado, por así decirlo, ante su Señor.

Eso es algo que encontramos en la tradición occidental y en las propias palabras de Cristo. Pero debemos tener bien presente que todas estas cosas profundas, todas estas cosas últimas, se traducen luego en términos prácticos y moralizantes –lo que se debe y no se debe hacer–, que son buenos para la sociedad y para la gente que acaba viéndose asumida por ella. Primero se nos presenta a la sociedad y luego nos vemos abducidos por la sabiduría de la vida, que, en mi opinión, va más allá de ella.

Adán estaba solo en el Jardín del Paraíso y se aburría; Dios estaba aburrido y todo el mundo estaba aburrido hasta que Dios extrajo, del costado de Adán, lo que Joyce denomina la «costilla consorte». Es la aparición de esa costilla lo que convierte el uno en dos y origina, con esa diada, la vida y el tiempo.

Por ello me inquietan ciertas cosas que advierto en los jóvenes a los que enseño, como, por ejemplo, la moda unisex, que consiste en que chicas y chicos llevan el mismo pelo, visten la misma ropa y hacen las mismas actividades. Eso diluye, en mi opinión, la tensión. Creo que es más interesante y beneficioso para la vida mantener la tensión que liberarla, porque la vitalidad se deriva de la tensión. La electricidad que transporta nuestra voz a través del cable telefónico es positiva y negativa; si no existiera esa oposición, no habría eco.

Lo más importante, sin embargo, no es la predominancia de lo masculino ni de lo femenino, lo importante es la *coniunctio oppositorum*, la conjunción de los opuestos.

¿Qué es, en un matrimonio por ejemplo, lo más importante? ¿Es el matrimonio, es Tom o es Jane? Si Tom piensa que es él y Jane piensa que es ella, no existe matrimonio. Pero si ambos, yendo más allá del sufrimiento generado por el antagonismo, pueden sostener la idea de que lo más precioso es el matrimonio, es decir, de que lo más maravilloso es aquello que descansa más allá del par de opuestos, habrán alcanzado un buen punto de partida.

Mi amigo Heinrich Zimmer solía pensar en la relación mujer-hombre como en una oposición o un conflicto creativo. El equilibrio reside, como en una partida de tenis, en la tensión. El partido de tenis me parece, en este sentido, una buena metáfora. La pelota va de un lado a otro y cada jugador se empeña en luchar hasta el final, de modo que es un buen juego. ¿Saben?, cuando estamos enojados y luchando, nos dejamos llevar, porque es imposible hacerlo bien si no nos olvidamos de que se trata de un juego, que hay un contrario y que, si queremos mantener nuestra posición, tenemos que luchar hasta el final. Pero eso no significa que, detrás de todo eso, no reconozcamos al otro.

El maestro zen Dōgen, el gran maestro de la secta Sōtō Zen, dijo que el reconocimiento de la dualidad no obstruye el conocimiento de la unidad. Subrayamos la dualidad, pero la dualidad no impide la comprensión de la unidad sino que enriquece, por el contrario, nuestra humanidad.

Esta es la naturaleza de las justas medievales: dos caballeros que se enfrentan sin dejar de reconocer que el otro es también un noble. El fanático no es sino la persona que ha perdido ese equilibrio y cree ser el único en estar en posesión de la verdad. V-E-R-D-A-D es el nombre de uno de los monstruos más feroces a los que tenemos que enfrentarnos.

MUJER: ¿Es posible leer mitológicamente la Biblia? ¿Pueden los símbolos de las tradiciones judía y cristiana ser interpretados como si trascendiesen el campo de los opuestos?

CAMPBELL: Hay algunos pasajes de la Biblia a los que podemos apelar para enriquecer nuestra vida. No tenemos que deshacernos de la Biblia, pero debemos releerla, porque las lecturas ortodoxas suelen ser demasiado literales y, en consecuencia, limitadas. En el caso que nos ocupa, tenemos dos mitologías contrarias que, apelando a los mismos símbolos, se autodefinen como hebrea y cristiana y cuya postura ortodoxa afirma la oposición entre el bien y el mal, entre Dios y el ser humano, como si se tratase de entidades separadas. Pero también podemos leer cada uno de los símbolos en términos de la trascendencia de opuestos, como sucede, por ejemplo, con las sectas gnóstica y cabalista que contemplan los mismos símbolos desde una perspectiva mucho más mística. Recordemos que el Señor dice a Isaías: «Soy el que forma la luz y crea las tinieblas, el que establece la paz y crea la adversidad», lo que sitúa al Señor por encima de los opuestos pasivos citados anteriormente y nos habla de una dimensión de Dios más amplia que aquella a la que suelen apuntar las tradiciones ortodoxas.

Esto es algo que queda más patente en el caso de Jesús, aunque no se ponga de relieve en la práctica habitual del cristianismo. Cuando Jesús dice, «Oísteis que fue dicho: "Amarás a tu prójimo y aborrecerás a tu enemigo". Mas yo os digo: "Amad a vuestros enemigos"».[4] Pero ¿qué significa esto de amar a nuestros enemigos? Supongamos que el enemigo representa todo aquello que, desde nuestro punto de vista, es reprobable. Supongamos que el enemigo es Hitler. ¿Seríamos capaces entonces de ese amor? ¿Y podríamos, en caso contrario, denominarnos cristianos?

Hitler sigue siendo nuestro enemigo debido a nuestro sistema como personas. Lo que nos han enseñado a considerar bueno y malo no se corresponde con lo que él defiende. Así pues, tenemos que defender lo que nosotros defendemos. Pero ¿podemos amarlo? Y el amor, en tal caso, nos coloca en una posición en la que podemos ver ambos lados de la pista de tenis, aunque solo juguemos desde uno de los lados de la red. ¿Entienden lo que digo? Desempeñamos la función de juez de silla, pero también debemos jugar en uno de los lados. Este es un problema muy interesante.

Cristo dice: «Amad a vuestros enemigos… para que seáis hijos de vuestro Padre que está en los cielos: que hace que su sol salga sobre malos y buenos y llueva sobre justos e injustos».[5] Cristo dijo esto casi como una revelación, una especie de realización en un sentido casi budista de unidad con toda la creación y con el Creador, mientras la ortodoxia trataba de sofocar la revelación. Jesús dijo: «Yo y mi Padre somos uno»,[6] y por ese motivo se vio crucificado porque, para la comunidad ortodoxa, Dios y el ser humano no son uno, aunque él dijera que lo son. Y el mismo destino le aguardó por idéntica razón a Al-Hallaj novecientos años más tarde.

Cuando la Iglesia trató posteriormente de formular esa situación, estableció el dogma de que Cristo es, a la vez, Dios verdadero y hombre verdadero. Pero no fue eso lo que él dijo, porque él siempre se consideró hijo del hombre. Y, sin embargo, él y el Padre son uno. Eso es lo que dice el libro.

MUJER: ¿Qué puede decirnos sobre la imagen de Frankenstein? Tengo un hijo de diez años que está fascinado con Frankenstein.

CAMPBELL: Son muchos los motivos mitológicos incluidos ahí, y el más importante de todos es la idea del homúnculo alquímico, una criatura creada artificialmente cuya representación más noble podemos rastrear hasta el *Fausto* de Goethe. En la primera escena de la segunda parte, Fausto está trabajando en su laboratorio, tratando de crear artificialmente en una redoma un hombrecillo (un homúnculo). Y este homúnculo simboliza el nacimiento del hombre nuevo, un parto virginal cuyo contenedor es el vientre virgen. Este hombre no ha sido creado por la naturaleza, sino por el arte, una disciplina y una técnica del espíritu más que del cuerpo.

Los alquimistas siempre tuvieron la sensación de que ayudaban a la naturaleza a sacar oro de un metal, pero el oro que les interesaba no era tanto material como espiritual. Y esta transformación espiritual que trataba de superar los defectos de la naturaleza no tenía final. La criatura jorobada que aparece en Frankenstein representa los errores y defectos de la naturaleza que creían haber superado.

Me pregunto cuántos de ustedes han leído *Erewhon* de Samuel Butler. Narra la historia de unas personas que inventaron una máquina, un autómata que les reemplazaría en el trabajo, tal como los dioses en la vieja tradición semítica crearon al hombre para que les cultivase el jardín. Hoy el ser humano ha creado máquinas que trabajan para él, pero del mismo modo que en las viejas historias el hombre se rebela contra los dioses, también las máquinas se rebelan contra la gente de Erewhon, y lo mismo sucede con la criatura del doctor Frankenstein, adecuadamente bautizada con el nombre de Adán.

Pero ¿por qué nos fascina esta historia? Creo que esta fascinación se debe a dos razones. La primera es que tenemos la esperanza de modelar un mundo nuevo, de abandonar el viejo mundo y alumbrar un mundo despojado de los defectos de las personas mayores de 30 años. Y la otra es que, en este mundo en el que subrayamos la belleza y la bondad y decimos que Dios es amor, también sabemos que existe otro lado y que lo omitido y reprimido es algo que siempre nos fascina, porque nuestro espíritu busca el equilibrio.

Jung señala que los Evangelios solo hablan de una cosa y que esa cosa es el amor. Pero cuando leemos a san Pablo, solo nos encontramos con el terrible destino que aguarda a los pecadores. Y lo mismo sucede en el Antiguo Testamento. Leemos que los Salmos alaban al Señor, y nos encontramos con Josué, y otros, que se complacen en la destrucción que va a tener lugar, jubilosos ante la perspectiva de que, primero Nínive y Jericó, y luego una ciudad tras otra, acaben completamente arrasadas. Esto es algo que da que pensar.

Hombre: En la novela de Mary Shelley, el monstruo no es un ser espantoso, sino una criatura hermosa. Pero cuando los estudios Metro-Goldwyn-Mayer produjeron la película, decidieron, por alguna razón, que había que odiar a este ser, de modo que lo hicieron feo. Era una criatura hermosa, pero había algo en el ser humano que le hacía mostrar su otro lado.

MUJER: Y tampoco es adecuado que el ser humano cree vida...

CAMPBELL: Solo Dios puede crear un árbol o, como alguien dijo: «solo Dios puede crear una cucaracha».

MUJER: ¿Puede hablarnos del viaje del héroe desde el punto de vista de la mujer? ¿Es el suyo un viaje igual al del hombre?

CAMPBELL: Las grandes mitologías y la mayoría de las narraciones mitológicas del mundo están hechas desde la perspectiva masculina. Cuando escribía *El héroe de las mil caras* y me propuse recopilar información sobre mujeres heroínas, me vi obligado a recurrir a los cuentos de hadas. Estos, como todos ustedes saben, eran narrados por las mujeres a sus hijos y encierran una visión diferente. Fueron los hombres los que se dedicaron a desarrollar la mayoría de los grandes mitos. Las mujeres estaban demasiado ocupadas; tenían demasiadas cosas que hacer para sentarse en corro a contar historias.

MUJER: No tengo ningún problema para identificarme con todos los aspectos del héroe. Uno de los procesos que más me han servido para conectar con mi ánimus han sido las ferias medievales. Estaba muy interesada en los caballeros y en la sensación de ser el caballero, y también en las espadas del tarot y cuál era su significado. Así que me compré un puñal y, durante un tiempo, lo llevé conmigo y, por la noche, lo blandía, lo colocaba sobre mi falda y entraba en contacto con su energía masculina.

CAMPBELL: En Nueva York, la habrían arrestado. (*Risas*.)

MUJER: Debo decir que fueron muchas las personas que no lo entendían. (*Risas*.) Incluso llegue a entrar en el servicio de los hombres para comunicarme con mi ánimus. Entré en uno de los retretes y cerré la puerta; podía ver pies de los hombres y, si exceptuamos que eran un poco más grandes, no parecían muy diferentes de los de las mujeres.

HOMBRE: ¿A dónde apuntaban?

MUJER: ¿El qué? ¿Los puñales? (*Risas*.) He estado jugando mentalmente durante bastante tiempo con los arquetipos mitológicos y soy capaz de identificarme tanto con el príncipe y el rey como con la princesa. Mi proceso consiste ahora en establecer contacto con la diosa y el aspecto femenino, Isis y Artemisa y hasta Kālī Ma, la madre devoradora.

CAMPBELL: Bueno, su historia es doble. Primero descubrió el poder masculino representado por el puñal, pero, al actuar así, se distanció, del aspecto femenino. Y ahora emprende el camino de regreso para integrar ese descubrimiento en su faceta femenina.

MUJER: Al principio me parecía raro y la mayoría de la gente no me entendía, supongo, pero llegué a amar de verdad ese puñal y la funda en que lo envainaba. Luego empecé a meditar en las cartas del tarot y, aunque podía relacionarme bien con el rey, acabé descubriendo a la reina de espadas, que, como ya saben, aunque es una mujer, constituye un maravilloso arquetipo de poder.[7] Al cabo de un tiempo llegué a tener toda una colección de barajas del tarot. Cogía doce reinas de espadas diferentes y simplemente las miraba una y otra vez, sosteniendo mi condenado puñal mientras miraba las cartas hasta interiorizar esa sensación de poder.

CAMPBELL: Este me parece un ejemplo perfecto de la relación existente entre la mujer y el ánimus. Y tal como yo veo esa diferencia, si un hombre descubriese el lugar del puñal –es decir, el instrumento de su pleno poder–, no tendría problema alguno en descubrir, en su interior, lo femenino. No tendría problemas para descubrir a la mujer en su interior, porque, comparativamente hablando, el factor femenino es muy ligero en el cuerpo y en la vida del varón. ¿Entiende lo que le digo? Los hombres se hallan a mayor distancia de su cuerpo que las mujeres. Todo es, pues, cuestión de proporción.

Mi esposa Jean nunca ha tenido problema alguno en identificarse con el héroe masculino, porque, como usted acaba de decir, el varón representa el agente del poder femenino dirigido hacia un cierto tipo concreto de funcionamiento.

A diferencia, sin embargo, de lo que sucede automáticamente con el cuerpo de la mujer, la llamada de la naturaleza es mucho menor en el cuerpo masculino. Cuando estaba en mi veintena, vivía con mi hermana Alice en Woodstock (Nueva York). Mi hermana era escultora y también lo eran sus amigos, de modo que conviví con muchas artistas. Y entonces me di cuenta de que, en la medida en que se aproximaban a la treintena, se veían inevitablemente asediadas –incluida mi hermana– por la cuestión del matrimonio. Era como si se apoderaba de ellas un mantra que las llevara a casarse, tener hijos y ese tipo de cosas, para divorciarse luego y que todo acabara en un completo desastre. Y el arte también se veía afectado, porque el arte es una empresa que requiere jornada completa. Y, de algún modo, los hombres no atraviesan esa fase. En eso precisamente consiste el asunto. Usted encontró un puñal, pero mi hermana descubrió la maza y el cincel. Y entonces se produjo la llamada de la hembra. Y, cuando la hembra llama al varón, lo que él hace es responder y casarse, un terreno en el que la mujer se desenvuelve de forma natural. ¿Se entiende lo que quiero decir? Este es uno de los aspectos del viaje de la mujer, es decir, que debe llevar una carga natural mucho más pesada.

Recuerdo haber leído un texto jainista relacionado con el yoga. El yoga jainista es muy radical y persigue anular completamente la naturaleza, un estado de completo aislamiento de las exigencias del cuerpo, al que ellos llaman *kaivalyam*. Y ahí es también a donde pretende conducir el vegetarianismo, eliminando el asesinato y dejando de alimentarse de cadáveres. Nada de matar, nada de eso, pero uno está matándose a sí mismo, está matando el deseo de vivir. El objetivo consiste en morir justo en el momento en que uno se ha liberado de todo deseo de vivir, sin resentimiento ni nada parecido. Este tipo de yoga no es recomendable para las mujeres, porque hay demasiada vida en sus cuerpos. Eso es lo que me llamó la atención: hay demasiadas cosas que son una llamada de la vida; el cuerpo entero dice: «Me has rechazado». Sin embargo, el hombre no tiene ese problema, al menos no en la misma medida.

En efecto, las mujeres pueden seguir el viaje del héroe, pero sienten otras llamadas y deben establecer otra relación, en mi opinión, con el campo de la naturaleza, del cual son una manifestación.

MUJER: Otra experiencia que me ha ayudado mucho ha sido mi relación con el chamanismo. Las culturas chamánicas, como usted ha dicho, no establecen diferencia alguna entre varón y hembra, y no se atribuye importancia al hecho de que el chamán sea hombre o mujer. El chamán es simplemente la persona que escucha y sigue esa llamada. Esto es algo que me parece muy interesante.

Pero hay una cosa en la que estoy en desacuerdo con usted, porque percibo que hay una parte tradicional, una parte personal, que parece considerar que la mujer es diferente al hombre, y yo no estoy muy segura de ello.

CAMPBELL: Yo diría que existen dos formas de experimentar, eso es todo.

Me gustaría ser una mujer, aunque solo fuesen diez minutos, para conocer cuál es la diferencia.

Me costó mucho tiempo hacerme a la idea de contraer matrimonio, básicamente porque sabía que casarme interferiría en mis lecturas. (*Risas*.) Eso es cierto. Pero también había otra razón. Cada vez que me comprometía con una joven, sentía una carga aplastante que hacía que la vida se tornase pesada. Esa pesadez, esa sensación acababa convirtiendo las más pequeñas molestias en algo condenadamente importante. Yo simplemente me alimentaba e iba de un lado a otro y, de pronto, conocía a otra joven y sentía el mismo peso. ¡Uf! ¡Ya está de nuevo aquí!

HOMBRE: Bueno, las mujeres implican hogar, hijos y todas la cosas que acompañan a ese viaje. No tiene por qué ser así, pero parece que...

MUJER: ¡Pero la perspectiva de la mujer es exactamente la misma! (*Risas*.) ¡Yo siento exactamente lo mismo sobre los hombres! (*Risas*.) ¡Y soy yo la que tiene que quedarse en casa! (*Risas*.) Me las arreglo sola y me siento ligera y libre.

CAMPBELL: Mi sentimiento era que siempre querían divertirse, algo que a mí no me interesaba en absoluto. (*Risas*.)

MUJER: Bien, eso es cierto. Lo aceptaré.

MUJER: Querían divertirse y eran pesadas.

CAMPBELL: Por ello precisamente necesitan divertirse. (*Risas*.) Bien, parece que hemos llegado a cierto consenso sobre la diferencia existente entre mujeres y hombres. ¿Estamos de acuerdo en este punto?

MUJER: Creo que las mujeres no estarían de acuerdo con su idea de que el matrimonio suponía para usted una carga. Yo me digo: «Dios mío, ¿estas hijas tan hermosas e inteligentes se casarán con un hombre y, en lugar de actualizar todo su potencial, acabarán fregando platos? ¿Se pasarán la vida lavando calcetines, fregando platos y barriendo la casa?».

CAMPBELL: Bueno, mi hermana y sus amigas no se dedicaban precisamente a lavar los platos, sino a esculpir y cosas por el estilo. Pero entonces sus cuerpos dijeron: «¡Oh! Me falta algo». Si sus hijas no quieren lavar platos, déjelas que cincelen algo, y veamos hasta dónde pueden llegar con eso.

MUJER: Pero también está la llamada del cuerpo. Tengo una amiga, algo mayor que yo, muy exitosa y con un potencial muy elevado, que me ha dicho: «El reloj biológico no se detiene. ¿Debería tener un hijo? ¿Podré tener un hijo?».

CAMPBELL: Es inevitable.

HOMBRE: Es cuestión de cumplir nuestro destino biológico o nuestro destino humano.

CAMPBELL: No, esas me parecen palabras demasiado grandes. (*Risas*.)

HOMBRE: ¿Cómo lo diría usted entonces?

CAMPBELL: El destino vocacional.

MUJER: Pero ¿es posible tener ambos? ¿Es posible que una mujer sea madre y, al mismo tiempo, se sienta realizada? ¿Y es posible que un hombre sea padre y un caballero aventurero?

CAMPBELL: Oh, sí. Claro que sí. No estoy diciendo que este asunto nunca se haya resuelto. Lo que afirmo es que la desazón característica que hace que el logro real del objetivo sea diferente, para hombres y mujeres, es la fuerza y el peso de la llamada del cuerpo de la mujer para tener hijos y todo lo que ello conlleva. El hombre puede vivir sin eso.

El ejemplo extremo de alejamiento de la vida y del mundo de los hombres nos lo proporciona el Monte Athos, el monasterio griego en el que no se permite la entrada a ninguna mujer. Y las mujeres que, en los monasterios de la Edad Media, podían atravesar la puerta, no podían ir mucho más allá, porque el hermano portero tenía la orden explícita de no dejarlas entrar mucho más.

La llamada del cuerpo, la llamada de la naturaleza, es muy importante en la vida de las mujeres, pero también los hombres la experimentan. En *Finnegans Wake*, Joyce asume la postura hindú según la cual la mujer es el principio de la energía vital, mientras que el hombre, podríamos decir, simplemente quiere estar solo. Pero cuando ella pasa delante de él, el hombre se activa; ella es, pues, la activadora.

Es interesante señalar que, en el norte, en los sistemas europeos y chinos, siempre escuchamos hablar del yin y el yang, y ese tipo de cosas. El hombre es el aspecto activo y agresivo, mientras que la mujer es el aspecto receptivo y pasivo. Pero no ocurría lo mismo en la India, en donde los valores estaban sencillamente invertidos. El hombre está psicológicamente interesado en otras cosas, y cuando el campo del poder pasa a su lado, como escribe Joyce: «Badbuciendo zin padad zobde ezto, aqueyo y lo de máz ayá, eya dice: "Vaya vida que tuvimos en el ultimo eón. ¡Tengamos otro eón...! ¿No sería maravilloso empezar de nuevo el mundo?" "Bueno sí –piensa el hombre–. Sí que lo sería"».[8]

Así es como el varón acaba viéndose atrapado por el campo de acción. En la India, el principio femenino se denomina *śakti* y se representa por el poder de la serpiente ascendiendo por la columna vertebral, que es el flujo de la energía en todos sus aspectos. Ahora bien, la gran celebración de la diosa en la India es el Durgā Pujā, un festival que dura unas tres semanas. Durgā es uno de sus aspectos, la diosa de dieciocho brazos con espadas. Por ello, cuando usted coge su puñal, está jugando con Durgā. *Pujā* significa «ceremonia».

La imagen principal proviene de un mito llamado *Devī Mahātmya*. En esta historia, un yogui con cabeza de búfalo supera, gracias a su poderosa concentración, a todos los dioses. Ninguno de los dioses puede derrocar a este monstruoso yogui. De modo que se reúnen en círculo y, después de devolver sus energías al lugar de donde proceden, aparece una gran nube negra. Por ello Durgā posee dieciocho brazos y porta en cada mano un emblema perteneciente a cada uno de los dioses. Así pues, lo que representa el poder masculino es tan solo una definición y modulación concreta de la energía femenina. Ella es la fuente de la energía y el hombre solo representa su concreción en una y otra dirección.

Por ello me parece mucho más fácil que la mujer se identifique con el varón que este, identificado como está con su mentira, con su forma particular de abstracción, si lo quieren, con la esfera de la acción, vuelva a la cosa general. Eso fue lo que hizo el Buddha, un acto heroico de primera magnitud, que se asemeja más a una disolución.

En el caso de la mujer, se trata más bien de una cuestión de concreción, de moverse en la dirección contraria. ¿Entienden lo que les digo? Ella está llevando a su Sí-mismo hasta cierto punto.

HOMBRE: Creo que, en lo que respecta al viaje del héroe, el hombre trata de descubrir, con mucha frecuencia, cuál es su relación con la vida, con la vida en el sentido más amplio del término, con la experiencia apoteósica, por ejemplo, de «yo soy eso». En cierto modo no es tan difícil ver a una mujer, si no tiene hijos, en el viaje del héroe. Cuando usted ha preguntado «¿Cuál es el viaje heroico de las mujeres?», he pensado en las mujeres que conozco o en las mujeres en la historia, casi como una biografía, de modo que podemos ver si la vida de algunas de estas grandes mujeres se atiene al viaje del héroe y, probablemente, en términos de...

MUJER: No es lo mismo. Ese no es el viaje.

HOMBRE: ¿Cómo?

MUJER: Usted puede tener una mujer de gran éxito. Simplemente es una mujer que trabaja de manera concreta y sofisticada en este mundo. Pero no por ello ha emprendido el viaje o, al menos, no es eso lo que vemos. Este es un viaje que conduce a las profundidades de la psique y en cuya ausencia uno solo vive a medias, independientemente de que se trate de un hombre o de una mujer. Quiero decir que toda la dimensión mitológica permanece, en tal caso, bloqueada. Y esto no tiene nada que ver con los logros alcanzados en el mundo concreto.

HOMBRE: Bien, ahora no se me ocurre nada, pero si toma a una mujer que, por ejemplo, tiene tanto éxito en el mundo externo como en su acceso al mundo mitológico, seis de cada diez de nosotros diríamos «¡Bravo! ¡Ese sí que es un viaje heroico!». Creo que la diferencia reside en el hecho de tener hijos –que, como yo no voy a tener nunca, esto no es más que una conjetura–, porque es una forma de vincular el nacimiento a la vida eterna. El cuerpo de la mujer está instalado y retirado, de algún modo, en la vida eterna, y eso es algo que el varón jamás experimentará y que modifica la naturaleza del viaje. Los hombres tienen que salir a buscar todas estas cosas. Tienen que atravesar todas esas pruebas, tienen que sumergirse en lagunas y superar todo tipo de dificultades, mientras que las mujeres solo tienen que estar atentas. Creo que esa es la parte que cambia y que en eso, precisamente, difiere el viaje femenino.

Campbell: Como ustedes saben, dediqué 38 años de mi vida a la enseñanza de las mujeres y fue un tipo muy cercano de enseñanza, casi tutorial, de modo que conocía muy bien a mis alumnas. Con el tiempo, una tras otra se casaron y lo hicieron con maridos interesados en mundos muy diferentes. Y debo decir que nunca vi que tuviesen ningún problema en convertirse en consejeras en el campo de acción de sus maridos. Este es, en mi opinión, el correlato de la diosa de dieciocho brazos. No es realmente problemático para la mujer, si la situación lo requiere, asumir el papel masculino. Solo tiene que concretar, para ello, un poder que le sea propio.

La cosa es completamente diferente en el caso de los hombres, porque nosotros no tenemos ese fundamento femenino desde el que movernos a otro factor. El nuestro es un problema psicológico muy diferente. Tomemos, por ejemplo, el ejercicio de identificarse con el puñal; para mí resultaría muy difícil identificarme con algún símbolo de la vida femenina que tuviese que ver con el nacimiento de los hijos. Me refiero claro está, como usted ha dicho, a que los hombres no podemos parir. No estamos tan directamente unidos a ese sistema de energía de la vida. Nosotros estamos ubicados en el campo de una función o acción concreta.

Y esto es algo que también podemos ver en las primeras manifestaciones artísticas. En el arte rupestre del Cromañón y las figurillas de Venus, la mujer simplemente es una figura desnuda erguida. Ella es la totalidad, mientras que las figuras masculinas desempeñan papeles concretos como cazador, chamán, etcétera. Y eso es algo que recuerda a la imagen de la gran diosa de dieciocho brazos. Ella es el fundamento que porta, en sus dieciocho brazos, el símbolo de uno de los dioses, abarcándolos a todos.

Mujer: Me pregunto, Joseph, si la resistencia innata de las mujeres no puede acabar relegándonos al estado de camello de carga.

Campbell: En *Así habló Zaratustra*, Nietzsche habla de tres estadios diferentes de la vida: el estadio del camello, que lleva la carga a través del desierto, el cual se transforma en un león que mata al dragón (nuestro viejo amigo «deberías») y acaba convirtiéndose en el niño independiente.[9]

Mujer: Me pregunto si no es probable que, debido a su capacidad de soportar, la mujer se quede atrapada en el estadio del camello, mientras que la incapacidad de esperar del varón y su impulso a actuar le llevan a matar de inmediato al dragón y puede quedar así atrapado en ese estadio. Creo que las mujeres que no siguen avanzando y se quedan en el estadio del camello son las que pueden quedar sometidas a la terrible enantiodromía de la que usted hablaba.

CAMPBELL: Después de escucharlas hablar durante un par de días, entiendo que la experiencia característica de la mujer es tener que aguantar algo y que esa tolerancia, esa capacidad de resistencia, sea el primer requisito.

El hombre solo tiene que soportar momentos puntuales de gran dolor, lucha y dificultad. A ello es a lo que debe enfrentase durante los ritos de iniciación en los que simplemente debe resistir lejos de toda mirada. Este es un tema que siempre me ha interesado mucho. George Catlin, que vivió con los indios mandanes en la década de los 1830, hizo centenares de pinturas de nativos.[10] Una de las series –de entre las más interesantes de una serie ya de por sí memorable– tenía que ver con la iniciación de los jóvenes, en la que eran colgados del techo con ganchos que les atravesaban el pecho. Uno de los jóvenes le dijo: «Nuestras mujeres sufren y nosotros también debemos aprender a sufrir». El sufrimiento forma parte de la naturaleza femenina, mientras que el hombre debe aprender a sufrir. Esa es una gran diferencia.

MUJER: En determinado momento, la mujer debe poner límite al sufrimiento y regresar con esa energía, mientras que el hombre debe aprender a resistir.

CAMPBELL: El hombre ha de ir al encuentro del problema. He hablado de la iniciación, en esas sociedades, de niños y niñas. Eso es algo que a la mujer le sucede naturalmente. Cuando tiene la primera menstruación, ya es una mujer.[11] No hay experiencia comparable en el caso del hombre.

MUJER: A excepción de los ritos.

CAMPBELL: Por ello los ritos son tan violentos, para que dejen de ser niños pequeños y se independicen también de la madre. Deben liberarse de la identificación con la madre.

MUJER: Pero eso es algo que, en nuestra sociedad, no sucede. Mi hermano vivió en casa hasta cumplir los veinticuatro años y nunca ha llegado a independizarse realmente de nuestra madre.

CAMPBELL: Bien, sé que hay muchos casos así, pero también hay otros que se independizan. Y hay madres que lo entienden y les ayudan a independizarse. Pero, en nuestra cultura, una madre apegada es un peso terrible en la vida de un joven.

En las culturas primitivas y tradicionales, madres e hijos se hallan netamente separados. El otro día leía sobre un rito hindú celebrado en Bengala. Ahora bien, esta es la condición extrema de la mujer-camello que debe obedecer a su padre hasta el momento del matrimonio y luego pasa a obedecer al marido hasta que este se retira al bosque o fallece, y entonces, si no se arroja a la pira funeraria en la que arde su esposo, se verá obligada a hacer lo que le diga su primogénito. El asunto es que ella nunca manda sobre sí y la única conexión emocional que establece a lo largo de su vida es con sus hijos. También existe un ritual, que se despliega a lo largo de los años, para permitir que el hijo se vaya. El gurú o sacerdote familiar, le pide a la madre que le entregue alguna cosa preciosa. Empiezan con las joyas, luego pasan a la comida, etcétera. Ella debe aprender a desprenderse de lo que valora. Y, al final, llega un día en el que el niño deja de ser un niño y se convierte en un hombre, aunque, en ese momento, ella ya ha aprendido a soltar la cosa más preciosa de su vida. Ese es precisamente el rito de iniciación que deben atravesar las mujeres, aprender a soltar.

Pero para que el hombre descubra su campo de acción, tiene que verse sistemáticamente separado del mundo materno y conducido a un mundo de hombres. Las chicas, por su parte, se ven desbordadas, y su iniciación consiste, en buena medida, en permanecer sentadas en una pequeña choza durante su primera menstruación, reconociendo que ya son mujeres, eso es todo. El chico tiene que esforzarse en ser un hombre, mientras que la chica debe aceptar que ya es mujer. Y el siguiente paso consiste en darse cuenta, en la mayoría de sociedades, de que está preñada y va a ser madre.

MUJER: Y camello.

CAMPBELL: No necesariamente. Ella no es un camello, sino que ese es su campo de acción. Puede llevar a cabo todo el proceso sin salirse de ese campo, como el hombre lo hace en el suyo.

MUJER: Lo ideal sería que se produjese una transformación que permitiese a la mujer seguir explorando su potencial junto a la maternidad, el matrimonio o lo que ella elija.

CAMPBELL: Pero mantener a una familia pertenece a ese tipo de tareas; no hay trabajo en el mundo sin ese tipo de quehaceres.

MUJER: Estoy completamente de acuerdo.

CAMPBELL: Aburrido, muy aburrido. ¿Cuál es entonces el problema?

MUJER: Usted ha subrayado repetidamente este punto en sus conferencias: resulta difícil desarrollar una tarea creativa o espiritual si estamos distraídos.

CAMPBELL: Tener hijos era, en el pasado, un trabajo creativo.

MUJER: ¿Sabe? Yo no creo que el viaje del héroe tenga nada que ver con fregar platos o asistir a una sala de juntas, un campo de batalla o una biblioteca. Creo que este es un viaje psicológico y que, independientemente de lo que hagamos, puede ser muy creativo. Si hemos respondido a las preguntas psicológicas de nuestro interior e integrado el reino mítico, todo cobra vida. Todo lo que uno hace asume entonces una faceta creativa. Pero no creo que eso tenga mucho que ver con lavar platos.

Yo creo que el viaje es psicológico y que, en ese sentido, no hay tanta diferencia entre el viaje del hombre y el de la mujer. Sé que me identifico bastante con el viaje tal y como usted lo ha descrito y que el hecho de emprenderlo ha enriquecido toda mi vida. Poco me importaría, si no lo hubiese emprendido, lo que pudiera llegar a ser, porque estaría despojado de alegría interior. Para mí, ha supuesto descubrir un fundamento en lo eterno y aprender a ver que el mundo se convierte en metáfora y me permite ver las cosas de manera diferente.

CAMPBELL: Cuando enseñaba a esas jóvenes, no pensaba en convertirlas en filólogas ni en historiadoras. ¿Por qué les enseñaba entonces este tipo de cosas? Hay muchas formas de utilizar este material. Lo que yo creía es que la mayoría acabarían casándose, teniendo hijos y dedicándose a sus labores cotidianas, algo que no era muy diferentes a mi trabajo cotidiano de enseñanza, que, pasados los primeros momentos de excitación, debo decirle que tampoco es especialmente divertido. (*Risas*.) Creía que fundarían una familia, y que llegaría un momento, a eso de los 50 años aproximadamente, en que su familia empezaría a irse, como les sucede a esas pobres mujeres de Bengala, y que ellas se quedarían ahí.

Mi intención era pues la de proporcionarles un método espiritual que les permitiese leer el mundo en términos de la segunda mitad del viaje de su vida…, y así fue. Pero de eso hace ya mucho tiempo. He visto a muchas de estas mujeres veinte, treinta o cuarenta años después y lo que unánimemente escucho es que lo que entonces aprendieron les ha servido y ahora alimenta ese aspecto de su vida.

Usted también tiene este problema: su trabajo le ha exigido mucho. Lavar los platos puede resultar muy agotador y usted está en una edad en la que piensa que debe haber algo más en la vida. Ese es el problema, es decir, que piensa eso, ¿no lo ve así?

Pero el otro aspecto del asunto es que cualquiera que se case va a tener este problema, porque, independientemente de que sea hombre o mujer, el grupo familiar dependerá entonces de él. Pero si quiere disfrutar, como hice yo, del vuelo de esa águila del espíritu sin responsabilidad, entonces debería saber de antemano que no tiene que casarse. En el caso de la mujer, puede que lo sepa hace mucho y no se case, pero cuando llega a la treintena, la mayoría de las veces, a pesar de todo, quiere casarse.

MUJER: Pero, se case o no, tendrá que lavar los platos.

CAMPBELL: Por supuesto. La vida siempre implica algún tipo de servidumbre.

MUJER: Lo que quiero decir es que algunas personas consideran eso trabajo sucio, pero me gusta pensar en ello como hace el zen, es decir, que hay ciertas cosas que tenemos que hacer. Si queremos comer verduras, primero tendremos que lavarlas.

CAMPBELL: Sí, pero en el caso del zen el mismo hecho de lavar los platos se convierte en una meditación. No es una tarea sencilla, sino un acto vital que no tiene que ver con lo que usted acaba de describir.

Hay veces en que, entre las actividades del héroe, el trabajo pesado ocupa su lugar. La cuestión consiste en no quedarse atrapado en la tarea, sino en utilizarla para liberarse.

La aventura siempre es imprudente y entraña un grado de temeridad. Y eso se aplica incluso a las cosas sencillas que hacemos como, por ejemplo, reescribir un libro. Existe una carta muy interesante, en este sentido, del poeta alemán Schiller, dirigida a un joven que estaba aquejado de lo que se llama bloqueo del escritor,[12] que no es sino la negativa a seguir la vocación literaria. Schiller le dijo: «Su problema es que el factor crítico impide que el factor lírico tenga la oportunidad de expresarse». En literatura, pasamos nuestra juventud estudiando a Shakespeare y Milton, alabando su genio y criticándolos en algunos casos. Luego empezamos a escribir nuestros pequeños y lastimosos poemas y pensamos: «¡Oh, Dios mío, basta!».

Cuando escribo, pienso en el mundo académico. Sé lo que piensan, y la verdad es que no piensan lo mismo que yo. Solo tengo que decir: «Aquí me tenéis, chicos. Ya podéis dejar caer sobre mí la guillotina. Nada impedirá que os transmita mi mensaje». En tales casos, siento como si tuviese que atravesar unas Simplégades que están a punto de cerrarse, pero consigo llegar al otro lado antes de que se apodere de mí ese pensamiento. Es el mismo extraño sentimiento de mantener –tanto en un sentido real como intelectual– la puerta abierta para que salga este pensamiento. Ahora bien, este es precisamente el modo de hacerlo. No piensen en el lado negativo. Siempre pueden aparecer aspectos negativos, y eso es como lavar los platos, ¿saben? Tenemos que mantener la puerta abierta para hacer algo que no hayamos hecho antes. Para hacer lo que debemos, es preciso mantener en suspenso cualquier tipo de crítica. Estoy seguro de que esa es una experiencia que, en algún momento, todo el mundo tiene. En la escritura, por ejemplo, uno la tiene de continuo, en cierto modo, al escribir cada frase.

MUJER: Porque cualquier otra cosa sería una influencia externa.

CAMPBELL: Cualquier cosa. Eso mata al dragón. Algunas veces el dragón viene llevando consigo un lápiz rojo y otras viene hablando rápidamente y dejando ruidosamente en el fregadero un montón de platos sucios. (*Risas.*)

Esta me parece una imagen muy hermosa, un dragón con el cuerpo de un lavaplatos.

MUJER: En cierto modo, entonces, usted dice que el héroe no puede responder a la llamada porque tiene una tarea que hacer en casa. Y a la mujer le sucede exactamente lo mismo, pero su deber sería, por ejemplo, el de fregar los platos, mientras que el del hombre podría ser el de cuidar de ella, traer el alimento a casa, etcétera.

CAMPBELL: En el momento en que alcanzó el *nirvāṇa*, el Buddha tuvo que vencer tres tentaciones. Kāma, el señor del Deseo, puso ante él tres hermosas muchachas llamadas Deseo, Satisfacción y Arrepentimiento. El Buddha había dejado de identificarse con su ego y se identificaba con el Yo Universal, con la conciencia, que también estaba en ellas. Así pues, no se sintió conmovido, es decir, que se mantuvo en ese punto inmóvil. Entonces Kāma se transformó, girando sobre sí, en Māra, el Señor del Miedo, que lanzó contra el Buddha todo un ejército espantoso completamente armado. Pero el Buddha había dejado de ser una persona y, por ello, no tenía miedo. Estaba identificado con todo lo que sucedía, tanto con los pequeños fenómenos insignificantes como con las espadas y lanzas que no le podían afectar. Entonces apareció la tercera tentación. Esa es a la que usted acaba de referirse, es decir, el *dharma* o deber. «¡Joven hombre sentado bajo este árbol, eres un príncipe! ¿Por qué no estás gobernando a tus súbditos? ¿Por qué no te sientas en el trono que te pertenece?». Pero eso tampoco conmovió al Buddha, que se limitó a tocar la tierra con sus dedos. De ese modo puso a la tierra, a la naturaleza misma, como testigo de que había cumplido con sus obligaciones y se hallaba en el lugar en que debía estar.

Mujer: Correcto, uno debe empezar ganando dinero o lavando los platos.

Campbell: Sí, él había realizado esas tareas y ahora era libre. ¿Recuerdan cuando hablábamos del *kuṇḍalinī*? Los *chakras* de la pelvis son los del apego a la vida, la generación y del éxito, es decir, los *chakras* primero, segundo y tercero, que son los que compartimos con los animales. Por su parte, el *chakra* del corazón es el del despertar y la apertura a la dimensión espiritual; todo lo que hay por debajo es una metáfora del misterio. Llegados a ese punto, sin embargo, esos poderes se espiritualizan. La misma acción de las cosas pertenecientes a los tres primeros *chakras* se convierte en la realización de los tres *chakras* superiores, es decir, el quinto, el sexto y el séptimo.

Cuando lo sabemos desde lo más profundo del corazón es cuando introducimos el factor del amor. Mientras los platos sean meros platos, estaremos simplemente atrapados en nuestra tarea. Pero cuando amamos los platos y pensamos cuál es su significado para nuestra vida (y nos damos cuenta de su contribución a nuestra familia, el sustento y lo demás), todo se transforma en metáfora y somos libres. Toda la idea del Bodhisattva se basa en que no podemos percibir en la acción diferencia aparente alguna entre esclavitud y liberación. Dos personas realizan el mismo acto, y una es esclava y la otra libre. El ejemplo extremo, obviamente, serían los trabajos forzados que se imponen a la gente encerrada en una prisión. Pero hay historias de santos que aun ahí han encontrado lo trascendente.

Cuando llevamos a cabo las tareas simples de la vida porque son un factor o una función de la vida que amamos y elegimos, no resultan tan agobiantes.

MUJER: Me siento como Psique aquí sentada, desgranando guisantes o judías, tratando de tamizar lo que se ha dicho y cuáles podrían ser las implicaciones para el viaje de una heroína.

CAMPBELL: Sí.

MUJER: Y se me ocurre que quizás, en nuestro caso, se trate de un viaje que tenga lugar en el tiempo, mientras que el del héroe tiene lugar en el espacio. Es más cuestión de aguantar, de persistir, de no intervenir, de seguir y perseverar, de profundizar cada vez un poco más y de conseguir aclarar las cosas cada vez un poco más. El campo de acción del hombre se dirige más bien hacia al exterior, hacia lo que usted ha denominado el Bosque de la Aventura. El héroe, por lo general, es un joven implicado en un viaje heroico. Habitualmente, no es un hombre de mediana edad, ¿no es cierto?

CAMPBELL: Así es. Suele ser un joven.

MUJER: Correcto.

CAMPBELL: En La *Odisea*, podemos distinguir tres tipos de viaje. El primero de ellos es el de Telémaco, el hijo que marcha a la búsqueda de su padre. El segundo es del padre, Ulises, relacionándose y reconciliándose con el principio femenino en el sentido de la relación hembra-varón, en lugar del dominio masculino sobre la hembra, que es el tema central de la *Ilíada*. Y la tercera parte tiene que ver con Penélope, cuyo viaje es exactamente el que describe usted. Eso es algo que podemos contemplar en Nantucket, con todas esas casas de campo con terrazas en el techo desde las que las mujeres esperaban a que sus maridos volviesen del mar. Dos viajes diferentes, uno a través de espacio y el otro a través del tiempo.

MUJER: Usted ha señalado algo que puede ser muy interesante, que el viaje del héroe suele tener que ver con un joven, mientras que el viaje de la heroína empieza tal vez en la madurez, una vez que ha dejado de criar a los hijos y de lavar platos.

MUJER: ¿Y qué puede decirnos sobre las mujeres que no tienen hijos?

CAMPBELL: Bien, mi esposa no tiene hijos. Ella es bailarina y coreógrafa. Jean trabajó con Martha Graham, que también es bailarina. Ahora tiene noventa años edad, pero todavía está activa, todavía es una artista. La calamidad se desató para Martha cuando no pudo seguir ejerciendo su arte, porque ya no pudo seguir empleando su cuerpo, que era su herramienta fundamental. Cuando ya no pudo seguir, atravesó una terrible crisis psicológica. Jean, por su parte, tuvo la idea de que la danza era una parte de su vida, de modo que ahora que ya no le resulta posible bailar, porque su cuerpo es incapaz de ello, puede aceptar perfectamente la situación. Lo más importante, en su caso, nunca fue su arte, sino su vida.

MUJER: ¿Así que ella ha tenido su propio viaje del héroe?

CAMPBELL: Ella ha tenido lo que podríamos llamar una carrera elegante.

MUJER: ¿Y cómo se relaciona ella con eso? ¿Piensa en su carrera como en el viaje del héroe o, en su caso, como el viaje de una heroína?

CAMPBELL: Digamos que la mitología la ha ayudado un poco… y que también ha contado con un marido dispuesto a ayudarla a que eso fuera posible.

Notas

Prólogo del editor

1. Véase págs. 216-217

Introducción

1. La mayor parte de la Introducción procede de parte de una conferencia impartida por Campbell en 1981 (L965 en los archivos de la Fundación Joseph Campbell). Por su parte, el debate en torno a la idea de "Pathways to bliss", Caminos al "bliss", tu felicidad, se ha extraído de una sesión de preguntas y respuestas de una conferencia impartida el 23 de abril de 1983 y titulada «The Experience de Mystery» (L830).

2. Karlfried Graf Dürckheim (1896-1988) era un aristócrata que formó parte del cuerpo diplomático alemán en Japón. Su exposición al budismo zen y el taoísmo en Extremo Oriente abrió su pensamiento a nuevos horizontes. Cuando regresó a Europa, siguió un camino intelectual paralelo, en muchos sentidos, al de Joseph Campbell, explorando el campo de los mitos comparados y sus corolarios en la práctica espiritual y la psicología profunda junguiana. Fundó, junto a Maria Hippius, que acabó convirtiéndose en su esposa, un centro dedicado a la psicología espiritual.

   Carl Gustav Jung (1875-1961) fue uno de los grandes innovadores de la psicología del siglo xx. Para más detalles sobre su biografía y trabajo, véanse los capítulos «El mito y el Sí-mismo» y «El mito personal».

   Erich Neumann (1905-1960) fue psicólogo y discípulo de Jung. Ambos exploraron las conexiones existentes entre la mitología y la psicología.

3. Para una discusión más profunda sobre las teorías de Joyce relativas al arte propio y el arte impropio, véase Joseph Campbell, *The Reaches Inner of Outer Space: Metaphor as Myth and as Religion* (New World Library: Novato, California, 2002), págs. 90-91 y sig.

4. Lao-tzu, *Tao-te Ching*, trad. Gai-Fu Fung y Jane English (Vintage Books: Nueva York, 1997), pág. 1.

5. Waldemar Bogoras, «The Chuckche, Material Culture», *Memoirs of the American Museum of Natural History*, Vol. II, Parte I (G.E. Stechert and Co.: Nueva York, s.f.).

6. Gareth Hill et al., *The Shaman from Elko: Festshrift for Joseph L. Henderson, M.D.* (The Jung Society of San Francisco: San Francisco, 1978).

7. Alberto M. de Agostini, *I miei viaggi nella Terra del Fuoco* (Cartografia Flli. de Agostini: Turín, 1923).

8. Para más detalles sobre el viaje de Campbell a la India y Extremo Oriente, véase Joseph Campbell, Baksheesh & Brahman: Asian Journals-India, Robin y Stephen Larsen y Antony Van Couvering, eds. (New World Library: Novato, California, 2002) y *Sake & Satori: Asian Journals-Japan*, David Kudler, ed. (New World Library: Novato, California, 2002).

9. James Joyce, *Finnegans Wake* (Penguin Books: Nueva York, 1982), pág. 230.

10. Pablo, Epístola a los Gálatas, 2, 20.

11. Esta doctrina procede de la secta no dualista Advaita Vedanta, fundada por Śaṅkara, *circa* 800 d.C.

12. El amigo era John Moffitt, Jr., al que Campbell conoció en el centro Ramakrishna-Vivekananda de Nueva York. Ambos ayudaron a Swami Nikhilananda a traducir textos para la misión. Campbell editó la traducción de Nikhilananda de las *Upaniṣads*, mientras que Moffitt ayudó a traducir *El evangelio de Sri Ramakrishna* y *Autoconocimiento de Śaṅkara*. Moffitt fue uno de los pocos occidentales que tomó los votos de un *sannyasin* de Ramakrishna, en 1959, con el nombre de Swami Atmaghananda.

Moffitt escribió un libro detallando sus experiencias como hombre santo perteneciente a dos tradiciones: *Journey to Gorakhpur: An Encounter*

with Christ beyond Christianity (Holt, Rinehart and Winston: Nueva York, 1972).
Véase, para más información sobre Swami Nikhilananda y la Vedanta Society, Joseph Campbell, *Baksheesh & Brahman: Asian Journals-India, passim.*

1. La necesidad de los ritos

1. Este capítulo procede, en su mayor parte, de una conferencia impartida el 9 de mayo de 1968 en el Amherst College y titulada «The Necessity of Myth» (L196), una grabación que se encuentra en *Joseph Campbell Audio Collection*, Vol. IV: *Man and Myth.* Otra sección de este capítulo procede de una conferencia impartida el 17 de abril de 1969 en la Universidad de Vermont, titulada también «The Necessity of Myth» (L250).

2. Arthur Schopenhauer, «On the Sufferings on the World», en *Studies in Pessimism: A Series of Essays*, trad. T. Bailey Saunders, M.A. (Swan, Sonnenschein & Co.: Londres, 1892). Encontrado en http://etext.library. adelaide.au/s/schopenhauer/arthur/pessimis/chapter1.html.

3. Sir Baldwin Spencer, *Native Tribes of Central Australia* (Dover Publications: Nueva York, 1968).

2. El mito a través del tiempo

1. Este capítulo se basa fundamentalmente en una conferencia titulada «Man and Myth», que Campbell impartió el 16 de octubre de 1972 en la universidad canadiense Loyola de Montreal (L435). Una grabación de audio ha sido publicada como parte de *The Joseph Campbell Audio Collection*, Vol. IV: *The Man and Myth.* Una monografía, titulada igualmente *The Man and Myth* y basada tanto en esta conferencia como en un seminario titulado «Imagination and Relation to Enquiry Teologal» (L436), se vio publicada por el Departamento de Estudios Teologales de la Loyola de Montreal (Montreal: Editions Desclée & Cie/Les Editions Bellarmin, 1973).

2. La primera parte de este capítulo procede de L250. Véase nota 1 del Capítulo 1.

3. Angelus Silesius, *The Angelic Verses: From the Book of Angelus Silesius*, Frederick Franck, ed. (Beacon Point Press: Boston, 2000).

4. Steven Fanning, *Mystics of the Christian Tradition* (Routledge: Nueva York, 2001), pág. 103.

5. La exploración de esta idea sirve de tema central de los libros de Joseph Campbell: *Thou Art That: Transforming Religious Metaphor*, Eugene Kennedy, ed. (New World Library: Novato, California, 2001) y *The Reaches Inner of Outer Space: Metaphor as Myth and as Religion*.

6. Esta declaración –cuyo carácter controvertido Campbell no hubiese dudado en admitir– evidencia una cuestión que ocuparía buena parte de sus estudios posteriores. Todavía está vigente el debate, entre los científicos sociales, sobre si estas civilizaciones se desarrollaron globalmente a través de la difusión (como Campbell postula), la convergencia o el paralelismo. Véase Campbell, *The Historical Atlas of World Mythology*, Vol. 2, Parte 1 (Alfred van der Marck Editions: Nueva York, 1988), págs. 20 y sig., y Campbell, «Mythogenesis», *The Flight of the Wild Gander* (New World Library: Novato, California, 2002), passim.

7. Levítico, 17, 6.

8. Génesis 1, 26.

9. Minnehaha, de hecho, es un personaje de un mito de los sioux Dakota más que una leyenda de los pies negros. Su historia alcanzó celebridad por el poema de Longfellow «El canto de Hiawatha», que Campbell y la mayoría de los estadounidenses de su generación conocían bien. El tono del comentario evidencia que, en este caso, está utilizando el nombre irónicamente.

10. Leo Frobenius, *Paideuma* (Frankfurt am Main: Frankfurter societät-druckerei, 1928).

11. Los lectores interesados en profundizar en este punto, pueden ver Campbell, *Thou Art That*, págs. 15, 66, págs. 111-112.

12. Libro de Josué, 1; 5.

13. Génesis 3; 19.

14. Santo Tomás de Aquino, *Summa contra gentiles*, Libro 1, Capítulo 3.

15. *Chāndogya Upaniṣad*, Capítulo 12.

16. La exploración de esta idea constituye la tesis central del libro de Joseph Campbell, *Myths of Light: Eastern Metaphors of the Eternal*, David Kudler, ed. (New World Library: Novato, California, 2003).

3. La sociedad y el símbolo

1. Este capítulo se basa fundamentalmente en una conferencia titulada «Overview of Western Psychology: Freud y Jung», que Campbell impartió, en 1962, en el Foreign Service Institute (L47); en otras dos conferencias tituladas «Living Your Personal Myth», impartidas por Campbell el 17 de noviembre de 1972 en el Analytical Psychiatrists' Club of Nueva York (L441) y el 3 de mayo de 1973, en la Universidad de Arkansas, Fayetteville (L483) y en un encuentro de una semana de duración, titulado también «Living Your Personal Myth», que Campbell dirigió en el Instituto Esalen, en Big Sur, California, del 16 al 20 de marzo de 1973 (L468-L472).

4. El mito y el Sí-mismo

1. Este capítulo y el siguiente están basados en L441, L468-L472, y L483. Véase nota 1 del Capítulo 3.
2. Campbell se refiere a las diferencias aculturales percibidas entre ambos géneros. Para una exploración más profunda de sus ideas sobre las diferencias de género, véanse págs. 268-294
3. Evangelio según san Mateo, 7; 1.
4. Este es un epigrama escrito por el estudiante de Oxford y posteriormente autor satírico, Tom Brown, *circa* 1680. Supuestamente fue escrito como parte de un castigo impuesto por el decano de la Universidad de Brown, el doctor John Fell, y es la traducción de un epigrama del poeta romano Marcial: *Non amo te, Sabidi, nec possum dicere quare; / Hoc tantum posso dicere, non amo te.* Esto ilustra que la proyección de la sombra lleva con nosotros mucho, mucho tiempo.
5. Primera carta de san Pablo a los Corintios, 13, 7.
6. Thomas Mann, *Tonio Kröger*, David Luke, trad. (Bantam Modern Classics: Nueva York, 1990).

7. Thomas Mann, «Little Herr Friedmann», *Death in Venice and Other Tales*, Joachim Neugroschel, trad. (Penguin: Londres, 1998).

5. El mito personal

1. C.G. Jung, *The Portable Jung*, ed. Joseph Campbell (Viking: Nueva York, 1971), pág. xxi.
2. *The Portable Jung*, págs. xxi-xxii.
3. *The Inner Reaches of Outer Space: Myth as Metaphor and as Religion*.
4. Evangelio según San Mateo, 10, 39.
5. «En un cuaderno de *La crítica*, cita Croce la definición que un italiano da del latoso como "el que nos priva de la soledad sin proporcionarnos compañía".» José Ortega y Gasset, *Obras completas* (Talleres Gráficos: Madrid, 1957), pág. 378.
6. Para más información acerca del *kuṇḍalinī yoga* y la sílaba sagrada aum, véase Joseph Campbell, *Myths of Light: Eastern Metaphors of the Eternal*, págs. 27-38; *The Inner Reaches of the Outer Space*, págs. 36-37, págs, 71-72; y *The Mythic Image* (Princeton University Press: Princeton, N.J. 1981), págs. 331-87.
7. Henry Adams, *Mont-Saint-Michel and Chartres* (Penguin: Nueva York, 1986).
8. Para un debate más profundo sobre este concepto, véase Joseph Campbell, *Mythic Worlds, Modern Words: Joseph Campbell on the Art of James Joyce*, Edmund L. Epstein, PhD, ed. (New World Library: Novato, California, 2004), págs. 19-25.
9. Esta es la traducción libre, realizada por Campbell, de un pasaje de Dante Alighieri, *Vita nuova*, Capítulo 2. El pasaje italiano completo es como sigue:

In quello punto dico veracemente che lo spirito de la vita, lo quale dimora ne la secretissima camera de lo cuore, cominciò a tremare sì fortemente, che apparia ne li menimi polsi orribilmente; e tremando disse queste parole: «ecce deus fortior me, qui veniens dominabitur michi». In quello punto lo spirito animale, lo quale dimora ne l'alta camera ne la quale tutti li spiriti sensitivi portano le loro percezioni, si cominciò a maravigliare molto, e parlando spezialmente a li spiriti del viso, sì disse queste parole: «apparuit iam beatitudo vestra». In quello punto lo spirito naturale, lo quale dimora in quella parte ove si ministra lo nutrimento nostro, cominciò a piangere, e piangendo disse queste parole: «Heu miser, quia frequenter impeditus ero deinceps!».

10. *Bhairavānanda* es uno de los epítetos de Śiva. También es el título con el que se conoce a los iniciados en ciertas sectas tántricas.

11. Immanuel Kant, *Prolegomena zu einer jeden künftigen Metaphysik, die als Wissenschaft wird auftreten können*, par. 36-38.

6. El Sí-mismo del héroe

1. Las siguientes secciones se basan principalmente en una parte de un encuentro de dos días de duración titulado «Explorations», que Campbell dirigió en el Instituto Esalen, en Big Sur (California), del 16 de noviembre al 20 de marzo de 1973 (L1183-L1185).

2. Los párrafos inaugurales de este capítulo han sido extraídos de L472. Véase nota 1 del Capítulo 3.

3. Arthur Schopenhauer, «Über anscheinende Absichtlichkeit im Schicksale des Einzelnen» (Leipzig: Ed. Frauenstaedt, 1851). Campbell leyó este ensayo en el original. El título que da es su traducción del alemán. La traducción inglesa del ensayo aparece en E.F.J. Payne, ed., Six Long Philosophical Essays, Vol. 1, *Parerga and Paralipomena* (Clarendon Press: Oxford, 2000) pág. 199 y sig.

4. Joseph Campbell, *Myths to Live By* (Penguin: Nueva York, 1983).

5. Joseph Campbell, *The Hero with a Thousand Faces* (Princeton University: Princeton, N.J., 2004, ed. centenario).

6. Joseph Campbell, *The Historical Atlas of World Mythology*, Vol. 1, *The Way of the Animal Powers* (Alfred van der Marck Editions: Nueva York, 1983).

7. T.S. Eliot, «The Hollow Men», *The Waste Land and Other Poems* (Signet: Nueva York, 1998).

8. Este encuentro se recoge en el diario publicado por Campbell de su viaje a la India, *Baksheesh & Brahman: Asian Journals-India*, págs. 277-78.

9. Debemos destacar que el último trabajo completado por Jung fue una exploración del simbolismo del *hieros gamos* en los campos de la mitología y de la alquimia: *Mysterium Coniunctionis*, 2ª ed., Vol. 14, *The Collected Works of C.G. Jung* (Princeton University Press: Princeton, N.J., 1977).

10. Joseph Campbell y Henry Morton Robinson, *A Skeleton Key to Finnegans Wake* (San Francisco: Harcourt Brace Jovanovich, 1988).

11. Para una lectura de este artículo y su continuación, «Skin of Teeth Part II?», así como para conocer las reflexiones de Campbell sobre las novelas de James Joyce, véase Campbell, *Mythic Worlds, Modern Words*.

Parte IV

1. Las preguntas y respuestas de esta parte proceden de las conferencias de las cuales se ha extraído gran parte de este libro.

7. Diálogos

1. *El Cristo de los Ozarks* es una gran estatua de Cristo con los brazos abiertos que se yergue en Magnetic Mountain, cerca de Eureka Springs (Arkansas). De veinte metros y medio de altura y cerca de quinientas toneladas, la estatua fue construida a requerimiento de Gerald. L.K. Smith, que yace sepultado en la base. Véase Michael Barkhun, *Religions and the Racist Right: The Origins of the Christian Identity Movement*, rev. ed. (University of North Carolina Press: Chapel Hill, N.C., 1966).

2. Alan Watts, «Images of God», *The Tao of Philosophy*, ed. audio (Electronic University Publishing: San Anselmo, California, 1995).

3. Libro de Isaías, 45, 7.

4. Evangelio según Mateo, 5, 43-44.

5. Evangelio según Mateo, 5: 44-45.

6. Evangelio según Juan, 10, 30.

7. Para una exploración profunda del simbolismo arquetípico de las cartas del tarot, véase Joseph Campbell, *The Hero's Journey: Joseph Campbell on His Life and Work* (New World Library: Novato, California, 2003), págs. 179-83. Véase también Richard Roberts, T*arot Revelations* (Vernal

Equinox Press: Fairfax, California, 1987), una exploración junguiana del tarot Waite-Rider con prefacio de Joseph Campbell.

8. Ella es Anna Livia Plurabelle, y él, Henry Chimpden Earwicker, personajes de James Joyce, Finnegans Wake, pág. 23.

9. Friedrich Nietzsche, *Thus Spoke Zarathustra: A Book for All and None*, Walter Kaufmann, trad. (Modern Library: Nueva York, 1995), págs. 25-28.

10. George Catlin (1796-1872) fue un pintor que estudió, pintó y convivió con los pueblos del Alto Missouri durante la década de 1830.

11. Véase Joseph Campbell, *The Masks of God*, Vol. I: Primitive Mithology (Penguin USA: Nueva York, 1991), pág. 372.

12. Friedrich Schiller (1759-1805), gran poeta alemán, crítico y dramaturgo. Es más conocido como el autor de la obra *Don Carlos y María Estuardo* y «Oda a la alegría», a la que Ludwig von Beethoven puso música en su *Novena sinfonía*.

Bibliografía de Joseph Campbell

Los siguientes son los principales libros escritos o editados por Joseph Campbell. Cada entrada incluye los datos bibliográficos relativos a la primera edición. Para más información concerniente a otras ediciones, remitimos a los lectores a la bibliografía audiovisual del sitio web de la Fundación Joseph Campbell (www.jcf.org).

Como autor

Where the Two Came to Their Father: A Navaho War Ceremonial Given by Jeff King. Bollingen Series I. Con Maud Oakes y Jeff King. Richmond, Virginia: Old Dominion Foundation, 1943.

A Skeleton Key to Finnegans Wake. Con Henry Morton Robinson. Nueva York: Harcourt, Brace & Co, 1944.

The Hero with a Thousand Faces. Bollingen Series xvii. Nueva York: Pantheon Books, 1949. [Versión en castellano: *El héroe de las mil caras: psicoanálisis del mito*. México D.F.: Fondo de Cultura Económica, 1959. (Madrid: FCE de España, 2005).]

The Masks of God, 4 vols. Nueva York: Viking Press, 1959-1968. Vol. 1, *Primitive Mythology*, 1959; Vol. 2, *Oriental Mythology*,

1962; Vol. 3, *Occidental Mythology*, 1964; Vol. 4, *Creative Mythology*, 1968. [Versión en castelano: *Las máscaras de Dios*, 4 vols. Madrid: Alianza Editorial, 1991-1992. Vol. 1 *Mitología primitiva;* Vol. 2 *Mitología oriental;* Vol. 3 *Mitología occidental;* Vol. 4 *Mitología creativa*.]

The Flight of the Wild Gander: Explorations in the Mythological Dimension. Nueva York: Viking Press, 1969.* [Versión en castellano: *El vuelo del ganso salvaje: exploraciones en la dimensión mitológica*. Barcelona: Editorial Kairós, 1998.]

Myths to Live By. Nueva York: Viking Press, 1972. [Versión en castellano: *Los mitos: su impacto en el mundo actual*. Barcelona: Editorial Kairós, 1994.]

The Mythic Image. Bollingen Series C. Princeton, N.J.: Princeton University Press, 1974. [Versión en castellano:*Imagen del mito*. Girona: Ediciones Atalanta, 2013.]

The Inner Reaches of Outer Space: Metaphor as Myth and as Religion. Nueva York: Alfred van der Marck Editions, 1986.* [Versión en castellano: *Los alcances interiores del espacio exterior: la metáfora cómo mito y religión*. Girona: Ediciones Atalanta, 2013.]

The Historical Atlas of World Mythology: Vol. 1, *The Way of the Animal Powers*. Nueva York: Alfred van der Marck Editions, 1983. Reimpreso en dos tomos: Tomo 1: *Mythologies of the Primitive Hunters and Gatherers*. Nueva York: Alfred van der Marck Editions, 1988; Tomo 2: *Mythologies of the Great Hunt*. Nueva York: Alfred van der Marck Editions, 1988. Vol. 2, *The Way of the Seeded Earth*, 3 tomos. Tomo 1: *The Sacrifice*. Nueva York: Alfred van der Marck Editions, 1988; Tomo 2: *Mythologies of*

---

the Primitive Planters: The Northern Americas. Nueva York:
Harper & Row Perennial Library, 1989; Tomo 3: *Mythologies
of the Primitive Planters: The Middle and Southern Americas.*
Nueva York: Harper & Row Perennial Library, 1989.

The Power of Myth. Con Bill Moyers. Ed. Betty Sue Flowers, Nueva
York: Doubleday, 1988. [Versión en castellano: *El poder del
mito.* Buenos Aires: Emecé Editores, 1991.]

Transformations of Myth through Time. Nueva York: Harper & Row,
1990. [Versión en castellano: *Los mitos en el tiempo.* Barcelona:
Emecé Editores, 2002.]

The Hero's Journey: Joseph Campbell on His Life and Work. Ed.
Phil Cousineau, Nueva York: Harper & Row, 1990.*

Reflections on the Art of Living: A Joseph Campbell Companion. Ed.
Diane K. Osbon, Nueva York: HarperCollins, 1991. [Versión
en castellano: *Reflexiones sobre la vida.* Buenos Aires: Emecé
Editores, 1995.]

Mythic Worlds, Modern Words: On the Art of James Joyce. Ed. Edmund L. Epstein. Nueva York: HarperCollins, 1993.*

Baksheesh & Brahman: Asian Journals-India. Eds. Robin Larsen,
Stephen Larsen y Antony Van Couvering. Nueva York: HarperCollins, 1995.*

The Mythic Dimension: Selected Essays 1959-1987. Ed. Antony Van
Couvering. Nueva York: HarperCollins, 1997.

Thou Art That: Transforming Religious Metaphor. Ed. Eugene Ken-
ned. Novato, California: New World Library, 2001.* [Versión
en castellano: *Tu eres eso: las metáforas religiosas y su interpretación.* Buenos Aires: Emecé Editores, 2002.]

Sake & Satori: Asian Journals-Japan. Ed. David Kudler. Novato,
California, New World Library, 2002.*

Myths of Light: Eastern Metaphors of the Eternal. Ed. David Kudler. Novato, California: New World Library, 2003.* [Versión en

castellano: *Mitos de la luz: metáforas orientales de lo eterno*.
Buenos Aires: Editorial Marea, 2004.]

Pathways to Bliss: Mythology and Personal Transformation. Ed.
David Kudler. Novato, California: New World Library, 2004.
[Versión en castellano: *En busca de la felicidad: mitología y transformación personal*. Barcelona: Editorial Kairós, 2014.]

COMO EDITOR

Libros editados y completados de las obras póstumas de Heinrich Zimmer:

Myths and Symbols in Indian Art and Civilization. Bollingen Series VI. Nueva York: Pantheon, 1946. [Versión en castellano: *Mitos y símbolos de la India*. Madrid: Ediciones Siruela, 1995.]

The King and the Corpse: Tales of the Soul's Conquest of Evil. Bollingen Series XI. Nueva York: Pantheon, 1948. [Versiones en castellano: *El rey y el cadáver: cuentos psicológicos sobre la conquista del mal*. Buenos Aires: Ediciones Marymar, 1977. *El rey y el cadáver: cuentos, mitos y leyendas sobre la recuperación de la integridad humana*. Barcelona: Ediciones Paidós Ibérica, 1999.]

Philosophies of India. Bollingen Serie XXVI. Nueva York: Pantheon, 1951. [Versiones en castellano: *Filosofías de la India*. Buenos Aires: Editorial Eudeba, 1953. *Filosofías de la India*. Madrid: Editorial Sexto Piso, 2010]

The Art of Indian Asia. Bollingen Series XXXIX, 2 vols. Nueva York: Pantheon, 1955.

The Portable Arabian Nights. Nueva York: Viking Press, 1951.

Papers from the Eranos Yearbooks. Bollingen Series XXX, 6 vols. Editado por R.F.C. Hull y Olga Froebe-Kapteyn, traducido por

Ralph Manheim. Princeton, N.J.: Princeton University Press, 1954, 1969.

Myth, Dreams and Religion: Eleven Visions of Connection. Nueva York: E.P. Dutton, 1970. [Versión en castellano: *Mitos, sueños y religión.* Barcelona: Editorial Kairós, 1997.]

The Portable Jung. C.G. Jung. Traducido por R.F.C. Hull. Nueva York: Viking Press, 1971.

Índice

Sobre el autor

Hace cien años, el 26 de marzo de 1904, nació Joseph John Campbell en White Plains. Joe, como llegaría a ser conocido, fue el primogénito de Josephine y Charles, una pareja católico-romana de clase media.

Los primeros años de la vida de Joe transcurrieron sin nada digno de mención, pero cuando cumplió los siete años, su padre los llevó a él y su hermano Charlie a ver el espectáculo del Salvaje Oeste de Búfalo Bill. Ese acontecimiento supuso un punto de inflexión en la vida de Joe, porque si bien era obvio que los vaqueros solo eran estrellas del espectáculo, como escribiría posteriormente, «quedé fascinado, prendido y obsesionado por las figuras de los indios americanos desnudos con la oreja puesta en el suelo, el arco y las flechas en la mano y aquel conocimiento especial que brillaba en sus ojos».

Fue el filósofo Arthur Schopenhauer, cuyos escritos influirían con el tiempo de un modo tan decisivo en Campbell, el que observó que

las experiencias y comprensiones de la infancia y la primera juventud se convierten en los tipos, estándares y pautas, en la vida
posterior, de todo conocimiento y experiencia subsecuente o, por
así decirlo, de las categorías en función de las cuales se verán
posteriormente clasificadas, no siempre de manera consciente,
todas las cosas. De ese modo, durante los primeros años de la
infancia se establecen los cimientos de nuestra visión posterior del
mundo y, con ella, de nuestra profundidad o superficialidad, que
se verán desplegadas y completadas en años posteriores, aunque
sin cambiar en lo esencial.

Y eso fue precisamente lo que le ocurrió a Joseph Campbell.
Aun cuando practicase activamente la fe de sus antepasados
(hasta bien entrada la veintena), se sintió profundamente atraído
por la cultura nativa americana. Es muy posible que su imagen
del mundo se viese modelada por la tensión dinámica existente
entre esas dos visiones mitológicas. Por un lado, se sumergió en
los rituales, símbolos y tradiciones de su rica herencia católica
irlandesa y, por el otro, estaba obsesionado con la experiencia
directa de los pueblos primitivos (o, como más tarde decidió
llamarles, «primordiales») y que describió como «el continuo
despliegue creativo y dinámico de un *mysterium tremendum
et fascinans* absolutamente trascendente y universalmente inmanente que es, al mismo tiempo, el fundamento de todo este
espectáculo y de uno mismo».[*]

---

[*] Campbell, *The Historical Atlas of World Mythology*, Vol. 1, Parte 1, pág. 8.

A la edad de diez años, Joe había leído todos los libros sobre los indios americanos que había en la sección infantil de su biblioteca local y fue admitido en la sección de adultos, en donde leyó todos los volúmenes del *Reports of the Bureau of American Ethnology*. Confeccionó cinturones de conchas y creó su propia «tribu» (los lenni-lenape) al tiempo que frecuentaba el Museo Americano de Historia Natural, en donde quedó fascinado por los tótems y las máscaras, empezando así una exploración de la vasta colección de ese museo en la que invertiría toda su vida.

Después de dedicar la mayor parte de su decimotercer año a recuperarse de una enfermedad pulmonar, Joe asistió durante un corto periodo a Iona, un colegio privado en Westchester (Nueva York), antes de que su madre lo matriculase en Canterbury, una escuela residencial católica ubicada en New Milford (Connecticut). Aunque sus años de escuela secundaria fueron enriquecedores y gratificantes, estuvieron marcados, sin embargo, por una gran tragedia. En 1919, el hogar de los Campbell se vio consumido por un incendio que destruyó todas las posesiones familiares y en el que murió su abuela.

Joe se graduó en Canterbury en el año 1921 y, al llegar septiembre, ingresó en el Dartmouth College. Sin embargo, no tardó en verse desilusionado por la escena social y decepcionado por la falta de rigor académico, de modo que se trasladó a la Universidad de Columbia, en donde se convirtió en un alumno destacado. Al tiempo que se especializaba en literatura medieval y tocaba en una orquesta de jazz, también se convirtió en un corredor estrella. En 1924, mientras viajaba a Europa en un buque de vapor con su familia, conoció y entabló amistad con Jiddu Krishnamurti, el joven mesías elegido por la Sociedad Teosófica, una amistad que se vería intermitentemente renovada a lo largo de los siguientes cinco años.

Después de obtener su licenciatura en Columbia (1925) y doctorarse (1927) con un trabajo sobre estudios artúricos, le fue concedida una beca de viaje Proudfit para proseguir sus estudios en la Universidad de París (1927-1928). Posteriormente, tras recibir y rechazar una oferta para enseñar en su escuela secundaria, renovó su beca y viajó a Alemania para continuar sus estudios en la Universidad de Múnich (1928-1929).

Fue durante este periodo en Europa cuando Joe conectó con la obra de los grandes maestros modernos, en especial el escultor Antoine Bourdelle, Pablo Picasso, Paul Klee, James Joyce, Thomas Mann, Sigmund Freud y Carl Gustav Jung, cuyo arte y comprensiones influirían tan poderosamente en su obra. Estos encuentros le llevarían posteriormente a plantear las hipótesis de que los mitos son los productos creativos de la psique humana, que los artistas son los creadores de mitos de cada cultura y que las mitologías son la manifestación creativa de la necesidad universal de la humanidad de dar sentido a las realidades psicológicas, sociales, cosmológicas y espirituales.

Cuando Joe regresó de Europa, a finales de agosto de 1929, se encontró en una encrucijada e incapaz de decidir qué hacer con su vida. La llegada de la Gran Depresión le hizo perder cualquier expectativa de encontrar un trabajo en el campo de la educación, razón por la cual dedicó la mayor parte de los siguientes dos años a restablecer el contacto con su familia, leer, renovar viejas amistades y escribir numerosas entradas en su diario. Hacia finales de 1931, después de sopesar y rechazar la posibilidad de un programa doctoral o de un puesto de trabajo docente en Columbia, se decidió, como muchos jóvenes antes y después, «a ponerse en camino» para emprender un viaje por todo lo largo y ancho del país en el que esperaba pulsar «el alma americana» y averiguar quizás, en el proceso, el sentido de su vida. Cuando en enero de 1932 dejó Los Ángeles, donde había estado estudiando ruso para leer *Guerra y paz* en su idioma original, consideró cuidadosamente su futuro la siguiente entrada de su diario:

Empiezo a pensar que tengo a un genio extraordinario para trabajar como un buey en cuestiones totalmente irrelevantes [...]. Me siento a merced de la penosa sensación de no llegar nunca a ninguna parte, pero cuando siento y trato de descubrir dónde quiero ir, me encuentro perdido [...]. La idea de convertirme en profesor me repugna. ¡Una vida entera dedicada a tratar de convencerme a mí mismo y a mis alumnos de que lo que estamos buscando está en los libros! Ignoro dónde reside, pero estoy completamente seguro de que no está en los libros, en el viaje, en California ni en Nueva York [...]. ¿Dónde diablos está? ¿Y de qué se trata, después de todo?

Una de las consecuencias reales de mi estancia en Los Ángeles ha sido el descarte de la antropología de mi carrera. De repente, me he dado cuenta de la posibilidad de incorporar mi antiguo interés por la cultura nativoamericana a una carrera literaria. Estoy convencido de que ningún campo, salvo el de la literatura inglesa, me permitiría divagar casi ilimitadamente sobre todo aquello que más me gusta. ¡La ciencia exige demasiado esfuerzo y probablemente no rendiría mayores frutos que los que podría procurarme la literatura! Si quiero justificar mi existencia y seguir obsesionado con la idea de que debo hacer algo por la humanidad, la enseñanza satisfaría esa obsesión y, si alguna vez puedo esbozar una visión inteligente del asunto, la crítica inteligente de los valores contemporáneos resultaría útil para el mundo. Esto me trae de nuevo al aforismo de Krishna: la mejor forma a ayudar a la humanidad es a través del perfeccionamiento de uno mismo.

Sus viajes le llevaron luego hacia al norte, a San Francisco, y posteriormente de vuelta a Pacific Grove, en donde pasó casi todo un año en compañía de Carol y John Steinbeck y el biólogo marino Ed Ricketts. Durante este tiempo, bregó con su escritura, descubrió los poemas de Robinson Jeffers, leyó *La decadencia de Occidente* de Oswald Spengler y mandó su currículo a casi setenta universidades y facultades en un infructuoso intento de conseguir un empleo. Finalmente, le ofrecieron un puesto de profesor en la Canterbury School y volvió a la Costa Este, en donde pasó un desdichado año como casero de un internado en Canterbury. El único momento brillante fue cuando vendió su primer relato corto («Strictly Platonic») a la revista *Liberty*. Después, en 1933, se mudó a una casa de campo sin agua corriente, en Maverick Road, en Woodstock

(Nueva York), donde pasó todo un año leyendo y escribiendo. En 1934, le ofrecieron un puesto en el departamento de literatura en el Sarah Lawrence College, que aceptó y en donde estuvo trabajando durante treinta y ocho años.

En 1938, se casó con una de sus estudiantes, Jean Erdman, que se convirtió en una presencia importante en el campo emergente del baile moderno, primero como bailarina estrella en la compañía escénica de Martha Graham y luego como bailarina/coreógrafa de su propia compañía.

Aun cuando prosiguió con su carrera educativa, la vida de Joe siguió expuesta al azar. En 1940, le presentaron a Swami Nikhilananda, quien le pidió ayuda para llevar a cabo una nueva traducción del *Evangelio de Sri Ramakrishna*. Más tarde, Nikhilananda le presentó al indólogo Heinrich Zimmer, que a su vez le presentó a un miembro de la junta editorial de la Bollingen Foundation. La Bollingen Foundation, una institución que había sido fundada por Paul y Mary Mellon para «desarrollar becas e investigar en artes y ciencias liberales y otros campos del empeño cultural general», estaba embarcándose por aquel entonces en un ambicioso proyecto editorial, las Bollingen Series. Joe fue invitado a contribuir con una «Introducción y comentario» al primer libro de la serie, *Where the Two Came to Their Fhater: A Navaho War Ceremonial*.

El inesperado fallecimiento de Zimmer en 1943, a los cincuenta y dos años, llevó a su viuda, Christiana, y a Mary Mellon a pedir a Joe que supervisase la publicación de su obra inconclusa. Joe finalmente editaría y completaría cuatro volúmenes de los documentos póstumos de Zimmer: *Myths and Symbols in Indian Art and Civilization*, *The King and the Corpse*, Philosophies of India y la obra de dos volúmenes *The Art of Indian Asia*.

Joe, mientras tanto, prosiguió con su contribución a la Bollingen con su «Folkloristic Commentary» a *Los cuentos de hadas de Grimm* y también fue coautor (junto a Henry Morton Robinson) de *A Skeleton Key to Finnegans Wake*, el primer estudio importante sobre la compleja novela de James Joyce.

Su primer trabajo individual fue el libro *El héroe de las mil caras*, cuya publicación le granjeó el premio del National Institute of Arts and Letters for Contributions to Creative Literature, la primera de una serie de numerosos premios y honores. En este estudio del mito del héroe, Campbell postula la existencia de un monomito (expresión que tomó prestada de James Joyce), una pauta universal esencial y común a los relatos heroicos de todas las culturas. En él esboza los estadios básicos que atraviesa este ciclo mítico y explora también las variaciones más comunes del viaje del héroe, una metáfora que no solo se aplica, en su opinión, al ámbito individual, sino también al cultural. Este libro demostraría tener una extraordinaria influencia en generaciones de artistas creativos –desde el expresionismo abstracto de la década de los 1950 hasta los directores cinematográficos contemporáneos– y acabaría siendo, con el paso del tiempo, aclamado como un clásico.

Joe publicaría decenas de artículos y muchos otros libros, *The Masks of God: Primitive Mythology*, *Oriental Mythology,*

Occidental Mythology, and Creative Mythology; *The Flight of the Wild Gander: Explorations in the Mythological Dimension*; *Myths to Live By*; *The Mythic Image*; *The Inner Reaches of Outer Space: Metaphor as Myth and as Religion*, y cinco libros de su obra inconclusa en cuatro volúmenes Historical Atlas of World Mythology.

Campbell también fue un editor prolífico que publicó, a lo largo de los años, *The Portable Arabian Nights* y el editor general también de la serie *Man and Myth*, que incluía los principales trabajos de Maya Deren (*Divine Horsemen: The Living Godsof Haiti*), Carl Kerenyi (*The Gods of the Greeks*) y Alan Watts (*Myth and Ritual in Christianity*). También editó The Portable Jung, así como seis volúmenes de los *Papers from the Eranos Yearbooks: Spirit and Nature*, *The Mysteries*, *Man and Time*, *Spiritual Disciplines*, *Man and Transformation* y *The Mystic Vision*.

A pesar de sus muchas publicaciones, Joe alcanzó su máxima popularidad como conferenciante. Desde su primera conferencia en 1940 (una charla en el centro Ramakrishna-Vivekananda, titulada «El mensaje de Sri Ramakrishna a Occidente»), quedó bien patente que se trataba de un conferenciante tan erudito como comprensible, un narrador dotado y un extraordinario contador de historias. En los años siguientes, recibió cada vez más y más peticiones para hablar en lugares diferentes sobre temas muy diversos. En 1956, fue invitado a hablar en el Instituto del Servicio Exterior del Departamento de Estado, en donde, sin nota alguna, impartió directamente dos días de conferencias. Sus charlas tuvieron tan buena acogida que le invitaron los siguientes diecisiete años. A mediados de la década de 1950, Campbell emprendió una serie de conferencias públicas en la Cooper Union de Nueva York que atrajeron a una audiencia cada vez más nutrida y variada y acabaron convirtiéndose en un acontecimiento periódico.

La primera conferencia que Joe impartió en el Instituto Esalen tuvo lugar en 1965. A partir de entonces, cada año volvió a Big Sur para compartir sus últimos pensamientos, sus comprensiones y sus historias. Y, en la medida en que fueron pasando los años, esperaba cada vez con más ganas su estancia anual en ese lugar, que él llamaba «el paraíso en la costa del Pacífico». Aunque, en 1972, se retiró de sus labores de enseñanza en el Sarah Lawrence para dedicarse a escribir, siguió llevando a cabo dos giras de un mes de duración impartiendo conferencias cada año.

En 1985, le fue otorgado el Arts National Club Gold Medal of Honor in Literature. En la ceremonia de concesión del premio, James Hillman comentó: «Nadie en nuestro siglo, ni Freud, ni Thomas Mann, ni Lévi-Strauss, ha mostrado como él el sentido mítico del mundo y ha acercado sus figuras eternas a nuestra conciencia cotidiana».

Joseph Campbell falleció en 1987, después de una breve batalla con el cáncer. En 1988, sus ideas llegaron a millones de personas gracias a la emisión, en la PBS, del programa *Joseph Campbell en diálogo con Bill Moyers: El poder del mito*, seis horas de conversación electrizante que ambos habían grabado en vídeo en el curso de varios años. Cuando murió, la revista *Newsweek* dijo de él: «Campbell se ha convertido en uno de lo más raros intelectuales en la vida americana: Un pensador profundo que ha calado hondo en la cultura popular».

En sus últimos años, a Joe le gustaba recordar cómo Schopenhauer, en su ensayo «On the Apparent Intention in the Fate of the Individual», escribía sobre la curiosa sensación de que, en algún lugar, hay alguien escribiendo la novela de nuestra vida de modo tal que los hechos que parecen sucedernos por azar revelan, de hecho, una trama oculta de la que no tenemos conocimiento alguno.

Considerada retrospectivamente, la vida de Joe no hace sino corroborar la veracidad de la observación de Schopenhauer.

Sobre la Fundación Joseph Campbell

La Fundación Joseph Campbell (FJC) es una institución sin ánimo de lucro que prosigue el trabajo de Joseph Campbell de exploración de los campos de la mitología y la religión comparada. La Fundación tiene tres objetivos principales:

En primer lugar, se dedica a conservar, proteger y perpetuar el trabajo pionero de Joseph Campbell, lo que incluye catalogar y archivar sus obras, desarrollar nuevas publicaciones basadas en ellas, organizar la venta y distribución de los trabajos publicados, proteger los derechos de sus libros y aumentar la difusión y conocimiento de su obra en formatos digitales en el sitio web de la FJC.

En segundo lugar, promociona el estudio de la mitología y la religión comparada, lo que supone la implementación y/o apoyo de diferentes programas educativos en mitología, el apoyo o patrocinio de actos destinados a aumentar el conocimiento público, la donación de los trabajos archivados de Campbell (principalmente a los archivos Joseph Campbell y Marija Gimbutas) y la utilización del entorno de la Fundación como foro para un importante diálogo intercultural.

En tercer lugar, la Fundación ayuda a las personas a enriquecer su vida mediante la participación en una serie de programas, entre los que se incluyen nuestro programa *online* y nuestra red local e internacional de mesas redondas sobre mitología y los eventos y actividades periódicas relacionados con Joseph Campbell.

Para más información sobre Joseph Campbell
y la Fundación Joseph Campbell, contactar con:

JOSEPH CAMPBELL FOUNDATION
www.jcf.org
Post Office Box 36
San Anselmo, CA 94979-0036
Llamada gratuita: (800) 330-MYTH
info@jcf.org

editorial **K**airós

Puede recibir información sobre
nuestros libros y colecciones inscribiéndose en:

www.editorialkairos.com
www.editorialkairos.com/newsletter.html
www.letraskairos.com

Numancia, 117-121 • 08029 Barcelona • España
tel. +34 934 949 490 • info@editorialkairos.com